중국어 교육연구의 실제와 응용

최은재 지음

신아사

머리말

'중국어 교육 연구'.

이 말 속에는 여러 가지 개념이 혼재되어 있다.

첫째, '중국어', 그리고 '교육' 마지막으로 '연구'인데, 한국인으로서 '중국어'라는 외국어는 오랜 기간의 학습을 거쳐야 하는 어려운 도전 과제이다. 여기에 중국어 학습에 긍정적 경험을 쌓은 소수의 사람은 다른 이에게 이 외국어를 어떻게 가르칠 것인가 즉 '중국어 교육'이라는 또 하나의 도전을 시작한다. 사실 중국어를 가르치는 일을 시작하는 사람들은 보통의 중국어를 배운 사람에게서는 찾아볼 수 없는 독특한 구석이 있다.

예를 들어 "'了'는 어느 때 사용하고 어느 때 사용하면 안 되나요?", "看看은 왜 두 번을 사용해서 말을 해야 하나요?" 등 일반적으로 중국어를 학습한 사람들은 이러한 질문 자체를 생각해 내지도 않으며, 왜 그러한지 그 이유도 그리 궁금해하지 않는다. 즉 중국어를 가르치는 일을 하는 사람들은 '중국어' 언어 자체에 큰 매력을 느껴서 결국은 습득의 최고 경지라 할 수 있는 '배운 지식을 타인에게 전달하고 교육하는 단계'까지 도달한 독특한 사람들인 것이다. 하지만 이들이 상대하는 학생들도 과연 그러할까? 중국어 교수자들은 반드시 학생의 입장에서 '중국어 배우기'를 고려해 볼 필요가 있다. 사실 '어법'이 어떠하고, '의미의 변천'이 어떠한지 세세한 부분에 관심이 있는 학생은 그리 많지 않을 것이다. 그렇다면 학생들이 원하는 목적은 최대한 빠른 시간에 그리고 최대한 지루하지 않게 중국어를 배우고 최종적으로 유창하게 구사하는 데 있다. 이러한 측면에서 우리는 '중국어 + 교육'이라는 개념에 대해 다시 한번 정의 내릴 필요가 있다. 즉 가르치는 사람 입장에서의 교육이 아닌 학습자 관점에서의 교육에 대한 충분한 고민이 필요하다. 즉 '중국어 교육'이란 어떻게 하면 재미있게 효율적으로 중국어를 가르칠 것인가에 대한 고민의 과정이고 경험의 산물인 것이다.

이제는 '연구'에 대한 정의를 내려 보자.

중국어 교육에 있어 '연구'는 왜 필요할까? 첫째, '중국어 교육'의 대상은 '학습자' 즉 사람이다. 사람을 대상으로 하여 효율적으로 중국어를 가르치기 위해서는 세밀한 관찰이 필요하다. 새로운 교수법을 교실에서 사용한 후 학생들의 반응은 어떠했는지, 기존에 출판된 교재에 대해 학습자들은 어떠한 의견이 있는가 등 학생들의 반응을 객관적인 기준에 의거하여 수집하고 분석하여 그 결과를 도출하고 정리하는 작업은 이후 이루어지는 교육과정에 있어 유용한 지침을 제공한다. 우리에게 있어 '중국어'는 왜 그렇게 표현할까? 한국어와 다른 점은 무엇인가? 등 언어체계에 대한 비교와 분석은 보다 효율적으로 중국어를 학습하는 데 큰 도움을 줄 수 있다.

필자는 2003년에 처음 중국어를 배우기 시작했는데 그때 나이 27세였다. 비교적 늦게 외국어 공부를 시작했지만, 그전에 배웠던 학문에서 느껴본 적이 없는 학습의 흥미와 희열을 느꼈다. 그렇게 배우기 시작한 중국어에 대해 필자는 앞선 글에서도 밝혔듯이 몇몇 사람만이 관심을 가지는 중국어 언어 현상에 대해서도 궁금증이 생기기 시작했고, 2022년 현재 중국어를 대학에서 가르치는 일을 하는 사람이 되었다.

중국어 언어를 배우기 시작하고 중국어를 가르치는 전공 공부를 배우기 시작했으며 실제 학생들을 가르치며 여러 가지 실증적 문제에 대한 연구도 진행을 하게 되었다. 20년 가까운 시간을 중국어와 함께 동거동락했고, 2012년부터 학생들에게 중국어를 가르치기 시작한 이후부터 지금까지 중국어와 교육 그리고 연구에 대한 나의 끊임없는 고민과 시도는 계속되고 있다.

이번 '중국어 교육연구의 실제와 응용'이라는 저서는 2012년부터 2017년까지 중국어 교육 연구에 대한 필자의 결과물로서 그간의 고민과 시행의 경험을 정리한 것이다. 나의 이러한 경험 정리가 중국어 교육에 관심 있고 또한 중국어 교육 연구의 필요성을 느끼는 사람들에게 도움이 되길 바란다. 10년 후 다시 이러한 나의 경험의 축적들이 저서로 출간된다면 그때는 지금의 결과물보다 한층 더 성숙하고 발전된 내용으로 가득하기를 희망하며 . . .

2022. 06. 21.

화성 봉담 연구실에서

목차

Ⅰ. 교수설계 연구의 실제와 응용

Ⅱ. 교재 연구의 실제와 응용

Ⅲ. 학습자 연구의 실제와 응용

Ⅰ.
교수설계 연구의 실제와 응용

영상도식과 구조문법을 활용한 다의 동사 '發'의 교수 설계 방안*

Ⅰ. 서론

제2언어 교육에 있어서 '동사'의 용법을 학습하는 것은 학생들에게 가장 어려운 과제이면서도 또한 가장 시급히 습득을 요하는 교수 항목일 것이다. 특히 문장의 중심 역할을 담당하는 '동사'가 여러 다른 의미를 지니고, 다양한 문장 성분과 결합하여 사용하는 '탈어휘화 동사'[1] 즉 '다의(多義) 동사'는 제2언어 습득의 가장 큰 난제[2]로서, 현재 이와 관련한 연구들이 활발히 이루어지고 있는 실정이다. 이는 중국어 교육에 있어서도 예외일 수 없는데, 현재 중국어학계에서는 이러

---

* 본 논문은 한국중국어교육학회의 〈2013년도 춘계정기학술대회〉 발표 후, 그 내용을 보완하였다.

1) '탈어휘화동사'란 사용빈도가 매우 높고, 수많은 목적어와 결합하여 그 의미를 전달하는 동사를 의미한다. 영어의 대표적 '탈어휘화동사'로 'do, get, give, have' 등이 있다. Lewis(1997: 216) "A group of words in English which have little or no meaning outside the context of particular use. The main de-lexicalized verbs are do, get, give, have, keep, look, make, put, and take." 중국어에서는 동사 '發' 이외에도, '打', '吃', '做' 등의 동사가 이에 속한다고 볼 수 있다.

2) Altenberg & Granger(2001)는 영어 교육에 있어서 학습자들이 어려움을 겪는 가장 큰 이유는 고빈도 동사의 탈어휘화 용법에 있다고 보았다. 이에 대해 중국어 학계에서도 일치된 견해를 보이고 있다(衛乃興, 2007).

한 '다의동사'의 용법과 관련하여 인지언어학적 접근을 접목시킨 동사의 '의미 간 분석' 연구가 전반적으로 진행되고 있다. 그러나 다의동사의 의미 분석과 같은 이론 연구는 괄목할 만한 성장을 이루고 있으나, 이러한 연구 결과를 실제 중국어 교육과 접목시키는 노력은 아직 미비한 상황이다. 그러나 중국어 학습자의 관점에서 볼 때, 다의동사 교육에 대한 학생들의 요구 정도는 매우 높게 나타나고 있으며,[3] 이러한 연구 성과의 실용적 가치를 높이기 위해서도 다의동사의 의미 분석과 관련한 연구를 실제 교육 현장에서 어떻게 활용한 것인가에 관한 응용 연구가 꼭 필요하다고 하겠다.

뿐만 아니라, '다의(多義)동사'의 경우 동사 자체의 다의성으로 인해 다양한 문장 성분과 결합하여 수많은 복합구조를 생성하는 면 이외에도, 이러한 특성으로 인해 문장 상에서도 각기 특별한 문법 구조를 가지게 되는데, 이러한 의미와 문법의 상호 영향관계를 연구하는 최근의 '구문문법(Construction Grammar)'에 대한 연구 관점을 응용하여, 동사의 의미 차이가 문장 상의 문법 구조에서는 어떻게 표현되는가를 살펴보고, 이를 실제 교육에 접목시킨다면 보다 더 실제적이고 효과적인 다의동사 용법 교육을 가능하게 하리라 생각한다.

이에 본고에서는 현대 중국어의 수많은 다의 동사 중 '發'[4]을 중심

3) 최현미(2013: 134-135)는 한국 학생을 대상으로 '다의동사 교육에 대한 요구 정도'를 조사한 결과, 평균 4.35(SD=0.79)의 정도를 나타내어, '매우 필요하다'의 5점에 매우 근접한 요구 정도를 보여 주었다.

4) 동사 '發'는 기타 상용 다의 동사 '打', '吃', '上, 下', '做' 등과 비교했을 때, 파생의미가 가장 많은 37가지(총 의미 항목의 개수는 〈新華字典〉의 검색 결과를 참조하였다.)로 나타나고 있으나, 대부분의 한국인 중국어 학습자들은 이에 대해 인식하지 못하고 있는 실정이다.

으로 하여 학습자의 인지학습에 기초를 둔 '유의미학습이론'과 '발견식 학습' 방법의 교수 책략을 결합시킨 '교수-학습 이중 초점 교수 설계 모형'[5]에 기초하여, 영상도식을 활용한 發의 다양한 의미를 습득하는 교수 모형을 설계해 보았다. 또한 '구문문법'을 활용하여 이러한 發의 다양한 의미가 실제 문장 상에서는 어떠한 형식과 구조를 가지는지를 중심으로 학습자들에게 효과적인 '의미-문법'을 상호 접목시킨 교육 방안을 제시해 보고자 한다.

Ⅱ. 중국어 교육 연구에 있어서 인지언어학 이론의 응용 현황

'인지언어학'에서 보는 '언어'란 인간의 지식과 실제적 경험 등과 밀접하게 관련되어 있으며, '언어능력'은 이러한 일반적 인지능력의 발전을 기본 토대로 의거하여 이루어진다는 기본 전제를 출발점으로 언어 현상을 연구하는 학문이다(吴爲善, 2006).

이러한 '인지언어학'은 외국어 교육에 있어 새로운 관점과 접근 방법을 제시해 주었는데, 특히 Langacker(1987)에 의해 체계화된 인지문법(cognitive grammar)에서 자세히 기술된 '영상도식'과 '의미망'의 형성 등의 분석방법을 통한 의미의 개념화 과정(conceptualization)이나 Lakoff & Johnson(1980)의 '은유' 기제를 이용한 언어 현상 연구 등의 성과를 통해 우리는 인지문법의 기본 분석틀을 도출해 낼 수 있다. 즉 '인지언어학' 관점에서 출발한 '인지문법'은 언어의 형식보다는 의미를 중시하

5) 본 모형의 이론적 근거는 崔永華(1997: 181)의 '對外漢語教學設計'를 참조하였다.

고, 실제 언어 사용 과정의 탐색에서 언어의 생산 기제를 분석하는 화용론적 관점을 견지한다는 것이다(崔希亮, 2007).

현재 중국어 학계에서도 인지언어학적 관점에서 출발한 연구가 활발히 이루어지고 있는데, 특히 어휘의 다의성 연구 중심으로 영상도식, 원형 범주 이론 등의 인지언어학 이론을 응용하여 어휘의 원형의미와 파생의미 간의 관계를 탐색하는 연구가 주를 이루고 있음을 알 수 있다.

그러나 王菲(2010)의 논문에서도 언급한 바와 같이 이러한 인지언어학적 연구 특히 어휘의 다의성과 관련한 대부분의 연구들이 중국어 학습자의 입장에서 실제 수업 시간에 그 연구 결과를 어떻게 응용할 수 있는가와 관련한 구체적이고 실용적인 교학설계와 관련한 부분은 전혀 언급되지 않고 있다.

뿐만 아니라 王朝暉等(2009)의 조사 결과 1994년부터 2007년까지 中國期刊网(CNKI)에서 인지언어학과 관련된 연구들 중 34%가 '이론에 대한 소개 및 총술'이었으며, 16% 정도만이 실제 언어 현상을 인지언어학 이론과 접목하여 연구한 것으로 나타났다. 무엇보다 문제점으로 지적되는 부분은, 이 중 그 연구 결과를 실제 중국어를 배우는 학생들에게 수업 시간에 어떻게 접목할 수 있는가와 같이 중국어 교육과 결합한 연구는 거의 전무하다는 사실이다. 물론 王菲(2010)나 楊婧(2008) 등의 연구에서 인지언어학 관점에서 언어를 이해하는 분석틀이 중국어 학습자에게 긍정적 영향을 미칠 수 있다는 기본 전제에서 출발, 인지학습에 기초를 둔 중국어 교육의 필요성을 인식하고, '영상도식', '은유이론' 그리고 '원형범주이론'을 중국어 교육에 활용하자는 논점을 펼치고 있으나 역시 구체적 교육 방법을 제시해 주지는 못하고 있는 실정이다. 李連偉 · 繆俊(2010) 또한 다의어 교육에 있어 '의미망'

과 '은유' 기제를 통한 방법의 효과성을 주장하였으나, 역시 실제 수업 시간에서 어떻게 응용할 수 있는가와 관련한 구체적 응용방법은 언급되지 않고 있다.

그러나 최근 제2언어 교육 학계에서는 인지언어학적 접근 방법이 외국어 교육에 있어 새롭고 참신한 방향을 제시하고 그 교육적 효과를 높일 수 있다고 보고 이론적인 분석틀이 아닌 실제 교육 과정에서 인지문법을 사용하는 구체적 방법을 제시하고 있다.[6] 이 중 Boers & Lindstromberg(2006)는 7가지 측면으로 인지문법을 통한 외국어 학습자와의 접근 방법을 정리하였다. 그 내용은 다음과 같다 : (1) '기억력'과 같은 일반적 인지처리능력은 언어학습 향상에 도움을 줄 수 있다. (2) 언어학습의 관건은 input의 질과 양을 보장하는데 있다. (3) 언어는 변화가능하고, 지속적으로 새로운 의미가 생산되기 때문에 언어학습에 있어서 다의성 구조를 학습하는 것이 중요하다. (4) 언어의 의미 학습은 학습자가 지닌 백과사전식 지식에 기초하여 강화될 수 있다. (5) 개념화는 언어와 사고처리의 기본 방식이기 때문에 학습자에게 은유화의 기제를 통한 학습 방법이 도움이 될 수 있다. (6) 언어의 의미란 개념화의 과정이기 때문에 하나의 의미를 여러 다른 표현방식으로 표출할 수 있으므로 학습자의 문화차이를 고려하는 것이 중요하다. (7) 인지언어학은 논리성을 중시 여기므로, 방법론에 있어서 의미와 의미, 형식과 형식 그리고 의미와 형식 등의 관계를 분석하는 체계적인 접근 방법이 필요하다.

---

6) 정현정(2006), 오은주(2008) 등 영어교육학계에서는 인지문법을 실제 수업시간에 응용, 그 결과를 평가하는 실험연구가 활발히 이루어지고 있는 상황이다. 그러나 중국어교육학계에서는 그 연구 성과가 아직 미진한 실정이다.

Ⅲ. '發X' 결합구조의 의미 지도 및 한국 학생들의 '發X' 습득 현황

다의(多義)동사는 문장에서 다양한 목적어 성분과 함께 결합하면서 수많은 의미를 파생하기 때문에 동사 자체의 의미 탐색보다는 함께 사용되는 문장 성분을 포함한 '결합구조' 속에서 동사의 의미 확대 기제를 탐색하는 것에 초점을 맞춰야 한다.[7] 본고는 다의동사 發의 결합구조 즉 '發X' 구조의 효과적인 교육 방안을 위해 먼저 '發X' 구조에서 나타나는 發의 의미항목간의 관계를 인지언어학적 분석틀에 의거하여 정리하고, 그 의미와 형식 간에 어떠한 상호 관계를 형성하는가를 탐색하기 위해 구문문법을 활용, 최종적으로 '發X' 구조의 의미 지도를 도출해 보았다. 또한 중국어 학습자들의 '發X' 구조에 대한 현재 습득 현황을 조사하여 다의동사 發의 효과적인 교육 방안을 제시하는데 기초 자료로 삼고자 한다.

1. 다의 동사 發의 의미 지도(語義地圖)

최현미(2012)는 먼저 동사 '發'의 한자 변천 과정을 통해 '發'의 기본 의미는 '활을 쏘다'에서 출발한 의미이며, 이러한 '활쏘기'의 사건이 투사하는 기본 인지 개념 − (1) 준비단계(推力階段) : '화살'은 아직 출발

7) 이러한 관점은 Tayler(1989)의 동사 'Climb'의 다의용법의 분석 방법에서도 이미 공인된 사실이며, 특히 다의동사들이 문장 내에서 수많은 목적어 성분과 의미가 결합되어 새로운 의미를 파생하는 탈어휘화현상을 연구하는데 있어 그 기본 출발점은 반드시 '동사 + 목적어'의 복합구조(collocation)로 시작해야 한다고 Sinclair(1991) 또한 주장하고 있다.

전 상태이며, '사람'의 통제 범위 안에 있다. (2) 시작단계(顯現狀態) : '화살'이 '활'을 벗어난 상태 (3) 과정단계(過程狀態): '화살'이 공중에 날아가는 상태 (4) 결과 단계(結果狀態) : '화살'의 목표물 명중 여부를 알 수 있다 - 의 4단계로 분류한 후, 검증 과정을 통해 '發'은 '(4) 결과 단계'는 그 기본 인지 개념 속에 포함하지 않음을 밝혀냈다. 그 결과 發의 위의 세 가지 인지 개념 단계에 속하는 각각의 세 가지 원형의미에 대한 영상도식을 도출하였다. 즉 (1)의 준비단계에 속하는 [動力源] 의미[8]의 영상도식과, (2)와 (3)의 단계에 속하는 [이동] 의미의 영상도식[9] 마지막으로 '發'가 투사하는 이동장면의 형세는 '뚜렷한 목표가 없는 다방향(無指多向)' 형세로서 [無指多向] 의미의 영상도식을 도출해 냈다. 이러한 세 가지 원형의미의 영상도식은 다음과 같다.

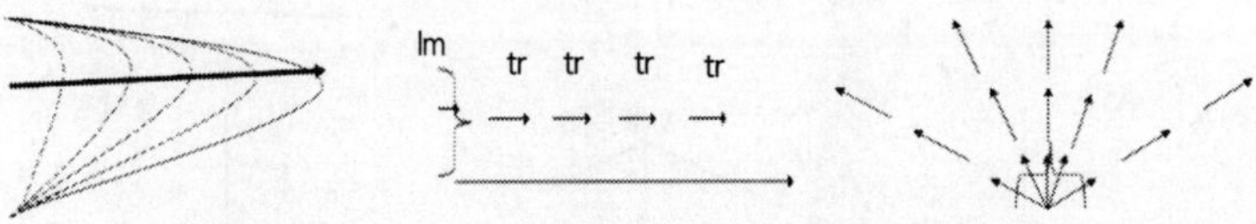

[動力源]도식 [이동] 도식 [無指多向] 도식

[그림 1] 동사 發의 세가지 원형의미에 대한 영상 도식

다음으로, 이러한 동사 發와 함께 결합하는 목적어 성분을 명사형 목적어와 술어형 목적어로 나누고, 그 목적어의 의미 유형에 분류하였다. 명사형 목적어와 결합하는 '發X' 구조는 (1) 무기(武器)류, (2) 물건(物件)

8) '준비단계'에서 '화살(탄도체)'이 '활(지표)'을 벗어나 날아가도록 하기 위해서는 '사람'의 '동력'을 가하는 '動力源'이 가장 핵심적으로 필요하기 때문에 이 단계에서 [動力源]의 의미를 추출하였다.

9) [動力源]과 [이동]의 의미 간에는 '인과관계'가 존재한다.

류, (3) 정보교류(信息)류, (4) 금전(金錢)류, (5) 자연현상(自然現象)류, (6) 신체감정(身体情感)류, (7) 질병(疾病)류, (8) 재산(財産)류 그리고 (9) 식품원재료(食品)류로 나눌 수 있다. 술어형 목적어와 결합하는 '發X' 구조는 (1) 존재(存在)류, (2) 특징(特征)류, (3) 태도(態度)류, (4) 감각(感受)류, (5) 사고(思想)류 그리고 (6) 활동(活動)류로 분류하였다. 이에 대해 각각의 의미 유형에 속하는 '發X' 구조에서 發가 어떠한 의미로 사용되는지를 고찰, 원형의미와의 관계를 탐색하여 하나의 전체 의미지도를 도출하였다.[10] 뿐만 아니라 이러한 의미지도 안에서는 구문문법의 관점에서 '發X' 구조의 의미와 형식의 상호 관계를 분석한 내용도 함께 포함하였다.

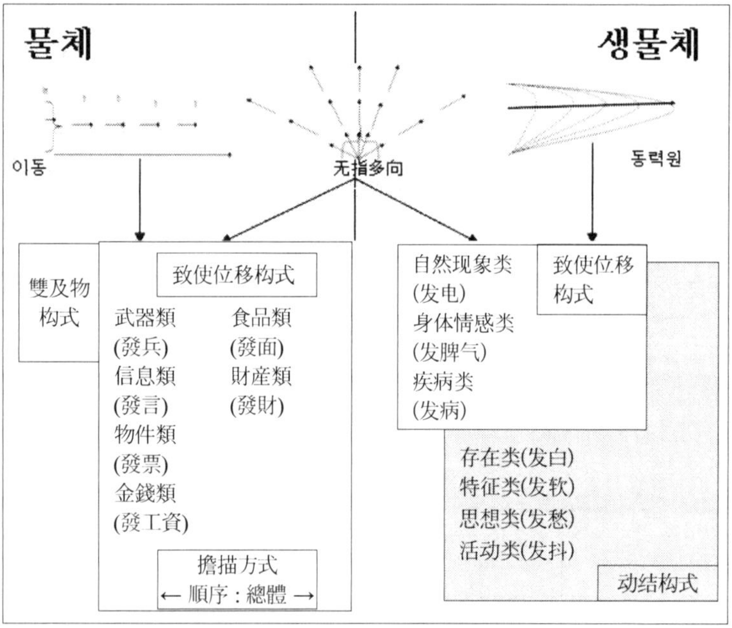

[그림 2] '發X' 구조 의미지도

10) 보다 구체적인 연구결과는 최현미(2013: 148-151)를 참조하길 바란다.

위에서 살펴보는 바와 같이 '發X' 구조가 의미 혹은 형식 상 가장 극명히 분류되는 기준은 '發X' 구조가 투사하는 대상(物像)이 생물체 여부인지에 따라 나뉘게 된다는 점이다. 즉 '發X' 구조의 의미 파생 기제에서 가장 중요한 기준은 發X가 투사하는 물상(物像)이 '생물체'인지 '물체'인지 여부로 볼 수 있으며, '생물체'인 경우는 [動力源]과 [無指多向]의 두 원형의미의 작용에 의해 의미가 확대되고, '물체'의 경우는 [이동]과 [無指多向]의 의미 작용에 의해 의미가 확대되는 것으로 나타났다. 이후 '은유(隱喩)', '스캔방식(掃描方式)' 등의 인지 기제를 통해 다양한 의미 유형의 목적어 성분과 함께 결합되어 수많은 '發X' 구조 용법을 생산하게 됨을 알 수 있다.

뿐만 아니라 구문문법의 관점에서 '發X' 구조의 의미와 형식간의 관계를 고찰한 결과, '發X' 구조의 형식 또한 의미와 동일하게 發X가 투사하는 물상이 '생물체'인지 '물체'인지 여부로 각각의 고유 구문을 가지는 것으로 나타났다. 즉 물체인 경우 사역-이동구문과 이중목적어 구문을, '생물체'인 경우 '사역-이동 구문'과 '사역-결과 구문'의 특성을 보임을 알 수 있다. 특히 '發X' 구조 중 '사역-결과 구문'의 형태로 나타나는 '發 + 술어형 목적어'의 구문은 '사역-이동 구문'의 변형 구문으로서 존재하고 있음을 알 수 있다.[11)]

이러한 의미지도는 다의 동사의 의미 분석 및 형식간의 관계를 체계화하는데 있어 매우 유용한 분석틀을 제공한다. 즉 기존 인지언어학의 대표적 분석 방법인 의미연결망은 원형의미와 그 하위범주 간의 상하관계를 체계화하여 도식으로 도출하였다면, 의미지도는 연구자

---

11) 다의 동사 發와 관련한 의미 분석 및 구문문법 분석결과의 자세한 결과는 최현미(2013: 15-92, 127-129)의 연구를 참조하길 바란다.

의 의도에 맞게 의미 혹은 형식 간의 공통점들을 연결시켜 그 관계를 간략히 명시화할 수 있다는 점이다.[12)]

위의 연구 결과는 복잡한 의미와 형식을 가지는 '發X' 구조에 대하여 인지언어학적인 관점에서 유연성(有緣性)에 의거하여 각각의 '發X' 구조간의 관계를 규명하고, 체계화시키는데 그 주 목적이 있다고 볼 수 있다. 이러한 연구 결과가 중국어 교육에 실제적인 도움이 되기 위해서는 적합한 교수 설계 모형을 찾아내어 구체적인 응용 절차를 제시하는데 있을 것이다. 이와 관련한 내용은 아래의 4장에서 살펴보기로 하겠다.

2. 한국 학생들의 '發X' 구조 습득 현황

중국어를 학습하는 한국 학생들의 실제 상황에 적합한 '發X' 구조의 다의 용법 교수 방안을 제시하기 위해서는 우선 현재 한국 학생들의 '發X' 구조의 사용 현황 및 그 습득 실태를 파악하는 과정이 기본 전제로 필요할 것이다. 이를 위해 최현미(2013: 130-147)는 초, 중, 고급 수준의 한국인 중국어 학습자 64명을 선정하여, 현재 '發X' 구조의 사용 현황과 습득의 정도가 어떠한지에 대한 정량(定量)연구를 실시하였다.

---

12) '의미지도(semantic map)'의 분석방법은 원래 언어유형학에서 각기 다른 언어들의 의미 항목 중 공통점과 차별점을 하나의 지도 안에 간략하게 배치하는 시각화 과정을 통해 언어 간의 유사성을 찾아내는 하나의 분석틀로 사용하고 있지만(曹晉, 2012), 최근 들어 중국어학계에서 郭銳(2010)는 '還'의 다의용법을 설명하는데 있어 이러한 '의미지도'를 사용해 각각의 의미항목들을 체계화시켰다. 필자가 설계한 위의 '의미지도'는 郭銳(2010)의 '의미지도' 분석 방법 중 '發X' 구조의 의미 항목 체계와 부합하는 부분만을 선택, 응용하여 도출한 것이다.

그 결과 전체 조사자의 사용 정도가 가장 높은 '發X' 구조는 '發票', '發脾气', '發財', '發言' 그리고 '發愁'의 순서로 나타났다.[13] 가장 사용 정도가 낮은 '發X' 구조는 '發面'인 것으로 나타났다. 즉 한국 학생들은 '發X' 구조 중 發와 명사형 목적어의 결합 구조에 대해 먼저 인식하고, 실제 언어 사용 환경에서 發와 술어형 목적어와의 결합 구조에 비해 수월하게 그 용법을 사용하는 것으로 나타났다. 그러나 학생들에게 發의 원형의미의 세 가지 도식을 알려주고, 각각의 제시된 '發X' 구조와 연결시키는 조사 항목에서는 오히려 發와 술어형 목적어와 결합한 '發X' 구조의 영상도식 정답률이 더 높게 나타났다. 이러한 결과들을 통해 한국 학생들은 위의 사용 빈도가 높은 '發票', '發脾气', '發財', '發言' 등과 같은 구조에 대해 동사 發와 관련된 구조로 인식하기보다는 각각의 독립된 하나의 단어로 인식 혹은 암기하는 수준에 머물고 있음을 유추해 볼 수 있다. 그러나 위의 '發X' 구조의 의미지도에서도 알 수 있듯이 동사 發는 매우 다양한 의미 유형들을 가진 문장 성분과 결합하여 100가지 이상의 결합구조를 생산해 내는 결합능력이 매우 높은 다의 동사이다. 그러나 현재와 같이 단순 암기의 방식으로 '發X' 구조에 대한 의미 체계를 형성하고 있지 못하고 있는 상황은 중국

13) 최현미(2013)의 연구에서는 먼저 '發X' 구조의 목적어 성분의 의미 유형에 따라 각각의 의미 유형의 결합구조 중 코퍼스에서 사용빈도가 가장 높게 나타나는 '發X' 구조를 선정하여, 이에 대한 한국 학생들의 습득 실태를 조사하였다. 선정된 '發X' 구조로는 '發兵(무기류)', '發言(정로교류)', '發票(물건류)', '發工資(금전류)', '發電(자연현상류)', '發脾气(신체감정류)', '發病(질병류)', '發面(식품원재료류)', '發財(재산류)', '發白(존재류)', '發軟(특징류)', '發狂(태도류)', '發熱(감각류1)', '發胖(감각류2)', '發愁(사고류)' 그리고 '發抖(활동류)'이다. 이는 코퍼스 상에서 사용빈도가 높다는 것은 한국 학생들에게 '發X' 구조가 노출됐을 가능성이 높음을 시사하기 때문이다.

어 교육의 관점에서 볼 때 매우 아쉬운 부분일 수 밖에 없다.

다음으로 중국어 수준별로 '發X' 구조의 습득에 차이가 있는지를 살펴본 결과, 초급 학생과 중급 학생 간에는 '發工資'와 '發抖'의 사용 정도에 유의미한 차이가 있는 것으로 나타났고, 중급과 고급 학생 간에는 '發言', '發工資', '發脾气', '發熱', '發胖', '發愁' 그리고 '發抖'의 7가지 결합구조의 사용 정도에 유의미한 차이가 있는 것으로 나타났다. 이를 통해 '發X' 구조의 본격적인 습득은 중급의 중국어 수준에 도달했을 때부터 가능한 것임을 유추해 볼 수 있으며, 고급 수준의 학생들은 보다 적극적으로 '發X' 구조를 사용하고 있음을 알 수 있다.

Ⅳ. 인지 언어학 이론을 응용한 다의 동사 '發' 교수 설계 방안

1. 교수 설계를 위한 이론적 근거

위의 2장에서도 이미 언급한 바와 같이 현재 중국어 교육 학계에서 인지언어학에 근거한 구체적인 교수법 제시는 거의 이루어지지 않고 있는 실정이다. 이와는 별개의 개념으로 邵菁等(2007)에 의해 '인지기능 교수법'이 제시되었는데, 여기서의 '인지'란 '언어능력'을 향상시키는 구체적 방법으로 사람의 '인지기제' – 공통점과 차이점을 인식하기, 추론하기, 귀납식접근 등 – 를 통한 언어 구조 능력의 획득 방법을 의미한다. 그러나 본고에서 의미하는 '인지언어학적 접근 교수 방법'이란 물론 학습자의 주동적인 인지 기제를 사용한다는 점은 공통점으로 파악

될 수 있겠지만, 인지언어학의 주요 분석 기제로 사용된 언어생산기제 즉 '도식', '원형의미', '은유' 등과 같은 언어 현상을 이해하는 분석틀을 실제 교육 현장에 접목하고자 하는 접근 방법을 의미한다.

다음으로 '교수 설계(教學設計)'의 의미를 고찰해 보면 먼저 "교육이란 학습을 촉진하는 방식으로서 학습자에게 영향을 미치는 일련의 사건을 의미하고, 교수설계란 이러한 사건을 체계화시킨 규획된 과정으로 변화시키는 것을 의미한다."고 Gagn(1992)는 정의를 내리고 있다.[14] 또한 "교수시스템 설계란 학습이론과 교수이론을 교수자료, 교수활동, 정보제공 및 평가 등의 구체적인 과정으로 변화시키는 것을 의미한다"고 보고 있다.[15] 이에 대해 烏美娜(1994)는 '교수과정설계'란 "단계적 방법을 응용하여 교수 관련 문제를 분석, 교수목표를 확정하고, 구체적 문제해결의 책략방안을 확립, 이러한 해결방안을 실제 시행한 후 평가를 실시한 후, 평가 결과를 다시 해결방안의 수정 과정에 포함시키는 일련의 과정"이라고 보고 있다.

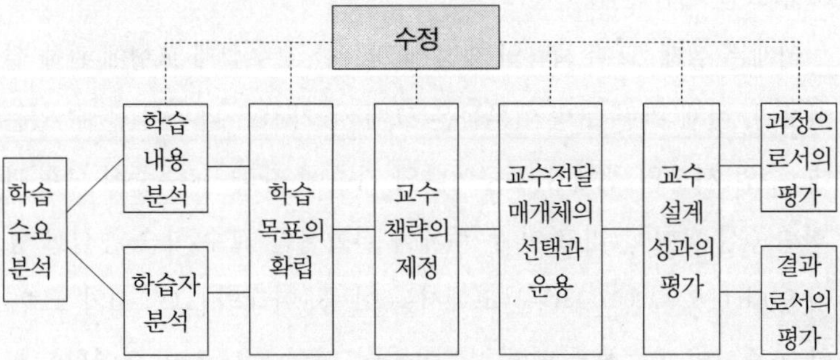

[그림 3] 烏美娜(1994)의 '교수과정설계' 도식

14) 崔永華, 2007: 11 재인용.

15) Smith, P.L & Ragan, T.J, 1999.

특히 烏美娜(1994)는 이러한 교수시스템 설계과정을 일련의 단계를 가지는 모형으로 위의 [그림 3]과 같이 명시화하였는데, 하나의 교수시스템설계과정 모형은 수많은 단계를 포함할 수 있지만, 모든 모형은 반드시 학습자, 목표, 책략, 평가의 기본 4가지 요소를 꼭 포함해야 한다고 보고 있다. 본고에서 중점적으로 설계하고자 하는 부분은 바로 이 중 '교수책략의 제정' 단계에 해당하는 부분으로, 실제 수업 시간에 진행되는 다의 동사 관련 수업의 핵심 내용이 여기에 해당한다고 볼 수 있다. 즉 기존의 다의동사 관련 연구에서 주로 다룬 내용은 '교수책략의 제정'의 전 단계에 해당하는 '수요 분석', '학습 내용 분석', '학습자 분석' 혹은 '학습 목표의 확립'과 같은 전체 교수 과정 설계 중 준비 단계에 속한다고 볼 수 있다. 즉 다의어에 관한 의미 분석 연구 －이선희(2012); 李双梅(2010); 吳珊 · 李福印(2008)－나 李連偉 · 繆俊(2010)의 학습자들의 다의 동사에 관한 수요 분석 등의 연구 결과는 모두 실제 수업 시간에 이루어지는 교수 내용을 구성하는데 필요한 기초 자료를 제공한다.

이제는 실제 '교수 책략의 제정'에 필요한 교수설계 모형에 관해 살펴보면, 현재 관련 모형 이론들은 크게 세 가지로 나누어 볼 수 있는데, 수업 시간의 주체가 누구이냐의 기준에 따라 '교수중심 모형'과 '학습중심 모형' 그리고 이 두 주체를 결합시킨 '교수-학습 중심 모형'이 있다(崔永華, 2007: 181). 본고에서는 이 중, 아래의 [그림 4]의 '교수-학습 중심의 교수설계 모형'을 응용하여, 다의 동사 發의 탈어휘화 현상에 대한 실제적 교수 설계를 제안해 보고자 한다.

본고에서 위의 '교수-학습 중심의 교수설계 모형'을 선정한 이유는 '학습 중심 모형'에서 강조하는 학습자의 적극적인 참여 및 인지적 사고 활동의 개발을 통해 스스로 학습하는 방법을 터득하고, 이를 통해 지식을 획득하는 '자기주도적 학습'의 장점과 가장 효율적인 방법으로 교육자에서 학생으로 지식을 전이시킨다는 장점을 가진 '교수 중심 모형'의 장점을 모두 극대화하고자 하는 의도에서 제안된 모형이라고 볼 수 있기 때문이다. 특히 이 모형에서 강조하는 '교수 중심 모형'은 기존의 '기계적 지식의 전달' 방법으로서가 아닌 Ausubel(1999)에 의해 제시된 학습자의 인지수준과 발달 수준을 고려하여 학습자가 기존에 가지고 있는 배경 지식(선행조직자)과 수업 시간에 새로이 전달되는 지식간의 유기적 관계를 형성시켜 주는 '유의미학습' 이론에 근거한 '교수 중심의 모형'이라는 데에 더욱더 큰 의미가 있다고 하겠다.[16)]

즉 인지언어학적 사고 관점에서 다의현상을 관찰하고 그 현상의 원인을 분석해 나가며 더 나아가 학습자 스스로가 의미 파생의 인지 기제를 발견해 나가는 수업 방식에 있어서는 이러한 '학습 중심의 교수모형'이 적합하다고 볼 수 있다. 그러나 영어의 탈어휘화 현상이나 중국어 '發X'의 결합구조와 같이 그 의미의 다양성을 인식하는 것과 동시에 실제 문장에서 어떠한 형식을 가지고 사용되느냐를 학습자에게 전달하는 것도 결코 간과할 수 없는 교수 항목일 것이다. 이를 위해서는 '교수중심의 교수 설계 모형'이 보다 더 적합하다고 보았다.[17)]

---

16) 본 '교수-학습 중심 교수 설계 모형'의 이론적 근거는 브루너에 의해 제안된 '발견식 학습 방법'과 Ausubel(1999)에 의해 제안된 '유의미학습' 이론의 결합 모형이라고 볼 수 있다.

17) '교수중심 설계 모형'에서 '선행조직자'는 곧 '발견식 학습'으로 통해 얻은 '發X' 구조의 다양한 의미에 대한 인식으로서, '의미'의 다양성을 학습자가 인식한 후 문장에서의 '형식'과는 어떠한 관계를 맺고 있는가에 대한 '지식'을 학습자에게 '전이'하는데 중점을 두어 교수과정을 설계한다.

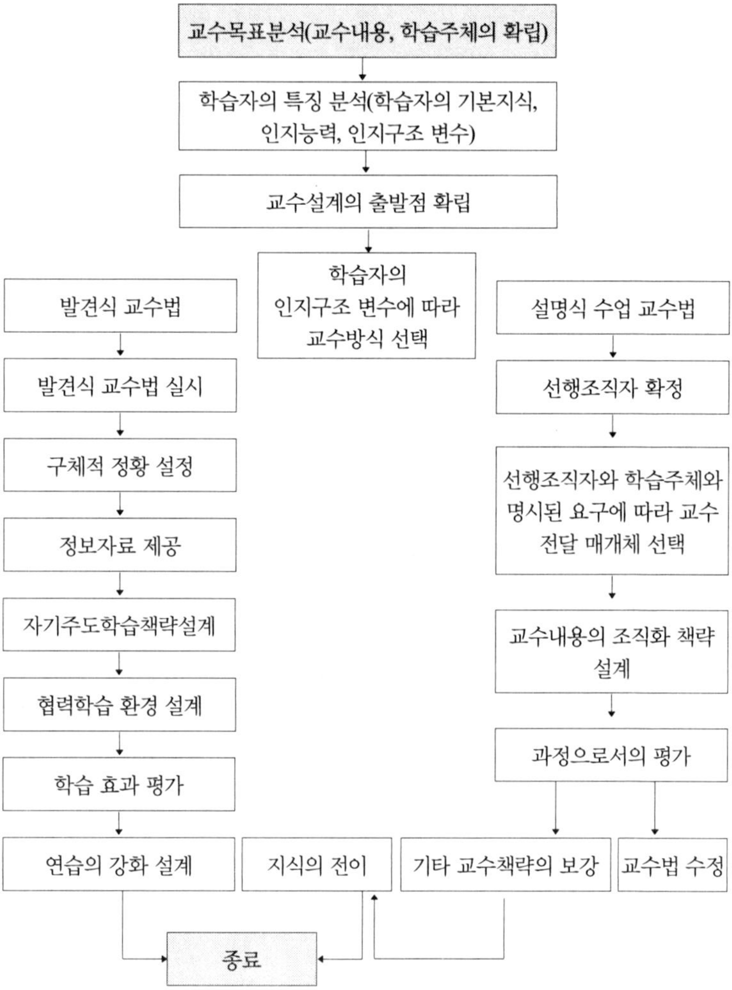

[그림 4] 교수-학습 중심의 교수설계 모형

이러한 '교수-학습 중심의 교수설계'를 보다 더 명확히 이해하기 위해 崔永華(2007: 180-181)는 위의 [그림 4]와 같은 모형으로 도식화하여 설명하고 있는데, 즉 창의적이고 흥미로운 수업 진행을 가능하게 하는 '학습자 중심의 교수 설계'와 가장 효율적인 방법으로 지식을 전달하는 '교수 중심의 교수 설계'의 각각의 장점을 살릴 수 있도록 두 교수 설계 방법을 어떻게 유기적으로 연결하여 '교수-학습 중심의 교수 설계'에 의한 수업을 진행할 것인가에 대한 주요 쟁점 사항을 위의 모형을 도출하여 시각적인 방법으로 설명하고 있다.

이제는 위의 '교수-학습 중심의 교수 설계 모형'에 기초하여 수많은 파생의미를 만들어내고 다양한 목적어 성분과 결합하는 동사 發의 다의 용법 수업 설계를 구체적으로 논의해 보고자 한다.

2. '發X' 구조의 인지언어학적 교수 설계를 위한 준비 단계

인지언어학적 관점에서 출발한 '發X' 구조의 다의 용법에 대한 본격적인 교수 설계에 앞서 필수적으로 선행되어야 할 단계로, '교수 목표 분석'과 '학습자의 특징 분석'을 바탕으로 교수 설계의 출발점을 확정하는 것이라 하겠다. '교수 목표 분석'을 위해 본고에서는 'ABCD 목표기술법'[18]을 바탕으로 구체적인 목표를 기술해 보았다.

(1) 대상(audience): '은유'의 연상과정을 이해할 수 있는 연령대의 중국어 수준 중급[19] 이상의 학습자

18) Robert Mager(1962)의 학습목표 진술 방법의 ABCD 원칙은 대상(audience)에서 학습대상자를 구체화하는 것으로 교육참가자를 명확히 한다. 행위(behaviour)에서 학습 경험 후 기대되는 행동을 명시한다. 조건(condition)에서 학습수행과 관련 있는 환경, 상황 및 지원 자원 여부 등을 명시한다. 수준(degree)에서 학습의 결과로 변화된 수행능력을 판단할 수 있는 양적/질적 판단 기준을 명확히 한다.

19) 본고에서 책정한 중국어 중급 이상의 학습자의 구체적 기준은 HSK 시험 성적

(2) 변화(behaviour): 학습 이후 동사 '發X' 구조에 대해 개별적으로 암기하는 것이 아닌, 동사 發와 연관된 다의 현상의 결과물로 이해하여 자유자재로 '發X' 구조를 구사할 수 있도록 한다.

(3) 조건(condition): 중국어 다의어 용법 수업 시간

(4) 수준(degree): 아래의 평가 수준에 대해 학습자가 점진적으로 도달하도록 유도한다.

수준	구체적 묘사	학습 성취 정도
1	發는 다의 동사이다.	낮다 ↕ 높다
2	'發X' 구조의 다양한 의미를 인식한다.	
3	'發X' 구조를 사용하여 문장을 만들 수 있다.	
4	중국어의 수많은 다의 동사의 다의 현상에 관심을 갖는다.	

다음으로 '학습자의 특징'을 분석하는데 있어서는 학습자가 기존에 지니고 있는 '배경 지식'과 인지 능력의 정도 그리고 인지 구조를 체계화하는데 영향을 미치는 변수에는 무엇이 있는지를 고려해야 한다. '發'의 원형의미는 '활을 쏘는 개념'에서 출발하였고, 그 영상 도식도 이러한 사건 개념과 연관되어 있기 때문에 이 개념을 이해할 수 있는 조건을 갖춘 학습자라면 인지언어학적 접근 방식의 교수 설계가 가능하다고 볼 수 있다. 특히 '發X' 구조의 본격적인 습득의 시작은 중급 수준의 학습자에서부터 시작한다는 최현미(2013)의 연구결과를 토

을 기준으로 5급에서 7급(新 HSK 3, 4급) 사이의 학생을 의미한다. 이러한 기준은 《高等學校外國留學生漢語教學大綱(長期進修)》(2002, p.20)을 참고한 것이다.

대로 중급 이상의 학습자를 주요 교수 대상으로 한다고 보겠다. 또한 이러한 교수의 주 대상의 인지구조에 영향을 미치는 주요한 변수가 무엇이 있는가를 준비 단계에서 선행적으로 검토하는 것이 필요한데, 發의 원형의미와 관련하여 그 원형의미는 '활을 쏘다'의 인지적 개념에서 출발하였기 때문에 시각적 영상 자료를 통한 학습자들의 인지구조를 자극 혹 새로운 인지구조를 구축하도록 유도하는 것이 본 교수 과정에 더욱 적합하다고 볼 수 있다.

3. '發X' 구조의 의미 학습을 위한 '학습중심' 설계 모형

이제는 '발견식 학습'의 교수법에 바탕을 둔 실제적인 교수 단계를 살펴보도록 하자.

첫 번째, '정황설정(情景創設) 단계'로서, 발견식 학습 교수법에서는 본 단계의 중요성을 강조하고 있다. 즉 학습자의 기존 경험이나 인지능력과 학습 내용을 연관시키기 위해서는 학습자가 놓여 있는 사회적 정황과 수업 내용이 연관되어 있어야만 '동화(同化)'와 '순응(順應)'의 단계를 거쳐 스스로 학습 능력을 제고해 나가는 발견식 학습의 최종 목표에 도달할 수 있기 때문이다.

'發X' 구조의 의미 학습을 위한 '정황 설정'을 위해 본고에서는 먼저 '發X' 구조를 구체적으로 사용한 '일상생활'과 관련한 단락을 설계하여 먼저 학습자에게 제시해 보았다.[20]

20) 본고에서 위와 같은 방법으로 '정황 설정'단계를 진행하는 이유는 최현미(2013, p.139-145)의 연구 결과에서 한국 학생들의 경우 고급 수준에 이르러서야 일상 대화에서 '發X' 구조를 어느정도 사용하기 시작하기 때문에, 먼저 학생들에게

今天早上起来我身体有点不对劲儿。脸发白，牙齿发酸，再加上开始发烧！我给我上司发短信，请了一天的假。上司向我发脾气，今天我原来向合作企业人士发言。我挨了一顿骂。他说我以后像今天那样突然请假决不给我发工资。虽然我开始发愁但事情已经发生了 后悔也来不及呢！我去医院看病回家的路上顺便买了一张彩票。我回家越是和中将号码对照，越是全身发抖！我的天！我中将了！呵呵! 我真的是要发财了！

위의 단락 설계를 위해 중점적으로 고려해야 할 변수는

(1) '發X' 구조 이외의 표현이나 단어에서 학습자의 중국어 수준을 고려하여 난이도를 조절한다.

(2) 최현미(2013: 136)의 '發X' 구조에 대한 한국 학생들의 습득 실태의 연구 결과를 참조하여 사용빈도가 높은 '發X' 구조부터 정황 설정 단계에 중점적으로 사용한다.

이러한 교수 단계를 통해 우선 학습자들에게 '發X' 구조가 다양한 의미를 지니고 있음을 먼저 인식하도록 유도하고, 또한 일상생활에서 쉽게 사용할 수 있는 구조임을 알도록 하는데 초점을 맞추도록 한다. 특히 發와 같은 다의(多義)동사는 이러한 정황을 설계하기 훨씬 수월한 면이 있는데, 즉 일반적으로 다의동사는 매우 다른 상황에서 다양한 뜻으로 쓰이기 때문에 하나의 다의동사를 가지고 위와 같은 한 단

'發X' 구조가 얼마나 다양한 의미로 빈번하게 쓰이는가에 대해 인식하도록 유도하는 것을 본 '정황 설정 단계'의 주 목적으로 삼았다.

락의 이야기를 구성하는데 매우 적합하다는 장점을 지니고 있다. 그렇기 때문에 發 이외의 다른 다의동사의 교수 설계를 위해 이러한 정황을 설정할 때도, 먼저 학습자의 기존 습득 실태를 파악하고, 먼저 학습자들이 쉽게 받아들일 수 있는 다의 동사의 결합구조와 새로운 결합구조를 적절이 혼합하여 설정하는 것이 좋다.

두 번째로, '자주학습(自主學習)' 단계에 들어가기에 앞서, '發의 원형의미와 도식'에 관해 설명하고, 각각의 '發X' 구조와 어떠한 은유 관계가 놓여 있는지에 대해 교수자의 설명이 필요하다. 이는 발견식 학습에서 주로 사용되는 '비계(飛階)설정 책략(scaffolding)' 방법의 일환으로서 학습자의 자기주도적 개념 확립 과정이 원활히 이루어지기 위해 먼저 교수자가 이에 선행되어야 하는 기본 지식이나 기술을 제공하는 것이다. 이러한 교수자의 설명 단계에서 기존에 이루어진 인지언어학적 접근의 의미 분석 연구의 결과들이 유용한 자료로 쓰일 수 있을 것이다. 예를 들어 아래 [그림 5]는 [無指多向]의 원형의미가 '發財'나 '發面'과 같은 '재산' 및 '식품원재료' 유형에서 왜 [확대]의 의미로 나타나는가를 도식으로 설명한 것이다.

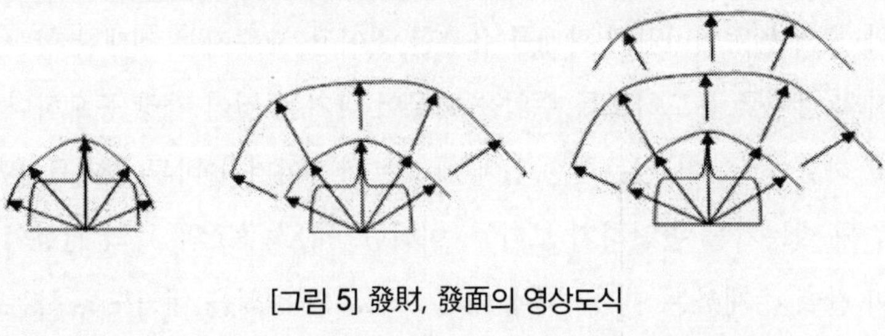

[그림 5] 發財, 發面의 영상도식

아래의 [그림 6]은 '發芽'의 '發X' 구조에 대한 영상 도식을 나타낸 것이다. 즉 [動力源]의 원형의미가 '은유'의 기제를 통해 '자연현상'의미 유형에 속하는 '發芽'의 '發X' 구조에서 어떻게 그 의미가 확대되었는가를 설명해 주고 있다.

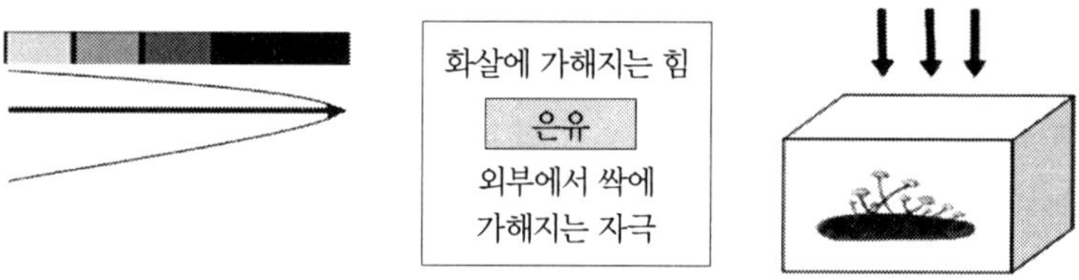

[그림 6] 發芽의 영상도식

세 번째로, '학습자 중심의 교수 모형'의 핵심적 단계인 '자주학습 단계'에서는 위의 '비계(飛階)설정 책략(scaffolding)' 방법의 일환으로, 교수자가 먼저 학습자의 '자주학습'을 돕는 기본 지식의 전달 이후, 스스로가 영상도식을 활용하여 다의 동사의 의미 확대 개념을 이해 및 응용해 나가는 단계라 할 수 있다. 즉 학습자 스스로가 수많은 '發X' 구조에 대해 원형의미와의 연결 관계를 만들어 보도록 하는 것이다. 이 때, 학습자는 본인의 배경 지식에 근거하여 '發X' 구조와 發의 원형의미와의 관계를 유추할 것이고, 교수자는 최대한 학습자의 참여를 유도하도록 수업을 이끌어 나가는 것이 가장 중요하다고 하겠다. 즉 이 '자주학습 단계'에서는 학습자가 올바른 관계를 유추해 냈는가를 판단하기 보다는, 이러한 '發X' 구조와 發의 원형의미 간에 존재하는 인지기제에 대해 스스로의 해석을 내리도록 하는데 초점을 맞춘다. 특히 이러한 과정은 학습자의 기억력 보유 기간을 연장하는데 도움이 될 수 있다. 즉 기계적인 지식 전달의 교수 방법의 가장 두드러진 한계점은 이러한 교수 방법으로 학습자에게 전이된 지식의 보유 기간이 길지 못하다는 것이다. 그러나 본인의 경험과 연결하여 새로운 지식과 연관시켜 보는 '자주학습 단계'를 거치면서 학습자의 지식 체계는 일시적이 아닌 보다 장기적으로 유지하게 되어 최종적으로는 실제 언어 환경에서 그 사용 가치를 높일 수 있게 되는 것이다.

마지막으로 '토론학습(協作學習)단계'에서는 위의 '자주학습 단계'를 통해 실시했던 '發X' 구조와 發의 원형의미간의 관계에 대한 본인의 생각을 다른 학습자들과 상호 비교해 봄으로써, 새로 얻게 된 지식을 보다 더 견고히 할 수 있다. 또한 이러한 '토론학습'은 수업의 흥미를 높일 수 있다는 점에서도 그 가치가 더욱 크다고 할 수 있다. 즉 자신의 견해와 상대방의 견해 사이에서 발생하는 '설득', '반박', '수용' 등의 의사소통 과정은 '發X' 구조의 의미 학습에 있어 학습자로 하여금 '반성적 사고'가 가능하도록 유도할 수 있고, 이러한 상호작용은 '發X' 구조의 의미 학습의 효과를 극대화할 수 있기 때문이다. 뿐만 아니라 이러한 '토론학습 단계'에서 위의 '정황설정' 단계에서 교수자가 제시했던 '發X' 구조를 사용한 이야기 구성 형식 방법을 사용하여 조별로 최종 결과를 보고 하게 함으로써, '發X' 구조에 대한 의미 학습과 동시에 구체적 용법에 대한 습득까지 가능하도록 학습의 효율성을 제고해 볼 수 있다.

4. '發X' 구조의 문법 학습을 위한 '교수중심' 설계 모형

본 절에서는 위의 '發X' 구조에 대한 의미 학습에 이어 '發X' 구조의 문법 학습을 위한 '교수중심' 설계 모형의 구체적 실행 방법에 관해 논하고자 한다. 여기에서 가장 중요한 부분은 바로 '선행조직자(advance organizers)'의 선정일 것이다. 즉 Ausubel(1999)에 의해 제안된 '유의미학습' 이론의 핵심은 바로 교수 설계의 시작점을 선정할 때, 학습자의 기존 지식 및 경험과 가장 근접한 수준에서 새로운 지식의 내용과 결합할 수 있도록 전체 학습자의 지식 체계에서 교수 내용과 밀접히 연관되어 있는 '선행조직자'[21]를 선정해야만 유의미적인 학습이 이루어질 수 있다고 보고 있다. 본 '發X' 구조의 문법 학습에서는 앞서 4.3절에서 구체적으로 논의된 '발견식 교수 방법'으로 선행된 '發X' 구조에 대한 의미 학습이 매우 유용한 문법 학습의 선행조직자(advance organizers)가 될 수 있다. 즉 '發X' 구조 자체가 매우 다양한 의미를 지니고 있기 때문에 먼저 이에 대한 이해가 전제되지 않은 상황에서 바로 문장 상에서의 그 형식을 살펴보는 문법 학습을 시행하는 것은 학습자의 수준을 고려하지 않은 교수 설계가 될 수 있다. 특히 위의 조별로 최종적으로 보고하는 '發X' 구조를 사용한 단락 이야기 구성하기의 자료는 매우 유용한 선행조직자가 될 수 있다. 즉 이러한 단락 내용에는 반드시 문법적으로 틀린 부분이 존재할 수 밖에 없는데, 이와 같은 학습자들 스스로가 만든 문장 상에서의 오류를 이용하여, '發X' 구조의 문법 관련 학습을 시행하는 것은 학습자의 경험과 새로이

21) '선행 조직자'란 새로운 정보를 학습하기 전에 제시되는 관련 정보이다. 학습자가 기존 지식을 회상하여 새로운 정보에 적용하여 새로운 정보를 의미 있게 조직하고 해석할 수 있도록 유도한다. '선행 조직자'는 오스벨(D. Ausubel)이 제시한 인지전략으로서 만약 기존 지식과 새로운 정보 간에 유기적 연결이 이루어지면 학습 경험은 보다 의미 있게 된다는 가설에 근거한다(지식백과 사전 정의 참조).

전이 되는 지식 간에 유기적 연결 관계를 형성할 수 있기 때문에 새로이 유입되는 지식 즉 '發X' 구조의 형식 체계'를 이해하는데 더욱더 도움이 된다는 큰 장점을 지니고 있다.

다음으로 교수자가 제시할 수 있는 학습자료로서 '發X' 구조에 대한 문장 상에서의 두드러진 형식의 차이를 관찰해 보면 다음과 같은 현상을 찾아 볼 수 있다.

[표 1] '發X' 구조의 투사대상 별 논항구조 분석

<table>
<tr><th>투사대상
(物象)</th><th>생물체</th><th>물체</th></tr>
<tr><td rowspan="2">구문형식</td><td>논항구조: 發: 施事 + 結果
(草莓在7天之內不會發霉.)</td><td rowspan="2">논항구조: 發 : 施事 + 受事
(下一次該輪到我發球了.)</td></tr>
<tr><td>논항구조: 發 : 結果
(兩腿已經發軟.)</td></tr>
<tr><td>결합
가능
개사
(介詞)</td><td>給 : 불가
對 : 불가</td><td>給 : 가능
(我准備從我的工資里拿出錢來給你發工資.)
對: 가능
(法蘭吉絲騎在馬上搭好了弓對殺來的魯達尼亞兵連連發箭.)</td></tr>
</table>

위의 표1을 통해 알 수 있듯이, '發X' 구조의 문장 상에서의 형식 또한 의미 분석과 마찬가지로 투사하는 대상이 '생물체'인지 '물체'인지의 여부에 따라 확연한 차이를 보이고 있음을 알 수 있다. 그렇기 때문에 위의 최현미(2013: 127-129)의 의미와 형식간의 관계를 분석한 의미지도에서도 이러한 구별성이 명확히 나타나고 있는데, 이에 대해 구문문법을 사용하여 학습자들에게 보다 더 근본적이고 명확한 형식의 차이를 설명할 수 있다고 본다.

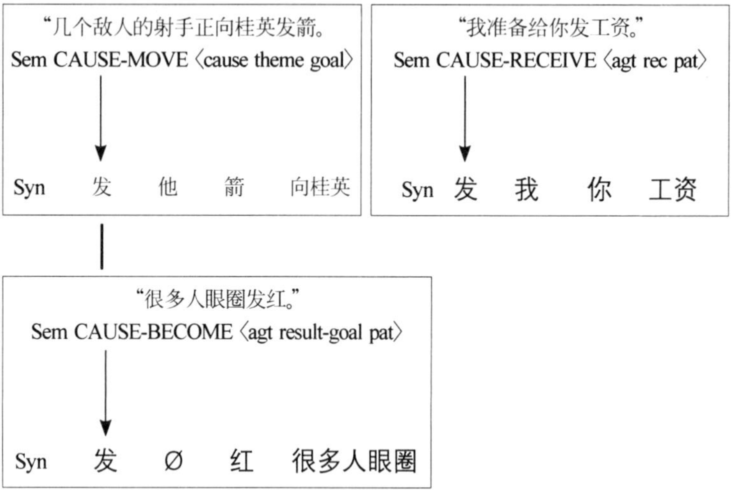

[그림 7] 구문문법의 관점에서 본 동사 發의 고유 구문 구조

즉 위의 구문문법 도식은 ‘發X’ 구조가 가지는 고유 구문 간의 관계를 간결하게 제시하고 있다. ‘發X’ 구조는 發의 원형의미의 영향에 의해 기본적으로 ‘사역-이동 구문’을 시점으로 출발하였다고 볼 수 있다.[22] 또한 ‘發X’ 구조의 형식에서 나타나는 ‘이중목적어 구문’은 구문 자체로서 단독으로 존재하며,[23] ‘사역-이동 구문’에서 ‘이동’이 하나의 객체(客體)로 실현되어 명사형 목적어의 문장 성분으로 나타난다면, ‘사역-결과’ 구문에서는 목적어의 문장 성분이 객체의 상태 및 결과를

22) ‘發’의 원형의미인 ‘활을 쏘다’는 ‘사람이 화살 및 활에 힘을 가하여(사역의 의미), 화살이 이동한다(이동의 의미)’는 사건 개념을 내포하기 때문에 구문문법의 ‘사역-이동 구문’의 전형적인 예라고 볼 수 있다.

23) 구문문법의 대표적 학자인 Goldberg(吳海波 譯, 2007)도 ‘이중목적어구문’은 문장 내 논항구조 간의 의미 영향에 의해 언어에서 단독으로 존재하는 특수구문이라고 보았다.

묘사하는 술어형 성분으로 변환되어 나타난다고 보고 있다.[24] 그렇기 때문에 '사역-이동 구문'과 '이중목적어구문'은 '發 + 명사형 목적어'의 형식이 가능하며, '사역-결과' 구문의 '發 + 술어형 목적어'의 두 종류가 존재하는 이유를 탐색할 수 있는 것이다.

5. 평가

'평가'단계에서는 먼저 교수와 학습결과간의 성과물을 측량하는 '결과로서의 평가'와 수업 과정 내에서 이루어진 각 단계에 대해 적합성 여부를 판단하는 '과정으로서의 평가'의 두 가지 측면에서 이루어질 수 있다.[25]

결과 평가 단계에서는 이러한 인지언어학적 접근을 통한 '發X' 구조 용법의 교수 방안이 그 실효성이 있는가에 대한 정량(定量)적 측면과 정성(定性)적 측면이 함께 병행되어야 할 것이다. 즉 학습자의 기존 배경 지식이나 인지능력과 결합시켜 진행하는 교수 책략은 위에서 살펴본 바와 같이 새로운 지식구조를 견고히 하고, 유의미학습을 이룰 수 있다는 장점을 지니고 있는 반면, 학습자가 이러한 인지능력을 수반하고 있지 않은 경우는 오히려 난이도를 가중시킬 수 있다는 위험성도 항상 고려해야 하기 때문에 과학적이고 객관적인 방법을 통한 교수방법에 대한 실효성 평가가 매우 중요하다고 본다.

과정 평가 단계에서는 '정황설정' 단계의 적합성이나 '비계설정(scaffolding)' 단계에서 어떠한 교수 매개체를 사용하는 것이 보다 더 효과적으로

---

24) 최현미, 2013: 129.

25) 崔永華, 2007: 119.

학습자에게 설명을 전달할 수 있는지에 대해 검토하는 과정이 필요할 것이다. 뿐만 아니라 자주학습과 토론학습을 진행할 때 보다 더 학습자들의 적극적인 참여를 유도하기 위한 교수자의 책략이 무엇이 있는가에 대한 지속적인 평가가 이루어져야 할 것이다.

Ⅴ. 결어

본 연구를 통해 필자는 중국어 동사 發의 다의 용법을 실제 수업시간에 학습자들에게 전달하는데 있어, 인지언어학적인 접근을 결합하여 학습 효과를 극대화할 수 있는 체계적이고 구체적인 교수 설계 모형을 제시하고자 하였다. 위의 서론에서도 언급했듯이, 기존의 중국어학계에서 이루어지고 있는 수많은 인지언어학적 의미 분석에 관한 연구들은 현재 중국어를 배우는 학생들에게 매우 가치가 높은 기본 연구 자료로 쓰일 수 있다. 또한 학습자들의 흥미를 유발하는데도 매우 새로운 시각과 방법론을 제공할 수 있다. 그러나 유감인 것은, 연구동향도 반영하고 있듯이 이러한 결과를 실제 수업과 연결시키는 노력은 거의 이루어지지 않고 있다는 점이다. 본 연구는 이러한 부분을 보완하고자 하는 의도에서 시작된 연구로서 후속연구에서는 실제 이러한 교수설계모형에 근거한 수업을 진행하고 이에 대한 학습자들의 학습 평가를 분석하는 연구를 진행한다면 본 연구의 제한점을 보완할 수 있으리라 기대해 본다. 또한 각각의 교수 단계에서 학습자들의 학습 효과를 제고하는 요인에 무엇이 있는지 체계적인 요인 분석 연구를 함께 병행한다면 실제 중국어 교육에 도움이 되는 실효성 있는 구체적 방안이 될 것이라 생각한다.

【参考文獻】

김원빈(2011),〈영어 논항교체구문의 영상도식과 교육적 활용〉, 부산대학교 석사학위논문.

오은주(2008), 〈인지 문법적 측면에서의 정관사에 대한 분석 및 지도방안〉, 경성대학교 교육대학원 석사학위논문.

이선희(2012), 감정표현의 그릇은유 양상과 중국어 교육에의 활용 〈중국어교육과연구〉 제15호.

정현정(2006),〈인지문법을 통한 영어 구절동사의 의미 분석과 교수 학습 방안〉, 연세대학교 교육대학원 석사학위논문.

최현미(2012), 고빈도동사 '發'의 多義용법 연구-'發'의 원형의미와 '發 + 명사형목적어' 중의 파생의미 간 의미연결망 탐색 〈한국어문학논집〉 제76집.

최현미(2013), 〈現代漢語動詞"發"的句法語義研究〉, 北京語言大學博士學位論文.

國家對外漢語教學領導小組辦公室編(2002),《高等學校外國留學生漢語教學大綱》, 北京 : 北京 語言大學出版社.

崔希亮(2001),《語言理解与認知》, 北京: 語言大學出版社.

崔永華(2007),《對外漢語教學設計講義》, 北京: 北京語言大學出版社.

李連偉繆俊(2010), 多義詞教學重視語義网絡的构建, 〈漢語与漢語國際教育論文集〉.

賈立帥(2010), 基于美國小學三大外語教學模式的漢語教學方法研究〈第十屆國際漢語教學研討會論文選〉.

張蓓蓓(2012), 〈基于支架式教學法的泰國大學漢語選修課教學設計-以《体驗漢語》爲例〉, 山東大學碩士學位論文.

楊麗梅(2010), 意象圖式理論指導下的外語教學,《長江師范學院學報》第3期.

林 蔭(2008), 利用意象圖式教學法促進多義詞習得,《佳木斯大學社會科學學報》第5期.

劉 民(2011), 認知結构在英語教學中的應用,《中國教育技術裝備》第8期.

馬箭飛(2004), 漢語教學的模式化研究初論,《語言教學与研究》第1期.

劉正光(2009), 認知語言學對外語教學的啓示,《中國外語》第5期.

曠 群(2008), 語意与形式兼顧英語教學模式及其應用,《湖南農業大學學報》第3期.

龔紅梅(2010), 基于有意義學習的課堂教學模式研究,《新課程研究》第10期.

何先友 莫雷(1998), 奧蘇伯爾論認知結构, 知識獲得与課堂教學模式,《華南栩范大學攀報》第3期.

王 非(2010), 對外漢語教學中的認知語言學應用探驪,《學理論》第23期.

王朝暉, 魏華, 杜玮, 戴林紅(2009), 認知語言學在中國13年的發展歷程《重慶工學院學報》第5期.

楊 婧(2008), 認知語言學与對外漢語教學,《文學教育》第12期.

邵菁 金立鑫(2007),《認知功能教學法》, 北京: 北京語言大學出版社.

吳海波 譯(2007),《論元結构的构式語法研究》北京: 北京大學出版社.

吳爲善(2011),《認知語言學与漢語研究》, 上海: 复旦大學出版社.

曺 晉(2012), 語義地圖理論及方法,《語文研究》第2期.

郭 銳(2010), 以補充義爲核心的副詞語義地圖,《類型學視野下的漢語与民族語言研究學術論壇: 北京語言大學》.

烏美娜(1994),《教學設計》, 北京: 高等教育出版社.

Boers, F & S.Lindstromberg, 2006 Cognitivelinguistic applications in second or foreign language instruction: Rationale, proposals, and evaluation[A].
In Kristiansen, G., et al.(eds). Cognitive Linguistics: Current Applications and Future Perspectives[C]. Berlin/New York: Mouton de Gruyter.

Gagn & Briggs, 1992 Principles of instructional design, New York : Holt, Rinehart & Winston.

Smith, P.L & Ragan, T.J, 1999 Instructional Design.

Lakoff George& Mark Johnson 1980 Metapors We Live By, The University of Chicago Press.

Langacker, Ronald W. 1987 Foundations of Cognitive Grammar, Standford: Standford University Press.

Sinclair, J. 1991 Corpus Concordance Collocation[M]. Oxford: OxfordUniversity Press.

Robert Mager 1962 Preparing Instructional objectives: Analysis of English phrasal verbs in cognitive grammar and teaching methods.

신문보도기사를 활용한 읽기·쓰기 통합 수업안 설계 고찰

Ⅰ. 서론

우리는 지면 혹은 인터넷상의 보도 기사를 통해 매일 매일 필요한 정보를 습득하고 이를 지식으로 축적해 나간다. 즉 신문기사는 일상 생활과 밀접히 연관되어 있는 주요한 독해 자원이라 할 수 있다. 그렇기 때문에 제 2 언어 및 외국어 교육 분야에서도 이러한 신문기사를 이용하여 어휘량을 늘리거나 주요한 표현을 습득하고 더 나아가 기사 내용 속에 담겨진 문화 함의까지도 학습하는 등 다양한 목적을 가지고 '신문기사 독해 수업'을 개설하고 있다. 이는 중국어 교육 분야에서도 예외가 아니어서, 중국의 대외한어 교육의 총체적 기구인 國家漢辦에서 제정한 《高等院校外國留學生漢語言專業教學大綱》을 살펴보면 '중국어 신문기사 수업'을 중점기능과목(專項技能課)으로 지정하고, 중국어 전공 대학 2학년에서 '중국어 신문기사 단어 학습 기초과목(中國報刊語言基礎)'을, 3학년에서 '중국어 신문기사 독해 과목(中國報刊閱讀)'을 개설하여 속독능력과 문장 요약 능력을 함양할 것을 제시하고 있다.

그러나 문제로 제기되는 것은, 이러한 독해에 치우친 신문기사 수업은 자칫 교수자가 신문기사의 첫 문장부터 마지막 문장까지 해석 및 설명을 진행하고 학생들은 이를 수동적으로 따라가는 천편일률적인 교수방법으로 운영될 우려가 있다는 것이다.[1] 그렇기 때문에 崔珣(2011)은 연구를 통해 신문기사 수업의 흥미를 높이기 위한 여러 교수방법으로 문자 형식의 신문기사 읽기 방법 이외에 인터넷 활용, 음성자료의 유입, 애니메이션 감상 등과 같은 시각자료를 다양하게 활용하는 방법을 제안하였다.

그러나 필자는 이러한 교수 방법의 제안이 실제 교육 현장에서 신문기사의 장점을 최대한 활용하여 중국어의 언어 기능을 습득하는데 직접적인 효과성을 가져오기에는 한계가 있다고 생각한다. 즉 다매체 자료를 수업 시간에 활용하는 것은 학생들의 흥미를 유발하고 지루함을 감소한다는 점에서 어느 정도 효과가 있다고 볼 수 있지만 '신문기사'만이 독특하게 지니고 있는 논리화되고 정형화된 문단 구조의 장점을 극대화하여 중국어 '읽기', '말하기', '듣기', '쓰기' 등 언어적 기능의 함양을 가져오기 위해서 새로운 시각으로 중국어 신문기사 수업을 설계하는 것이 필요하다고 생각한다.

이를 위해 본고에서는 읽기와 쓰기 기능을 통합한 중국어 신문기사 수업을 설계해 보고자 한다. 이는 신문기사는 일기, 편지, 소설 등의 다른 문체와 달리 보편적으로 고유의 특정한 문단 구조를 가지고 있다는 점에 착안한 것이다.[2] 즉 교수자의 일방적인 설명 방식의 천편

1) 신문기사 독해 수업의 단조로움 수업 방식에 대해서는 이미 관련 학자들의 공통된 문제점으로 지적된 사항이다(王瀟瀟(2009) ; 饒勤(2003); 張和生(1999) 등).

2) 본고에서 다루고자 하는 신문기사 유형은 '스트레이트 기사(보도성 기사)'와 '피쳐 기사(기획기사)' 중 사실 전달을 주목적으로 간결하고 정형화된 문단 구조를 보이는 보도성 기사로 범위를 한정한다.

일률적인 신문기사 수업에서 벗어나 학생들에게 신문기사 고유의 특정한 문단 구조를 제시해 주고 이를 스스로 분석하는 과정을 유도할 수 있다면 기존의 기사 본문을 한 문장 씩 읽어나가는 단조로운 수업방식에서 벗어나 신문기사 전체를 개괄하는 거시적 관점에서 독해를 진행하는 능력을 키울 수 있다는 점에서 기존의 수업과는 다른 참신한 효과를 가져올 수 있으리라 생각한다. 또한 이러한 독특한 문단 구조에 근거해 학생 스스로가 신문기사를 직접 작성하는 작문의 과정을 통해 교수자 중심의 수업에서 탈피한 학생 주도 방식의 쓰기 수업이 가능하리라 기대한다.

이를 위해 본고는 먼저 텍스트 언어학(篇章語言學) 관점에서 중국어 신문기사의 문단 구조를 분석하여 고유의 정형화된 프레임(框架)을 제시하고, 이를 응용한 읽기 · 쓰기 통합 수업과정을 설계해 보도록 하겠다. 특히 중국어 쓰기 수업과 관련하여 '신문기사'와 같은 특정 장르의 작문 연습에 중심을 둔 장르 기반 접근 쓰기 기법(genrebased approach writing)과 스스로 사고하고 토론하는 과정을 통해 외국어 작문의 흥미를 높이는 과정 중심 글쓰기 기법(process writing)[3]을 응용해 보고자 한다.

3) H. Douglas Brown(2001: 408-409)은 '과정중심 글쓰기'란 학생들이 자기 자신의 글쓰기 과정을 이해하도록 도와주는 교수 방법으로, 교수자는 학생들 스스로가 '미리 쓰기', '초안 잡기' 및 '다시 쓰기'를 위한 다양한 책략들을 구성하도록 돕고, 학생들에게 글을 쓰고 재수정할 시간을 주는 등 글쓰기의 수정과정(revision process)에 중요성을 부여하는 교수법이라고 설명했다.

Ⅱ. 텍스트 언어학적 관점에서의 중국어 신문기사 문단 구조 분석

1. 텍스트 언어학에서의 신문기사 관련 문헌 고찰

'텍스트(篇章)'의 개념의 정의에 대해 논의한 고영근(2002)의 연구에 따르면 '텍스트'란 개별 단어와 단어의 모임, 문장과 문장의 모임이 어떤 층위에서도 실현될 수 있는 언어의 실존 양식이라고 보고 있다. 즉 '의사소통'의 목적을 가지고 화자가 구현하는 언어행위 자체를 '텍스트'라는 개념으로 규정하여 일상적인 글 또한 대화 상황을 아우르는 하나의 문법 범주로 정의할 수 있을 것이다. 그런데 이러한 텍스트가 하나의 텍스트로서 존재하기 위해서는 일정한 조건이 갖추어져야 한다고 고영근(2002)은 주장하였는데, 이는 '응결성(cohesion)'과 응집성(coherence)'으로 규정된다.[4] 응결성은 언어적 결속장치를 의미하고, 응집성은 하나의 주제의 틀 안에서 자연스럽게 문장들이 연속되는가의 여부를 의미한다. 강병길(2005)은 신문 기사 구조는 이러한 텍스트의 '응결성'과 '응집성'이 가장 명확하게 나타나는 장르(體裁)라고 보았다. 이러한 점으로 인해 외국어 교육 학계에서도 신문기사를 응용한 텍스

4) '응결성'은 자소 · 음운 · 형태 · 통사론적 특징에 의하여 텍스트를 의미, 기능상의 절차에 따라 하나의 텍스트로 묶는 기제를 가리킨다. 흔히 '연결부사', '대용', '생략' 등의 연결 기제가 사용된다. '응집성'은 응결성에 상대되는 개념으로 한 텍스트를 텍스트답게 만들어주는 의미상의 조건을 가리킨다. 따라서 텍스트의 응결성과 응집성은 텍스트의 형식과 내용이라고 할 수 있으며, 하나의 텍스트가 텍스트로서 존재하기 위해서는 이러한 형식과 내용이 일치되어야만 한다(강병길, 2005: 12).

트 읽기를 활발히 진행할 수 있게 되는 것이다. 이에 대해 Schank & Brustein(1985: 15)의 연구에 의하면 약 50% 이상의 신문기사는 정형적인 구조를 띈다고 조사한바 있다. 이 중 논설이나 평론 등을 제외한 순수 보도기사의 정형화 비율은 거의 100%를 나타내기 때문에 보도기사의 문단 구조 배열을 추출하는 연구가 가능한 틀을 마련하게 된 것이다.[5] 이에 대해 중국어 텍스트 언어학자인 鄭貴友(2002)도 연구를 통해 문체의 특성에 의거해 중국어 텍스트도 서술구조(叙事結构), 논평구조(議論結构), 설명구조(說明結构) 그리고 신문구조(新聞結构)로 분류하면서 신문기사의 문단구조의 독특함과 정형성을 강조하였다. 이러한 특성에 기인하여 텍스트 언어학에서는 신문기사를 주 연구 대상으로 하여 그 특정 문단 구조를 분석하는 연구가 활발히 진행되었는데, 이 중 van Dijk(1988)는 신문 문단 구조의 기본 배열 항목을 아래의 5가지로 나누어 분류하였다. 그 내용을 살펴보면,

(1) 포괄(總結) 구조: 신문의 맨 처음 문두에 놓이는 문단 구조로서 전체 텍스트의 가장 핵심적인 주제를 포괄하고 있는 문단이다. 흔히 리드 혹은 표제 문장의 형식으로 나타나는 본 문단 구조의 주요 기능은 전체 텍스트의 핵심 내용을 독자에게 전달하여 독자가 텍스트를 읽어가는 과정 속에서 내용을 유추해나가는 인지과정을 최대한 억제하고, 포괄 구조에서 제시한 핵심 내용의 범위 안에 전체 텍스트의 내

5) Schank & Brustein(1985: 15)의 연구는 신문텍스트의 구조를 거시적 관점에서 방대한 조사 자료를 근거로 그 정형화된 도식을 도출한 초기 연구로서, 이러한 연구 결과를 기반으로 신문텍스트를 다양한 관점으로 분석하는 후속 연구들이 진행되었기 때문에 그 의미가 크다고 하겠다.

용 범위를 한정 한 후, 이어지는 다른 문단 구조를 통해 핵심 내용과 관련된 세부 내용을 보충하는 총괄의 기능을 담당한다고 보았다.

(2) 주요 사건(主要事件): 위의 리드 및 표제 문장에서 가장 핵심적인 전달 내용을 개괄적으로 전달하였다면 주요 사건 부분에서는 세부적인 사항을 독자에게 전달하는 것이 가장 주요한 기능이라 볼 수 있다. 사건의 발생순서, 정황을 설명하거나 주요 사건 발생의 원인, 사건 관련 주체 및 그 결과 등을 전달할 수 있다.

(3) 배경(背景): van Dijk(1988)가 분류한 배경은 '현재 배경'과 '과거 배경'으로 다시 세분화된다. '현재 배경'은 주요 사건이 일어난 환경을 의미하고, '과거 배경'은 주요 사건과 관련된 '이전 사건'으로 구체화된다. 이러한 배경구조의 의미 기능은 독자로 하여금 기존에 가지고 있는 경험 및 지식과 텍스트의 주요 사건과의 연결 고리를 만들어 준다는 것이다. 즉 독자는 이 배경 구조를 통해 주요 사건과 관련된 이전 사건들에 대한 이해를 도모한 후 주요 사건에 대해 정보를 업데이트 하는데 인지적 도움을 받을 수 있다는 것이다.

(4) 결과(結果): 주요 사건 발생 후에 따르게 되는 또 다른 사건 및 행동을 의미한다. 이는 구체적으로 '행동의 반응'과 '언어의 반응' 두 가지로 구분될 수 있다. 특히 '언어의 반응'은 신문기사를 작성하는 주체 즉 기자들에게 있어 자신의 주요 사건에 대한 견해를 객관적으로 표현하는데 쓰이는 주요 수단으로 쓰일 수 있다.

(5) 평론(評論): 신문기사는 반드시 사실만을 다루어야 한다는 것이 내용상의 전제 조건이지만 이 평론부분에서는 주요 사건과 관련한 예상 및 예견 혹은 기자의 공개적인 평가를 담을 수 있다. 즉 위의 결과 부분에서 다른 전문가들의 언어 반응을 통해 기자가 간접적으로 자신의 견해를 밝히는 기능을 담당하는 것과 동시에 평론 부분에서도 가능한 범위 내에서 기자의 사건에 관한 평가 부분이 첨가될 수 있다.

이러한 van Dijk(1988)의 관점에 의거해 婁開陽(2008)은 방대한 중국어 보도 기사의 코퍼스 자료를 분석하여 중국어 보도 기사의 고유 문단 구조를 분석하고 이를 정형화하는 연구를 실시했는데 이러한 연구 결과는 텍스트언어학적 관점에서 그 의의가 클 뿐만 아니라 신문기사를 수업 현장에 이용하여 중국어 언어 기능을 함양하는 중국어 교육학적 관점에서 보더라도 응용 가치가 매우 높다고 할 수 있다. 그는 보도 기사 텍스트를 우선 '사건', '배경', '논평'의 세 요소로 분류한 후 이에 대해 다시 하부 요소로 사건은 '핵심사건', '후속사건', '관련사건', '예고사건'으로 세분하였고, '배경'은 '사건배경'과 '지식배경'으로, '논평'은 '사건분석'과 '사건논평'으로 세분하여 보다 더 구체적이고 명확한 중국어 신문기사의 문단 구조의 요소를 분석하였다. 婁開陽(2008)은 신문 보도 기사 코퍼스 분석 결과 중국어 보도 기사 중 32%가 '사건 + 배경'의 의미 구조 도식을 나타내고, '사건 + 배경 + 논평'의 의미 구조 도식은 27%로, '사건'의 순수 의미 구조 도식만 나타나는 경우도 27%로 나타났다고 분석했다. 그렇다면 이러한 '사건', '배경' 그리고 '논평'의 각각의 문단 구조 간에는 어떠한 의미적 유기 관계를 가지고 텍스트의 응결성을 높이는가를 판단하는 일이 필요할 것이다. 또한 이러한 텍스트 응결성의 판단 기준을 명확히 하는 일은 향후 신문 기사 문단 구조를 수업에 활용할 때 문단 구조 분석 시 매우 유용한 분석 기준이 될 것이다. 이에 대해 婁開陽(2008)은 총 1,080편의 보도기사를 분석하여 신문 문단 구조 간의 의미 연결 관계 기준을 제시하였는데 이는 아래의 〈표 1〉과 같다.

〈표 1〉 신문 문단 구조 간 의미 연결 관계

텍스트 응결성 범위	세부 문단 구조	의미 연결 관계
문단 구조 간	사건과 배경	보충(補充) / 연관(連貫) / 전도서술(倒叙) / 원인(因果) / 전체와 세부(点面)
	사건과 논평	해설관계(解說關系) / 증명관계(証明關系)
문단 구조 내	리드사건과 중심 사건	합일(合一) / 전도서술(倒叙) / 승접(承接) / 순접(順叙) / 반복(复迭)

위의 〈표 1〉에서 각각의 문단 구조 간 의미 연결 관계 요소 가운데 가장 핵심적인 위치를 차지하는 것은 바로 '리드사건'과 '중심사건' 간의 의미 연결 관계 요소들이다. 이는 '핵심사건'의 두 가지 세부 요소인 '리드사건'과 '중심사건'이 바로 신문기사의 전체 텍스트에서 가장 주요한 핵심 내용을 기술하는 역할을 담당하기 때문이다. '합일(合一)' 관계는 신문 텍스트에서 '리드사건'과 '중심사건'이 하나로 통합되어 나타나는 형식을 의미한다. '전도서술(倒叙)' 관계는 '리드사건'에서 중점적으로 다루어지는 '인물', '시간', '장소', '결과', 사실', '출처'의 6가지 구성 요소들이 다 포함되지 못할 경우 '중심사건'에서 나머지 부분에 대해 서술하는 형식을 의미한다.[6] '승접(承接)' 관계는 '중심사건'이 '리

6) 婁開陽(2008: 58-59)은 중국어 보도기사 1,080편에 대해 '리드사건' 문단 구조에

드사건'의 의미 구성 요소들의 보충 역할에서 벗어나 '사실' 요소에 대해 초점을 맞추고 이에 대해 보다 더 구체적으로 진술하는 형식을 지칭하는 것이다. '순접(顺接)'은 '리드사건' 후에 바로 '중심사건'이 서술되지 않고 시간의 순서 흐름에 따라 '사건배경'의 내용이 서술되는 형태의 의미 연결 관계를 보인다. 마지막으로 '반복(复迭)'은 '리드사건'의 전체 의미 구성 요소 – '인물', '시간', '장소', '결과', '사실', '출처' – 가 '중심사건'에서 다시 반복적으로 서술되는 의미 연결 관계를 보이는 형태를 지칭한다.[7)]

2. 중국어 보도기사 문단 구조 분석

위의 2.1의 연구결과를 근거로 본 절에서는 실제 중국어 보도기사의 문단 구조를 분석해 보도록 하겠다.[8)] 본고에서는 인터넷 신문의 경우 정형화된 신문 구조가 파괴되는 경향이 있음을 보고한 遲秀麗

포함되는 의미 요소들을 분석한 결과 '사실(466편)', '시간(423편)', '인물(395편)', '장소(266편)', '결과(236)', '출처(189편)'의 순으로 의미 요소들이 '리드사건'에 포함되는 경향을 보인다고 보고했다.

7) 보다 자세한 이해는 裵開陽(2008: 95-105)을 참조하기 바란다.

8) 본고에서는 신문 문단 구조 분석을 핵심사건의 두 요소인 '리드사건'과 '중심사건'의 의미 연결 관계 분석에 초점을 맞추어 실시하고자 한다. 그 이유는 첫째, 보도기사에서 전달하고자 하는 가장 핵심적인 내용은 바로 이 '리드사건'과 '중심사건'에서 모두 다루어져야 하기 때문에 이를 주안점으로 분석하고자 함이며 ; 둘째, 본고는 중국어 보도기사의 전체 신문구조 분석과 그 의미적 연결 관계를 논의한 裵開陽(2008)의 연구결과에 근거하여 실제 중국어 신문기사 수업에 응용하고자 하는 교육적 접근 시각에서 출발한 연구이므로 학생들의 신문 문단 구조 분석의 난이도를 낮추고자 '리드사건'과 '중심사건'의 의미 연결 관계를 중점으로 신문기사를 분석하고자 하였다.

(2004)의 연구 결과에 따라 실제 신문지면에 실린 중국어 보도 기사를 분석 대상으로 삼았다. 이를 위해 新京報[9]의 지면 형식 보도 기사를 선정, 이에 대해 婁開陽(2008)의 기준에 의거해 문단 구조를 분석해 보았다.[10]

婁開陽(2008)의 연구 결과에 따르면 전체 중국 신문 보도 기사의 '리드사건'과 '중심사건' 간의 의미 관계 중 가장 높은 비중을 차지하는 것은 '중복(复迭)' 관계라고 보았는데[11] 이러한 중복 관계로 이루어진 신문 텍스트를 살펴보도록 하자.

〈2.2.1〉 중복관계 텍스트 구조 분석

新京報訊 2014年 4月 6日(記者: 張永生, 范春旭, 崔木楊)

[표제]

中方發現疑似黑匣子信号

[리드사건]

昨日, 有消息称在南印度洋海域搜索失聯航班的中國艦船"海巡01"輪偵听到疑似失聯航班黑匣子發出的信号. 昨晚中國海上搜救中心表示, 疑似脉冲信号尚不能确認与MH370黑匣子有關.

9) '新京報'는 북경 전역에서 발행되는 일간신문으로서, 2003년 11월 11일에 정식 창간한 신문으로 중국 정부의 정식 승인을 받은 종합일간 신문이다. 총 발매부수는 2013년 기준 매일 87만 부에 달한다(google china wikidepia 참조).

10) 본고에서 婁開陽(2008)의 기준에 의거해 문단 구조를 분석한 이유는 기존의 연구 가운데 중국어 신문텍스트 중 보도기사만을 연구대상으로 방대한 양적 데이터를 기반으로 텍스트의 유기적 연결 구조를 도출해 냈다는 점에서 주요 연구 기준으로 삼을 가치가 있다고 보았다.

11) 婁開陽(2008)은 연구에서 复迭관계는 총 326편으로 30.19%; 合一는 321편(29.72%)으로 나타났으며, 承接관계는 298편(27.59%), 順叙관계는 118편(10.93%)이었으며, 倒叙관계는 가장 적은 편수인 17편(1.57%)으로 분석 결과를 보고했다.

[중심사건]
昨日晩, 有媒体發布消息称, 在距离珀斯約1600公里處南印度洋水域負責搜尋失聯航班的中國艦艇海巡01輪通過黑匣子搜尋儀, 偵听到疑似馬航失聯航班的信号. 中方兩艘軍艦也已赶到相關海域.

[사건배경1-단기배경]
据央視報道, 5日15点57分, 中國艦船"海巡01"輪在南緯25, 東經101, 偵听到脉冲信号. 信号每隔1秒發出"砰砰砰"的聲音, 持續1分半鐘. 4日下午, 在相同海域附近也偵听到脉冲信号, 時間超10分鐘.

[사건분석-대외분석]
對此記者聯系到負責搜索消息發布的澳大利亞机构JACC, 通過兩次郵件确認, JACC表示, 目前尙不能确認和此事有關的任何消息. 他們將于近日向媒体通報相關情況.

[사건배경2-단기배경]
隨后記者又在交通運輸部獲悉, 20点56分, 中國海上搜救中心表示, "海巡01"在南印度洋水域發現的疑似脉冲信号尙未得到証實, 不能确認与MH370黑匣子有關.

[사건배경3-장기배경]
此前, 据新民晩報報道, 4日下午, 失聯MH370客机黑匣子水下信標30天有效期的倒數第3天, "海巡01"輪在東經101度南緯25度附近海域, 第一次用黑匣子搜尋儀听到了37.5kHz的脉冲信号聲音. 5日下午, 搜索人員再次听到同樣頻率的脉冲聲音.

[예고사건]
"海巡01"輪的技術人員在听了美國波音公司發來的黑匣子聲音樣本后, 認爲聲音特質与黑匣子探測儀听到的海底聲音一致. 目前"海巡01"輪已將最新情況發送給澳大利亞方面.

먼저 위의 신문 텍스트는 하나의 핵심사건 즉 '표제'에 나타난 "中方發現疑似黑匣子信号(중방 블랙박스 신호음 추정 발견)"에 대해 비교적 상세한 문단 구조를 통해 이를 하나의 완성된 기사 텍스트로 기술하고 있다. 즉 '표제'- '리드사건'- '중심사건'- '단기배경1'- '사건분석'- '단기배경2'- '장기배경'- '예고사건'의 문단 구조를 보이고 있는데, 이와 같이 본 기사 텍스트에서 '배경'의 의미 구조가 비교적 자세히 기술되는 이유는 '비행기 실종 사건'은 재난 사건으로 단시간에 해결될 수 있는 사건이 아니라 장기간에 걸쳐 전체 국민의 관심을 주목하는 사건이라 할 수 있다. 그렇기 때문에 이와 관련된 기사에 대해 독자로 하여금 기존의 관련 정보를 배경으로 새로운 정보를 업데이트 하는데 도움을 주기 위해서 이러한 '배경'의 의미 구조가 강조되고 있다고 볼 수 있다. 앞서 밝힌 바와 같이 위의 신문기사는 전체 중국 신문 보도기사의 '리드사건'과 '중심사건' 간의 의미 관계 중 가장 높은 비중을 차지하는 '중복(复迭)' 관계 연결 구조를 보이는 기사이다. 즉 '리드사건'에서 '사실' 요소는 '偵听到疑似失聯航班黑匣子發出的信号(실종 비행기의 블랙박스 신호음으로 추정되는 신호를 탐지하다)'로 나타나고, '시간'은 '昨日(어제)', '인물'은 '中國艦船海巡01(중국함선 '해순' 01호)'이며, '장소'는 '南印度洋海域(남인도양해역)'이며, '결과'는 '疑似脉冲信号尚不能确認与MH370黑匣子有關(추정신호음이 MH370실종 비행기의 블랙박스 신호음인지 확신할 수 없다)', 마지막으로 '출처'는 '中國海上搜救中心(중국해상구조센터)'로 '리드사건'의 의미 구성 요소인 6가지를 모두 포함한 정보량이 가장 많은 리드사건 구조를 나타내고 있다.

특히 '리드사건'에서 이러한 6가지 의미 요소를 모두 포함할 경우 정보량이 워낙 많기 때문에 독자는 한번에 이 정보량을 모두 흡수하기에는 무리가 따를 수밖에 없다. 그렇기 때문에 신문기사에서는 '리드사건'에서 제시한 의미 구성요소를 '중심사건'에서 다시 한번 반복해서 기술하는 '중복(复迭)' 관계 연결 구조를 채택하게 된 것이라 볼 수 있다.

'중심사건'의 의미 구성요소를 살펴보면 '리드사건'과 동일하게 의미구성 요소를 기술하고 있으나 다만 '결과'요소(疑似脉冲信号尚不能确

認与MH370黑匣子有關)만은 다루지 않고 있는데 이는 이후에 출현하는 신문 문단 구조를 시간의 흐름에 따라 배열하고자 하는 기자의 의도가 담겨 있는 것으로 유추할 수 있다. 즉 'MH370기'의 블랙박스 신호음으로 추정되는 주파수를 탐지한 '사실'과 관련된 '인물', '시간', '장소', '출처'를 중심사건에서 한번 더 반복해서 기술한 후 '사건배경' 구조를 통해 '사실'이 일어난 시간에 따라 관련 소식을 기술하고, '사건분석' 구조에서 전체 텍스트 기사에서 강조하고자 하는 '결과' 의미를 기술하는 구조를 보이고 있다고 볼 수 있다.

또한 본 신문 텍스트는 핵심사건인 '비행기 실종 사건'이 장기간 보도되는 중대한 사건임에 착안하여 전체 문단 구조의 맨 마지막 부분에 놓이는 앞으로 일어나게 될 '예고사건' 앞에 '관련 이전 사건'을 '장기배경'으로 설정하여 독자의 이해를 돕고 있다. 이러한 신문 문단 구조를 통해 우리는 신문기사가 하나의 핵심사건을 중심으로 텍스트의 높은 응집성을 유지하면서 시간의 흐름에 따라 문단 구조의 배열을 구성해 나가는 특징을 살펴볼 수 있다.

이제는 전체 중국어 보도기사 문단 구조 중 두 번째 비중을 차지하는 합일(合一)관계의 신문구조를 살펴보도록 하겠다.

〈2.2.2〉 합일관계 텍스트 구조 분석

新京報訊 2014年 4月 5日 (記者: 郭超) [표제] 今起3天小車走高速免費 [리드사건] 4月5日零時起至4月7日24時(以車輛駛離出口收費車道的時間爲准), 高速路對7座以下小車免費. 今年清明繼續采用免費車與收費車分道行駛, 對符合免費條件的車輛采取"不發卡抬杆放行"的方式.

[사건분석: 대내분석]
由於踏青, 掃墓客流集中, 市交通委預計今年“淸明”假期收費公路日均交通量將達183萬, 其中京藏, 京開, 京港澳, 六環路, 京承, 京通及機場高速交通壓力突出, 占全市高速出行量的70%以上. 對此, 相關部門發布了部分高速路易堵段繞行提示及掃墓公交專線線路.

위의 신문기사 구조를 통해 알 수 있듯이 ‘합일(合一)’ 관계의 구조는 ‘표제’- ‘리드사건’의 서술 후 ‘중심사건’이 기술되지 않고 바로 ‘사건분석’의 의미 내용을 다루는 관계를 의미한다. 먼저 리드사건의 의미 내용을 분석해 보도록 하자. ‘사실’의 요소는 “高速路對7座以下小車免費(7인승 이하의 소형차의 고속도로 통행료 면제)”이고, ‘시간’은 ‘4月5日零時起至4月7日24時(4월 5일 0시부터 4월 7일 24시)’; ‘장소’는 ‘高速路(고속도로)’로 찾아볼 수 있다. 본 ‘리드사건’에서는 ‘인물’, ‘출처’, ‘결과’는 나타나지 않았으나 ‘인물’은 ‘북경시 정부’이고, ‘출처’ 또한 정부 관련 부서임을 쉽게 유추할 수 있다. 그렇기 때문에 본 보도기사는 ‘중심사건’을 생략하고 바로 ‘리드사건’에 관한 분석을 실시하는 ‘사건분석’ 구조를 취하는 형태로 텍스트가 진행되고 있음을 알 수 있다. 특히 ‘사건분석’ 부분에서 “由于踏青, 掃墓客流集中, 市交通委預計今年“淸明”假期收費公路日均交通量將達183万”의 문장 중 우리는 ‘由于’와 같은 접속사를 통해 본 구조에서 앞선 ‘리드사건’에 대한 원인을 분석하고 있음을 파악할 수 있으며, ‘市交通委預計’의 절을 통해 이러한 사건분석이 내부인사에 의해 이루어진 ‘대내분석’에 해당함을 분석할 수 있다. 특히 이러한 합일(合一) 관계의 문단 구조는 ‘중심사건’의 부연 설명 없이도 ‘리드사건’만으로 필요한 정보를 전달할 수 있을 때 유용하게 사용될 수 있는 구조로서 단순 정보 전달이 목적인 ‘안내’ 및 ‘공지’ 등의 성격을 띠는 기사를 작성할 때 적합한 문단 구조라 할 수 있다.

다음은 전체 중국 신문기사 구조에서 세 번째의 높은 빈도수를 보이는 承接(승접) 관계의 신문구조를 살펴보도록 하겠다. 承接(승접) 관계의 가장 큰 특징은 '리드사건'에서 제시된 '사실' 부분을 더욱더 부각시키기 위해 '중심사건'에서 이러한 '사실' 부분의 내용을 보충하는 구조를 보인다는 것이다.

〈2.2.3〉 승접관계 텍스트 구조 분석

新京報訊 2014년 4월 2일 (記者張旭) [표제] 首季京城二手房成交量環比降43% [리드사건] 8943套, 這是今年3月北京二手房成交量, 創下2009年以來的同期新低. 北京市住建委網簽數據也顯示, 2014年一季度, 北京二手房成交量已經連續3個月不足萬套, 這還是去年下半年以來的第一次. [중심사건] 今年以來的二手房成交不振, 也使一季度二手房成交量整體下挫明顯.記者根據網簽數據統計, 2014年一季度, 全市二手房成交23156套, 環比2013年四季度下降超過43%. [사건분석-대내분석] 對於今年二手房市場成交趨冷, 北京中原地產研究總監張大偉認爲, 信貸政策收緊和北京加大自住商品房供應是兩個關鍵原因. [관련사건] 在信貸政策方面, 首套房利率優惠收縮或取消, 銀行審批, 房貸周期拖長等, 都影響了二手房市場行情 ; 在自住商品房方面, 北京目前已經有三批, 5個自住房項目進行了網上申購或登記, 吸引了數以萬計的買房人, 也就分流了普通商品房包括二手房市場需求. [예고사건] 談到接下來二手房市場走勢, 偉業我愛我家集團副總裁胡景暉認爲, 隨著購房者逐步結束觀望, 尤其有迫切需求的購房人入市, 二季度北京二手房交易將穩步複蘇.而在市場需求支撑下, 房價漲幅將收窄, 但穩中有漲仍是大勢所趨.

위의 신문기사 구조에서 '리드사건' 중 '사실'은 '8943套(8943건)'이고, '시간'은 '今年3月(올해 3월)', '인물'은 '北京二手房成交量(북경 부동산 매매 성립건수)'이며, '장소'는 '北京市(북경시)' 마지막으로 '출처'는 '北京市住建委网签(북경시 주택건설부 홈페이지)'이다. 즉 '표제'에서 강조하고 있는 '首季京城二手房成交量环比降43%(춘계 북경시 부동산 매매 성사율 43%로 떨어져)'의 내용을 강조하기 위해서는 '리드사건'에서 미처 자세히 기술하지 못한 '사실' 요소에 대한 보충이 필요한 것이다. 즉 '리드사건'에서는 올해 3월의 부동산 매매 성사율이 얼마나 떨어졌는가를 중점적으로 기술하였다면, '중심사건'에서는 이러한 하락추세가 올해 3개월 내내 기간 동안 지속되어 '표제'에서 밝히고 있는 전년 대비 43%로 하락했다는 사실을 보충하고 있는 것이다. 이어서 출현하고 있는 문단 구조에서 '北京中原地產研究總監張大偉認爲'와 같은 어구를 통해 '중심사건'과 관련하여 전문가의 분석이 이루어지는 '사건분석'의 내용이 기술되고 있음을 유추할 수 있다. 또한 '사건분석' 구조에서 전문가가 지적한 두 가지의 원인 - 대출 정책의 변화, 임대 주택 공급 증가 - 에 대한 보충 설명을 위해 '관련사건' 구조에서는 '在信貸政策方面...'과 '在自住商品房方面....'의 연결 관계 어구를 사용하고 있음을 찾아볼 수 있다. 마지막으로 '예고사건'은 앞으로의 부동산 시장의 전망을 예측하는 내용으로서 "二季度北京二手房交易將穩步复蘇"와 "房价漲幅將收窄"의 두 문장 모두에서 미래의 사건을 의미하는 '將'과 같은 의미 연결 관계 형식을 찾아볼 수 있으며, 특히 '將'은 '예고사건'에서 가장 많이 사용되는 의미 연결 관계 표지라고 하겠다.

이제는 순접(順接)관계의 신문기사 구조를 살펴보도록 하자.

〈2.2.4〉 순접관계 텍스트 구조 분석

新京報訊 2014년 4월 4일 (記者李蕾)

[표제]

光大"烏龍指"主角訴證監會案開庭

[리드사건]

昨日, 光大證券"烏龍指"主角楊劍波訴中國證監會一案在北京市第一中級人民法院開庭. 楊劍波請求法院判決被告證監會撤銷對其本人做出的行政處罰決定和市場禁入決定, 證監會則請求法院予以駁回. 本案庭審至下午, 未能當庭宣判.

[사건배경 1]

去年8月16日, 光大證券發生交易系統故障, 下錯單成交72.7億元, 推升上證指數猛漲5.96%. 當天下午, 光大證券對系統錯誤進行了公告, 並采取了對沖措施 : 賣空IF1309股指期貨合約.

[사건배경 2]

之後, 證監會認定此事存在內幕交易, 對光大證券和相關責任人員做出行政處罰, 光大證券被罰5.23億元, 光大證券原策略投資部總經理楊劍波等4名高管也分別受到警告, 罰款60萬元及采取終身證券市場禁入措施.

在沉寂了大半年後, 楊劍波站出來以個人的名義起訴中國證監會, 要求撤銷證監會對其做出的相關處罰.

[사건논평]

因爲光大"烏龍指"事件是證監會近年來鮮有進行"頂格"處罰的, 因此此次庭審吸引來大量媒體, 投資人士的關注.

'순접' 관계의 문단구조의 가장 큰 특징은 상대방에게 이야기를 시간의 흐름에 따라 기술하는 방식의 신문 기사라는 점이다. 즉 '리드사건'에서 핵심사건을 모두 기술한 후, '중심사건'은 생략하고 핵심사건의 발생 시간 순서에 따라 독자들에게 이야기를 전달하는 방식으로 문단을 구성하는 것이다. 특히 이러한 구조는 위의 신문기사와 같이 작년 8월 16일에 발생했던 '광대증권의 거래 실수 관련사고'와 연관된 또 다른 사건에 대한 정보 전달이기 때문에 독자들의 이해를 위해 시간의 발생순서 별로 배경 지식을 전달하는 과정이 반드시 텍스트 안에 포함되어야 함을 유추해 볼 수 있다.

이제는 마지막으로 전도서술(倒叙)의 문단구조를 살펴보도록 하자.

〈2.2.5〉 전도서술 관계 텍스트 구조 분석

<table>
<tr><td>北京新京報 2014年 4月3日 제7면(記者: 蔣彦鑫)
[표제]
階梯水價兩方案 每噸上漲約1元
[리드]
北京水價調整方案昨日公布, 在現行每噸4元的基礎上, 提出擬上調0.95元或1元兩個方案. 兩套方案均設置了階梯水價, 根據用水量的不同, 兩套方案水價分別爲4.95元, 7元, 9元以及5元, 7元, 9元；基准水量分別爲145立方米及180立方米. 方案以年度爲計價周期.
[중심사건]
階梯水價實施範圍爲全市所有抄表到戶的居民用戶. 少數不具備一戶一表條件而無法抄表到戶的居民用戶, 暫不執行階梯水價, 水價按照第一階梯水價標准執行.
[관련사건]
居民水價調整聽證會將於4月17日下午2時30分, 在首創股份新大都飯店國際會議中心多功能廳擧行.</td></tr>
</table>

'리드사건'에서 시간은 '昨日(어제)'로, 인물 및 주체는 '北京水价調整兩个方案(북경시 수도세 조정 양방안)'이며, 사실은 '在現行每吨4元的基础上, 提出擬上調0.95元或1元(현행 매톤 4위안씩 부과되는 기초위에 0,95위안 혹은 1위안씩 상승 조정하는 안이 제출되었다)이다. 문제는 '리드사건' 부분에서 수도세 인상의 두 가지 방안이 언급되었기 때문에 이 두 방안을 간략히 설명하는 부분을 더욱 부각시키고자 이러한 방안이 실시되는 장소 즉 '이러한 수도세 방안이 실시되는 범위'는 결국 '중심사건' 구조에서 언급할 수밖에 없는 구조를 갖게 된다. 즉 '리드' 부분에서 주요 핵심 요소를 모두 제시하기 힘들 때 이와 같은 전도서술구조를 사용하여 핵심사건을 서술할 수 있음을 알 수 있다. 마지막으로 관련사건에서는 "居民水价調整听証會將于4月17日下午2時30分, 在首創股份新大都飯店國際會議中心多功能廳擧行"와 같은 수도세 인상과 관련한 주민 공청회 개최에 대한 정보를 제공하고 있음을 볼 수 있다.

Ⅲ. 중국어 신문기사 읽기 및 쓰기 수업에 관한 연구 실태

외국어 교육의 관점에서 '읽기 수업'은 주로 학생들의 어휘량을 늘리는데 그 주요한 목적이 있다고 볼 수 있으며, 신문을 이용한 읽기 수업의 경우는 다량의 신조어 학습과 함께 규범화된 고급 수준의 서면체 형식의 독해 능력을 키우는데 효과적인 수업 방식의 하나로 제시되고 있다(鞠偉偉(2013) 等, 張和生(2007)). 그러나 張雪(2011)는 이러한 단어 학습 중심의 신문기사 수업이 가져오는 문제로 '교수자 단독 수업 진행 방식', '학생들의 단어 학습에 대한 부담감 가중', '신문기사만이 가지는 고유한 특성을 살리지 못하는 아쉬움' 등의 문제를 지적하였고, 이를 해결하기 위해 (1) 학생들과 관련이 높은 신문기사 내용 선택, (2) 다양한 교수방법을 응용한 단어 학습 유도, (3) 신문 문단 구조에 대한 학생들의 인식 유도 등의 책략을 제안하였다. 그러나 신문 문단 구조에 대한 중요성을 강조하고 이를 수업 시간에 응용해야 한다는 제안에 대해 구체적인 실행 방법은 전혀 언급하지 않고 있다. 특히 중국어 신문기사를 이용한 읽기 수업뿐만 아니라 전체 중국어 읽기 수업에 관한 연구를 살펴보면 현 읽기 수업의 진행 방식의 단조로움과 교수자의 일방적 지식 전달의 문제를 제기하고는 있으나 그 구체적인 방안은 제시해 주지 못하고 있는 실정이다. 信世昌(2002)은 연구를 통해 "篇章斷句"의 방법을 통한 독해 수업 방식을 제시하였고, 王端(2010)과 戴雪梅(2003)은 도식이론을 독해 수업에 응용할 것은 제안하고 있으나 역시 추상적인 제안에 그치고 있다. 여기서 주목해야 할 것은 바로 독해 수업에서의 '도식이론'의 응용부분일 것이다. 즉 독해 수업에서의 '도식이론'이란 기존의 독해 수업에서 관행되어 온 미시적 접근방법[12]에 '언어도식', '내용도식' 그리고 '구조도식'[13]을 응용하여 거시적 관점에서도 독해수업을 운용할 것을 제시하고 있다는 점에서 고유의 정형화된 문단 구조를 지니는 신문기사를 이용하는 독해 수업 운용에 이론적 근거의 역할을 담당한다고 볼 수 있다. 다음으로 중국어 쓰기 수업 관련 연구 실태를 살펴보면, 吕必松(1997)은 연구를 통해 중국어의 네 가지 언어기능 중 쓰기 기능이 가장 습득이 어려운 기능이라고 기술하고 있으며, 何立榮(1999)과 朱湘燕(2007)은 모두 학생들의 중국어 쓰기 능력이 목표치에 현저히 미치지 못하고 있다고 밝히고 있다. 이는 모두 중국어 쓰기 교육의 어려움을 보여주는 연구 결과라 하겠다. 이러한 중국어 쓰기 관련 연구 실태를 살펴보면 李金紅(2006); 박주현(1997) 등의 여러 학자들은 쓰기 교육의 단조로움과 쓰기 교재의 낙후함 등을 문제로 제기하고 있다. 한국 학생의 쓰기 습득 실태를 연구한 黄玉花(2005); 朱霞(2000)의 연구 결과를 살펴보면 가장 큰 문제로 지적되고 있는 점이 모두 주어의 생략, 연결사 사용의 오류, 대명사 조응의 오류들로서 모두 문장과 문장을 연결하여 유기적 텍스트를 만드는 면에서 학생들이 어려움을 겪고 있는 것으로 나

12) 본고에서 사용하는 미시적 접근 방법이란 '自下而上'의 방법으로 먼저 각각의 개별적인 단어 학습 및 분석으로 독해를 시작하는 방법을 의미하며 이와 상반된 거시적 접근 방법이란 '自上而下'의 방법을 지칭하는 것으로서 학습자가 기존에 가지고 있는 지식의 틀에 근거하여 새로 유입되는 자료를 독해하는 방법을 의미한다.

13) '언어도식'이란 학습자가 기존에 지니고 있는 단어, 문법, 관용어 등의 학습 정도를 의미하며, '내용도식'은 독해자료와 관련된 학습자의 경험 및 상식수준을 말한다. 마지막으로 '구조도식'이란 전체 독해자료의 텍스트적 관점에서 전개되는 문단 구조에 대한 이해 정도를 의미한다(王端(2010) 참조).

타나고 있다. 이처럼 쓰기 교육 방식의 단조로움, 문장의 맞고 틀림을 벗어나 문장 간의 유기적 연결 관계를 중시하는 쓰기 교육을 위해 제2언어 학계에서는 영어 교육을 필두로 새로운 쓰기 교육 기법이 소개되고 있고 이를 응용하고 있는 추세이다.[14] 이것이 바로 과정중심 글쓰기(process writing)와 장르기반접근 글쓰기이다.

〈표 2〉 3가지 유형의 글쓰기 기법 비교 분석[15]

내용 / 방법	결과중심 글쓰기	과정중심 글쓰기	장르기법 글쓰기
기본 관점	글쓰기는 결과가 중요	글쓰기는 과정이 중요	글쓰기는 의사소통의 수요
학생과 교수자의 관계	교사 중심	학생 중심	학생의 수요에서 출발한 교사 중심
쓰기 중점 단위	문장	텍스트	텍스트
글쓰기 과정	아웃라인-작문-교정	초고-교정-재교정-글쓰기-교정	시범분석-공동토론-개별글쓰기
참여 방식	학생 개별 글쓰기	토론	교수자와 학생의 소통 후 학생 개별 글쓰기
장점	문장을 형성하는 과정을 인지	글쓰기 방법을 습득 전면적인 글쓰기 능력 향상	학생의 실제 필요에 부합
단점	* 텍스트를 조직하는 방법 및 기술을 획득하기 어렵다 * 기존의 지식과 결합하기 힘들다	* 문장을 형성하는 과정에 대한 인식 부족	* 학생의 역할이 피동적으로 흐를 수 있다.

14) 楊俐(2004)는 대외한어교육학계에서 과정글쓰기 기법의 도입을 강조하며 이를 실제 수업현장에서 응용한 후 이에 대한 논문을 발표하였다.

15) 본 비교분석표는 최현미(2009)의 연구를 참조하여 제시한 것이다.

위의 〈표 2〉의 비교분석을 통해 알 수 있듯이 기존의 '문장 만들기'에 초점을 맞췄던 '결과중심글쓰기'보다는 텍스트의 완전성을 중시여기고 학생 스스로가 전체 텍스트의 내용과 구조의 유기적 관계를 형성하는 과정을 습득하게 되는 '과정중심글쓰기' 기법이 학생들의 흥미를 유발하고 학습 효과를 제고하는데 더 적합함을 볼 수 있다.[16)]

Ⅳ. 신문기사를 이용한 중국어 읽기 쓰기 통합 수업안 설계

'수업안'은 학습의 계획과 실행과 평가의 모든 요소를 통합하는 포괄적 의미의 커리큘럼에 속하는 하부요소이다. '수업안'은 보통 가르칠 내용이 되는 콘텐츠의 선택과 순서 배열 그리고 수업환경 및 학습자와 교수자의 역할 등으로 구성되어 있다(Ellis, 2003: 205-216). 이에 대해 Kiraly(2004: 5)는 이러한 Ellis(2003)의 견해를 종합하여 수업안 설계의 여섯 가지 요인을 설정하였는데 이는 다음과 같다.[17)] (1) 수업의 목적, (2) 수업안 모델, (3) 학습과제의 유형 및 교수 활동, (4) 학습자의 역할, (5) 교수자의 역할, (6) 학습자료의 역할.

본고에서는 이 두 학자의 의견을 취합하여 신문기사를 이용한 중국어 읽기 쓰기 통합 수업안 설계의 구성 요소를 아래와 같이 설정하였다. (1) 수업목적, (2) 콘텐츠의 선택과 순서 배열, (3) 학습자와 교수

16) 이에 대해 楊俐(2004)는 실제 중국어 글쓰기수업 현장에서 '과정글쓰기기법'을 응용하여 그 효과성을 객관적으로 입증하였다.

17) 본 수업안 설계에 대한 이론적 근거는 안미영(2014)의 논문에서 재인용한 것이다.

자의 역할.[18]

1. 수업 목적 설정[19]

王端(2010)은 기존의 독해수업 즉 신문기사를 이용하는 독해수업까지 모두 포괄하여 수업의 목적을 (1) 한자의 인식, (2) 단어량 증가, (3) 문장구조의 이해, (4) 텍스트 전체 의미 인지로 설정하였다. 그러나 신문기사를 이용한 읽기 쓰기 통합 수업을 설계하는데 있어 가장 핵심적인 사항은 바로 신문기사 고유의 정형화된 문단 구조를 수업 시간에 응용하여 그 효과를 극대화하는 것이라 할 수 있다. 우리는 위의 신문기사 문단 구조 분석을 통해 직접 중국어 신문기사 구조의 기본적 요소를 추출하는 방법을 체득해 보았다. 그렇다면 이러한 신문기사의 정형화된 기본 구조를 응용하여 읽기 쓰기 통합 수업을 설계할 때 그 수업의 목적은 어디에 두는 것이 가장 효과적일지 제시해 보고자 한다.

첫째, 중국어 신문기사 전체 텍스트의 거시적 관점에서의 분석 능

18) 본고에서 기존의 학자들의 견해에 의거해 수업안 설계의 구성 요소를 위의 세 가지 요소로 설정한 이유는 먼저 수업의 목적이 명확히 수립되어야 이를 실행하는 구체적 교수 내용이 수반되어야 한다고 보았고, 본고에서 제시하고자 하는 신문기사를 이용한 읽기 쓰기 통합 수업의 가장 핵심적인 내용은 '콘텐트의 선택과 배열' 부분에서 집중적으로 다루어질 것이다. 마지막으로 이러한 수업 과정에서 학습자의 역할과 교수자의 역할을 명시함으로써 기존의 교수자 중심의 수동적인 수업방식으로 진행되어 온 중국어 신문기사 관련 수업과 차별성을 두고자 하였다.

19) 본 신문 문단 구조를 활용한 읽기 쓰기 통합 수업은《高等院校外國留學生漢語言專業教學大綱》에서 명시하고 있는 바와 같이 교수대상을 중급 이상의 학생으로 제한한다.

력을 제고한다. 기존의 신문기사 관련 수업은 단어 의미 혹은 상용 문장형식(句式)의 해설에 치우쳤다면 본고에서 제시하고자 하는 수업은 이러한 부분의 해설은 학생들에게 직접 그 의미를 사전에서 찾아보게 하는 등의 방법으로 최소한의 시간을 할당하고, 신문기사 문단 구조 도식을 스스로 찾아내고 분석하도록 유도하면서 중국어 신문기사의 각각의 문단이 전체 텍스트의 의미를 전달하기 위해 어떻게 배열되어 있는가를 파악할 수 있는 거시적 관점에서의 분석 능력을 키워주는데 주목적을 두는 것이 바람직하다고 생각한다.

둘째, 문장의 맞고 틀림을 중시하는 단계에서 벗어나 작문 전체의 텍스트 구조의 완성도를 점검하는 능력을 키운다.

신문기사 문단 구조를 활용한 읽기 수업을 통해 이미 학습자들에게 인지된 문단 구조 도식은 다시 쓰기 단계에서 유용한 선행조직자[20]의 역할을 담당할 수 있다. 즉 읽기 단계에서 사용된 문단 구조 도식을 이용하여 학생 스스로 의미 간 유기적 관계를 지니는 문단을 만들고 이를 응집성과 응결성이 충실한 하나의 텍스트로 완성해 나가는 능력을 키울 수 있다.

셋째, 학습자 중심의 수업 방식은 학생의 적극적인 참여를 이끌어

20) Ausubel(1999)에 의해 제안된 '유의미학습' 이론의 핵심은 학습자의 기존 지식 및 경험과 가장 근접한 수준에서 새로운 지식의 내용과 결합할 수 있도록 수업을 설계하면 학습의 효과를 극대화할 수 있다는 점이다. 여기에서 학습자의 기존 지식 및 경험이 바로 '선행조직자'를 의미하는 것이다. '선행조직자'란 새로운 정보를 학습하기 전에 제시되는 관련 정보이다. 학습자가 기존 지식을 회상하여 새로운 정보에 적용하여 새로운 정보를 의미 있게 조직하고 해석할 수 있도록 유도한다. '선행 조직자'는 오스벨(D. Ausubel)이 제시한 인지전략으로서 만약 기존 지식과 새로운 정보 간에 유기적 연결이 이루어지면 학습 경험은 보다 의미 있게 된다는 가설에 근거한다(지식백과 사전 정의 참조).

낼 수 있다. 기존의 신문기사 독해 수업이나 작문 수업이 교수자 중심의 수동적인 수업 방식에서 탈피하지 못하는 한계점을 보이고 있었다면 이러한 통합 수업을 통해 학생 스스로 사고하고 분석하며 성과물을 만들어 나가는 등 학생 주도 방식의 수업 분위기를 조성해 나갈 수 있다.

넷째, 수업 교재 이외의 다양한 학습자료를 응용하여 수업의 흥미를 높일 수 있다. 신문기사 관련 중국어 수업의 내용도식과 관련된 기존 관련 지식 즉 텍스트와 관련된 문화지식 등은 수업 교재 이외의 다양한 학습자료, 예를 들어 시청각 자료나 관련 명사 초청 등의 다양한 방식으로 학생들에게 전달될 수 있는 여지가 있다. 또한 쓰기 관련 수업에서도 도식에 맞춰 신문기사를 작성하기 위한 소재 및 자료들을 다양한 매체에 근거하여 제시할 수 있기 때문에 기존의 교재 중심으로만 이루어지던 수업 방식에서 학습 자료의 다양성을 유도할 수 있다.

2. 콘텐츠의 선택과 배열

이제는 위의 4.1에서 제시된 수업 목적에 부합하도록 신문기사 구조를 활용한 중국어 읽기 쓰기 통합 수업의 구체적인 콘텐츠(교수내용)를 선택하고 이를 배열하도록 하겠다. 이를 위해 본고에서는 실제 신문기사 하나를 선정하여 이를 수업에 운용하는 방식으로 전개해 보았다.

먼저 중국어 '읽기' 수업에서 기존의 수업 내용과 가장 차별화된 부분은 기사에 나오는 단어나 어구 및 어법의 해설은 최대한 자제하는 범위 안에서 교수 내용을 선택하는 것이다. 이를 위해 먼저 신문 보도 기사를 하나 선택해 보도록 하겠다. 아래의 기사는 新京報 2014년 4월 7일에 보도된 신문기사이다. 신문기사의 선택 시 한국 학생의 관심과 흥미를 높이기 위해 한국과 관련된 신문기사 내용을 우선적으로 고려하는 것도 학습의 효과를 높이는데 도움이 될 수 있다고 생각한다.[21)]

1. 北京歡迎"都教授"

2. "都教授"終于來了! 在韓劇《來自星星的你》(以下簡称《星你》)中以"都教授"形象走紅的韓國藝人金秀賢, 其亞洲之行的脚步終于來到北京.昨日, 金秀賢在京擧行媒体見面會和粉絲見面會, 將"**呆萌**"特質進行到底.

3. 《星你》在愛奇藝PPS双平台全网獨播, 收獲超20亿的网絡播放量, 創下韓劇网絡播出的最高紀录. 昨日, 愛奇藝金秀賢亞洲媒体見面會在京進行. 和"都教授"嚴肅的性格完全不同, 現場金秀賢配合**耍宝**.

4. 当主持人問到, 如果和都敏俊同樣擁有可以停住時間的超能力, 金秀賢最想停留在哪一刻？他回答："現在這个時候." 主持人又追問金秀賢六塊腹肌是否還在時, 金秀賢顯現出其"呆萌"特質："我問一下, (六塊腹肌)你們還在嗎？應該在吧？"

5. 而在被問及如果具備都教授"瞬間移動"的超能力時, 金秀賢再次"**賣萌**", "因爲我沒怎么旅游過, 如果我有這个能力, 我想移動到故宮拍旅游紀念照." 金秀賢承認尙未完全擺脫"都教授"這个角色, 而他与都敏俊的共同点是"只要認定一个目標就會執着追求".

6. 文化探訪類節目《帶你看星星》即將于4月下旬登陸江蘇衛視. 節目將關注近期最紅的韓劇生産和韓星制造, 通過實地探訪, 深入電視劇生産的幕后, 解密韓國娛樂文化産業. 金秀賢成爲節目首个正式公布的加盟藝人. "都教授"將變身"都導游", 陪你看韓國, 聊韓劇, 講成長故事.

---

21) 신문기사의 선정에 있어 崔珣(2010)은 학생들의 관심도가 높은 내용 혹은 시대성을 반영하는 내용을 우선적으로 선택하여 신문기사 관련 수업의 흥미와 집중도를 높일 것을 제안하고 있다. 이에 본고에서도 2014년 3월 한국에서 방영된 "별에서 온 그대"라는 드라마가 중국 내에서 뜨거운 관심을 받은 후 주연배우였던 김수현이 북경에 방문하는 내용의 신문기사를 선정하여 보았다.

먼저 기존의 신문기사 수업은 위의 신문기사의 첫 문장부터 학생들과 함께 읽어나가며 생소하거나 중요한 단어 및 어구를 배워가는 방식을 취하는 경우가 많았다. 그러나 본고에서는 신문기사 독해 수업의 경우 학생들에게 전체 텍스트의 병음을 제공하는 방법을 제안한다. 병음을 모두 제공할 경우 첫째, 문장 속에서 생소한 단어를 학생 스스로가 사전을 찾아보는 방법을 통해 학생의 적극적인 참여의 유도할 수 있다. 둘째, 단어의 해설에 대부분의 시간을 할애함으로 인해 그동안 간과되었던 거시적 관점에서의 독해 능력을 함양할 수 있다. 셋째, 문장에 등장하는 신조어 혹은 전문용어에 대해 학생들이 사전을 통해서도 쉽게 찾을 수 없다는 것을 깨달은 후 이에 대한 교수자의 설명을 들을 수 있기 때문에 주의력을 집중시킬 수 있다. 예를 들어 본문의 '呆萌', '耍宝', '賣萌'과 같은 단어는 인터넷 용어로서 사전에서는 찾을 수 없는 의미들이다. 이러한 용어에 초점을 맞춘 교수자의 설명은 학생들의 주의력을 더욱 높일 수 있을 것이다.

다음 두 번째 단계로는 신문기사 문단에서 그 구조를 파악할 수 있는 핵심 의미 표지를 찾는 훈련을 갖는다. 위의 신문기사는 총 6개의 문단 구조를 가지고 있다. 여기서 첫 번째 문장은 '표제'로, '표제' 뒤에 출현하는 문장은 '리드사건'으로 볼 수 있으며 이는 모든 신문보도 기사가 가지는 정형화된 구조이다. 그렇기 때문에 '北京歡迎"都敎授"'는 표제로 설정되고, 연이어 출현하는 구조는 '리드사건'이 된다. 이러한 '리드사건'에 대해서는 필수 의미 요소가 어느 정도 포함되어 있는가를 학생들에게 분석하도록 유도할 수 있다. 위의 '리드사건'에서는 '사실'은 '韓國藝人金秀賢來到北京參加粉絲見面會(한국연예인 김수현이 북경에 와서 팬미팅회에 참가했다)'이며, '인물'은 '金秀賢(김수현)', 시간은

'昨日(어제)', 장소는 '北京媒体見面會(북경미디어회관)'이고, 결과는 '將"呆萌"特質進行到底(특유의 재치있는 모습으로 초지일관했다)'로 분석해 볼 수 있다. 다음으로 3번째 문단구조의 내용을 살펴보면 '리드사건'에서 제시된 전체 의미 구성 요소에 독자의 이해를 돕기 위한 '지식'의 내용이 첨가되어 한번더 핵심 내용을 반복적으로 제시하고 있음을 알 수 있다. 이를 통해 본 기사는 '반복' 구조를 가지는 문단구조임을 분석할 수 있다.

다음으로 연이어 출현하는 제4, 제5 문단구조는 팬미팅 현장에서 일어난 관련 내용들을 기술하는 형식을 띠고 있음을 분석해 볼 수 있다. 이는 제4구조의 문두에 나오는 '当主持人問到...'와 제5구조의 문두에 있는 '而在被問及如果具備都教授"瞬間移動"的超能力時...'를 통해 각각의 문단 구조가 인터뷰 질문 항목에 따라 배열되어 있는 '관련사건' 구조임을 분석하는데 도움을 줄 수 있다.

끝으로 대부분의 신문기사 문단 구조는 마지막에 '예고사건'을 배치하는 경우가 많은데 본 신문기사에서는 제7구조에서 '文化探訪類節目《帶你看星星》即將于4月下旬登陸江蘇衛視' 중 '將于4月下旬'의 의미 표지를 통해 본 구조가 '예고사건'에 해당함을 학생들에게 찾아보도록 유도할 수 있을 것이다.

마지막 단계에서는 이러한 분석 과정을 통해 도출된 신문기사의 구조를 도식화하도록 유도할 수 있다. 이에 대해 도식화한 결과는 아래의 도표와 같다.

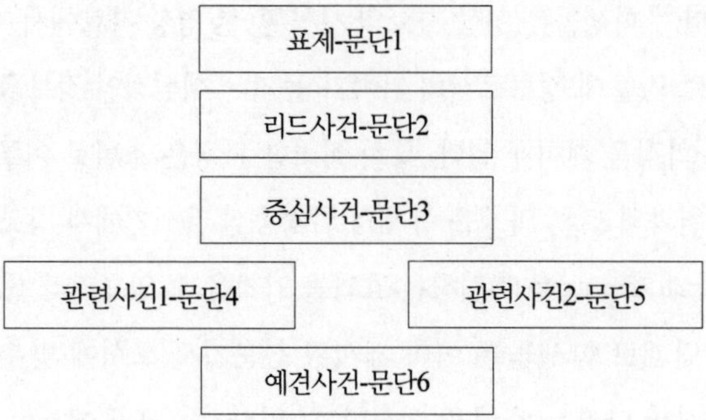

- 신문 기사 문단 구조의 도식화 -

이제는 위의 도출된 도식을 중국어 쓰기 수업에 운용하여 중국어 신문기사 구조를 활용한 읽기 쓰기 통합 수업을 설계해 보도록 하자.

기존의 중국어 쓰기와 관련된 수업은 위의 3장에서 관련 문헌 고찰을 통해 수업 방식의 단조로움과 실제 작문 능력의 제고에 한계가 있는 등의 많은 문제점이 제기되어 왔다. 본고에서 학생 스스로의 참여를 높이고 유의미학습의 관점에서 작문 교육의 효과성을 제고하기 위한 구체적 교수 내용을 제시해 보면:

첫 번째로, 위의 읽기 과정을 통해 도출된 도식은 학생들의 쓰기 수업 과정에서 선행조직자 자료로서 유용하게 쓰일 수 있다. 즉 위의 신문기사는 유명인사와 관련된 행사 소식을 가장 간결하고 조직적으로 전달한 문단 구조를 보이고 있다. 그렇기 때문에 먼저 학생들에게 이와 유사한 영상 자료를 전달하여 쓸거리를 제공하는 것이 쓰기 수업의 첫 단계라 할 수 있다. 특히 영상 자료의 선택은 중국어로 된 영상 자료를 선택함으로써 학생들의 듣기 능력도 동시에 함양하는 것을 고려해 볼 수 있겠다.[22] 학생들은 영상 자료의 시청 후 본 영상 자료에서 제공하고 있는 정보 가운데 정보로서의 가치가 높거나 핵심적인 정보를 추출하는 사고 과정을 거치게 된다. 특히 이러한 과정은 조별로 이루어질 수 있고 조원과의 토론 과정을 통해서 과정중심 글쓰기에서 강조하는 사고교류(brain storming)를 촉진하는 효과를 가져올 수 있으리라 생각한다.

다음 단계로 학생들은 이미 제시된 신문기사 도식에 맞추어 텍스트를 조직해 나가는 훈련을 실시할 수 있다. 즉 '표제'에서는 가장 핵심적인 정보를 가장 간결하게 묘사하고, '리드사건'에서는 핵심 내용을 '시간', '인물', '장소', '사실', '결과', '출처'의 의미 구성 요소에 맞추어 최대한 간결하게 작문을 실시한다. '중심사건'에서는 이러한 '리드사건'의 의미 요소를 다시한번 반복하여 표현하면서 '사실' 의미 가운데 중요성이 높은 정보를 첨가하는 형태로 본 구조를 완성시켜 나간다. 다음으로 '관련사건'은 유명인사의 행사장 활동 가운데 의미 있거나 특색 있다고 생각되는 내용을 두 가지로 요약하여 이를 간략히 묘사하는 형태로 글쓰기를 실행한다. 마지막으로 '예고사건'에서는 유명인사의 행사장 이후의 행보에 대해 정보를 전달하는 형태로 문단 구조를 완성해 나간다.

이러한 글쓰기 과정에서 가장 주안점을 두어야 할 부분은 문장의 맞고 틀리고의 형식적인 측면이 아닌 전체 텍스트가 얼마나 유기적으로 논리적인 연결 고리를 가지고 배열되어 있느냐를 학생들이 판단할 수 있는 능력을 키우는데 두어야 한다. 그렇기 때문에 문장을 만들기 위해 필요한 단어는 학생들이 직접 사전을 찾아가며 글쓰기를 완성하

---

22) 영상자료의 언어 선택은 학생들의 중국어 수준을 감안하여 모국어(한국어)로 된 자료를 전달할 수도 있다.

도록 유도하며, 교수자는 각각의 구조를 명확히 드러낼 수 있는 의미 연결 표지 예를 들어 '관련사건'에서는 '在...方面'과 같은 의미 표지를 사용하고, '사건분석'에는 '......認爲'와 같은 동사의 사용이나 '원인'의 의미 관계를 나타내는 '因爲'가 '由于' 등의 사용을 제안하고, '예고사건'에서는 반드시 '將'을 사용하는 등의 지식을 전달하거나 모범 교정 방향을 제시하도록 한다. 또한 문장 자체의 문법적 오류나 단어 선택의 적절성 등을 교수자가 직접 수업 현장에서 점검하여 학생들의 문장 작성 능력도 함양하도록 유도한다. 이와 같이 수업 시간 내에서 이루어지는 적극적 교정 과정은 바로 과정 중심 글쓰기에서 가장 강조하는 단계라 할 수 있으며, 학생 중심의 글쓰기 수업을 진행함에 있어 자칫 소홀하게 되는 문장 및 텍스트의 완성도를 높이는데 큰 도움이 될 수 있으리라 생각한다. 마지막으로 위의 읽기 쓰기 통합 수업 과정을 도식화하면 다음과 같다.

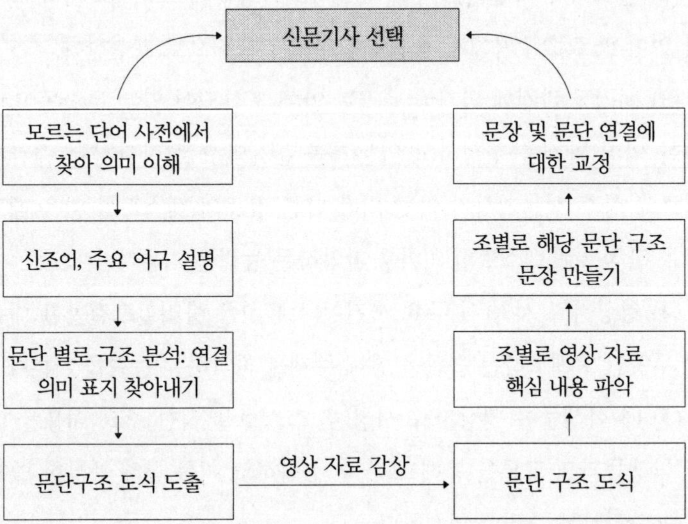

3. 학습자의 역할과 교수자의 역할

우리는 위에서 신문 문단 구조를 활용한 중국어 읽기 쓰기 통합 수업의 구체적인 교수 내용 및 순서에 대해 논의해 보았다. 이제는 이러한 수업에서 학습자와 교수자가 담당해야 할 역할을 명확히 제시하여 수업의 실제 운영 가능성을 높여 보고자 한다.

먼저 본 수업에서는 기존의 수업과는 달리 전체 수업 시간에서 학생의 참여가 가장 높은 비중을 차지한다. 그렇기 때문에 학생이 담당해야 할 역할이 매우 중요할 수밖에 없다. 이를 위해 본고는 아래의 몇 가지 사항으로 그 역할을 제안하고자 한다.

(1) 독해 과정에서 스스로 자신의 부족한 어휘부분이나 중요 표현 등의 항목을 찾도록 노력한다.

(2) 신조어나 복잡한 어구의 뜻을 모를 경우 부끄러워하거나 주저함 없이 바로 교수자에게 자신의 질문을 적극적으로 표현한다.

(3) 논리적 관점에 의거해 텍스트 안에 포함되어 있는 문장들이 어떠한 의미 관계를 형성하고 있는가를 분석적으로 판단하는 습관을 기르고 향후 신문기사가 아닌 기타 다른 장르의 텍스트를 읽을 때도 같은 관점으로 텍스트의 의미를 파악하는 능력을 기른다.

(4) 영상자료 시청 시 주요 사건이나 흥미를 불러일으킬만한 내용이 무엇인가 메모하는 습관을 통해 주제를 파악하는 능력을 기른다.

(5) 매 학생들은 영상자료 시청 후 스스로 분석한 주요 내용을 다른 학생들과의 토론을 통해 보다 더 심화하고 이를 통해 풍부한 쓸거리를 축적하는 습관을 형성한다.

(6) 자신이 전달하고자 하는 내용을 중국어 문장으로 전환하는 훈련을 통해 서면체 형식의 의사소통 능력을 제고한다.

(7) 정형화된 문단 구조에 맞추어 완성된 중국어 문장을 텍스트의 응집성과 응결성을 고려하며 완성도 있는 텍스트 구조로 조직하는 능력을 키운다. 이때 고려해야 할 사항은 다음과 같다.[23)]

① 표제에서 전체 기사 내용의 핵심을 정확하게 전달하고 있는가?

② 리드사건과 중심사건 간의 내용이 긴밀하게 연결되고 있는가?

③ 필자의 의견과 사실을 명확히 구분하여 글쓰기를 실행하고 있는가?

이제는 수업에 참여하는 학생들이 위와 같은 다양한 역할을 충분히 담당하기 위해 교수자가 담당해야 할 역할을 명시해 보고자 한다.[24)]

(1) 신문기사 선택이나 영상자료 선택 시 학생들의 관심과 흥미를 끌 수 있는 자료를 선택하고 특히 학생들의 수준을 고려하여 너무 복잡하거나 긴 자료는 피하도록 한다.

(2) 학생 스스로가 문제를 발견하도록 충분한 시간을 학생들에게 제공하고 학생 스스로 가 이러한 활동에 적극적으로 참여하도록 감

23) 아래의 신문기사 작성 시 주의사항은 강병길 (2005)의 〈신문 텍스트의 구조 및 표현 특징 분석과 교육적 적용에 관한 연구〉에서 논의된 것으로 중국어로 신문기사 텍스트를 작성할 때에도 적절한 지침이 되리라 생각한다.

24) 아래의 교수자의 역할은 읽기 수업 측면의 경우는 '도식이론'을 적용한 거시적 관점에서의 독해 수업 운용관점에서, 쓰기 수업의 측면은 학생들의 적극적인 참여와 글쓰기의 과정을 중시여기는 '과정중심글쓰기' 수업의 운용 관점에서 제시하였다.

독하는 역할을 담당한다.

(3) 문단 구조 분석 시 학생들이 먼저 의미 연결 표지를 찾아보도록 유도하는 동시에 난이도를 고려하여 이에 어려움을 겪는 경우는 도움을 주면서 난이도를 조절한다.

(4) 학생들 간의 토론 활동을 세심히 관찰하여 토론이 활발히 이루어지지 못할 경우는 토론의 소재를 제공하는 등 학생 전체의 참여에 중점을 둔다.

(5) 쓸거리를 중국어 문장으로 전환하는 과정이나 각각의 문장을 정형화된 문단 구조에 맞추어 텍스트를 조직할 경우 학생들에게 즉각적인 조언과 교정을 실시한다.

Ⅴ. 결어

필자도 중국어를 학습하던 시절 중국어 신문 수업을 들어본 적이 있다. 그러나 단어 해설과 중요 구문 해석에 치우쳐 있던 수업 방식으로 인해 지루하고 흥미를 느끼지 못했던 기억이 남아있다. 그럼에도 불구하고 '신문'이라는 장르는 우리의 일상생활과 가장 밀접하게 연결되어 있는 유용한 독해 자료임과 동시에 새로운 정보를 축적하는 가장 효과적인 통로이기도 하다. 그렇기 때문에 중국어 언어 학습 및 문화의 이해를 위해서는 신문기사를 활용하는 수업이 절실히 필요하다. 본고는 이러한 신문기사를 활용한 수업이 보다 더 학생들에게 흥미 있게 다가감과 동시에 신문 고유의 특성을 최대한 수업에 반영하여 그 교육의 효과를 극대화하려는 의도에서 출발한 연구이다. 특히 본 연구는 중국어 신문 문단 구조에 대해 심도 있고 구체적으로 분석해 놓은 婁開陽(2008)의 연구 결과가 있었기에 이를 토대로 새로운 시각에서 출발한 중국어 신문 문단 구조를 활용한 읽기 쓰기 수업설계가 가능할 수 있었다. 필자는 이러한 새로운 시도의 중국어 신문기사 수업을 실제 현장에서 학생들에게 가르쳐볼 수 있는 기회가 생기길 기대해 본다. 그래서 후속연구에서는 이러한 수업설계에 근거한 중국어 신문기사 수업에 대한 학생들의 만족도를 조사하여 부족한 점을 보완해 볼 수 있길 희망한다. 또한 사회언어학의 관점에서 출발하여 각각의 중국어 신문기사 문단 구조와 핵심사건이 속하는 유형 즉 사고 관련 기사, 인터뷰 기사, 스캔들 관련 기사 등과 같은 해당 유형에 따라 중국어 신문기사 문단 구조도 특정한 형태를 보이는가에 대한 텍스트 분석를 실시해 본다면 의미있는 결과를 얻을 수 있으리라 생각한다.

【参考文獻】

강병길(2005),「신문 텍스트의 구조 및 표현 특징 분석과 교육적 적용에 관한 연구」, 한양대학교교육대학원 석사학위논문.

고영근(2002),『텍스트 이론 - 언어문학통합론의 이론과 실제』아르케.

안미영(2014),「번역가 교육을 위한 과제 수업안 설계 : 동영상 강연과 뉴스 편역을 중심으로」, 세종대학교 영어영문학과 박사학위 논문.

崔賢美(2009),〈針對韓國留學生的漢語寫作教學研究〉, 北京語言大學碩士學位論文.

崔　珣(2011),〈漢語報刊課教學問題研究〉, 遼宁師范大學碩士學位論文.

國家對外漢語教學領導小組辦公室編(2002),《高等學校外國留學生漢語教學大綱》, 北京：北京語言大學出版社.

何立榮(1999),〈淺析留學生漢語寫作中的篇章失誤〉,《漢語學習》第1期.
婁開陽(2008),《現代漢語新聞語篇的結构研究》, 北京: 世界図書出版公司.
鞠偉偉 徐艶華(2013),〈對外漢語教學報刊閱讀課教學模式探究〉,《語文學刊》第11期.
戴雪梅(2003),〈図式理論在對外漢語閱讀教學中的応用〉,《漢語學習》第2期.
呂必松(1992),《華語教學講習》, 北京：北京語言大學出版社.
信世昌(2006),〈篇章斷句之漢語閱讀策略教學〉,《對外漢語研究》
王 端(2010),〈図式理論啓發下的對外漢語閱讀教學策略探究〉,《大連教育學院學報》第4期
饒 勤(2003),〈网絡环境下的對外漢語報刊教學再探〉,《海外華文教育》第2期.
王瀟瀟(2009),〈關于漢語報刊閱讀教學的几个問題〉,《商業文化》第5期.
楊 俐(2004),〈過程寫作的實踐与理論〉,《世界漢語教學》第1期.
張 雪(2011),〈對外漢語報刊閱讀教學研究〉, 沈陽師范大學碩士學位論文.
張和生(1994),〈關于對外漢語報刊課的一点思考〉,《北京師范大學學報》第3期.
張和生(2007),《漢語報刊教學理論与方法》, 北京大學出版社.
鄭貴友(2002),《漢語篇章語言學》, 北京: 外文出版社.
朱湘燕(2007),〈對外漢語寫作教學調查及研究〉,《語言教學研究》第6期.

Ellis, R. 2003, Task-based Language Learning and Teaching. London: Oxford University Press. 205-278.
H. Douglas Brown, 2001, Teaching by principles : an interactive approach to language pedagogy, White Plains, NY : Longman.
Kiraly, D. 2000, A Social Constructivist Approachto Translator Education: Empowerment from Theory to Practice. Manchester: St. Jerome.
Schank, R. & Burstein, M., 1985, Artificial Intelligence: Modeling Memory for Language Understading, in van Dijk(ed.) Handbook of Discourse Analysis[C]. Vol.1
van Dijk, 1988, News as Discourse, Lawrence Erlbaum Associates.

Flipped Classroom 모형의 중국어 중급 청취 수업 응용을 위한 교수 설계

I. 서론

현재 구성주의 교육 이론에 입각한 학습자 중심의 수업 진행 방식은 이미 교육학계에서 교수자들이 지향해야 할 새로운 교육 이념으로 자리 잡고 있다. 즉 단순 지식의 암기나 이해를 넘어선 지식을 어떻게 활용하는가를 중시하는 지식기반사회의 도래는 기존의 교수자 중심의 수동적이고 일방적인 전통적 강의 수업 방식에서 탈피해야 하는 교육 패러다임 변화의 주요 원인 기제가 되었고 학습자의 적극적인 참여와 협력학습을 통해 문제해결 능력과 창의성, 의사소통능력과 협동 능력 향상을 목표로 다양한 교수 모형이 개발, 응용되고 있는 실정이다.[1] 이러한 배경에 기인하여 2007년 미국에서 처음 실시된 'flipped classroom 모형' 즉 '역진행식 수업 모형'은 미디어 기술과 인터넷과 같은 교육테크놀로지를 응용하여 수업시간을 진정한 의미의 학습자 중

* 본고는 'flipped classroom'이라는 현재 교육계에서 새롭게 대두되고 있는 교수 모형을 중국어 수업에 실제 적용하기 전 요구되는 교수 설계를 위한 연구로서 필자는 본 연구 결과를 바탕으로 실제 중국어 청취 수업에 적용한 후 그 결과에 대한 자세한 보고 및 실증적 분석과 관련한 후속 연구를 발표할 예정이다.

1) 소경희(2009)의 연구 참조.

심으로 진행하는 교육이념을 실현할 수 있는 구체적인 절차와 기법을 제시해 준 수업 모형이라 볼 수 있다.[2] 즉 교수자는 전달해야 할 지식 정보의 방대함과 시간의 제약으로 인해 결국은 수업의 대부분의 시간은 교수자의 강의 중심으로 진행되고 학생은 어떠한 기술적 매개체나 혹은 여러 다양한 교수법을 사용하더라도 결국은 수동적인 역할만을 담당할 수밖에 없는 현실적 제약을 극복하기 위해 flipped classroom 모형은 교수자의 지식 전달의 부분을 미디어 기술과 인터넷을 사용하여 동영상 강의로 제작, 이를 선수학습[3]의 형태로 학생들에게 제시하고 수업 시간에는 이에 대한 학생들의 문제해결 및 토론 그리고 협력학습의 형태로 수업을 진행한다는 것이다. 현재 이러한 수업 모델이 교육학계 전반에서 큰 각광을 받고 있는 것이 사실이나 아직은 도입 초기 단계이기 때문에 여러 부분에서 개선해야 할 사항이 남아 있다. 첫 번째로, 각각의 교육 분야별로 flipped classroom 모형의 구체적 실현 방안에 대한 체계가 아직 제대로 자리 잡히지 못한 실정이다. 두 번째로, 본 모형의 핵심 부분인 수업 시간에 학생들의 참여와 상호작

2) 이민경(2014)는 flipped classroom이란 교육테크놀로지의 도움을 받아 고전적인 수업의 형식을 뒤집은 교육혁신 모델이라고 정의하였으며, flipped learning이라는 용어로도 표현되기도 한다. 이에 대한 한국어 번역은 '거꾸로 교실', '거꾸로 수업' 혹은 '역진행수업' 등으로 나타나며 중국어로는 翻轉課堂으로 해석된다. 본고에서는 '역진행수업'의 용어를 사용하기로 한다.

3) '선수학습'의 용어는 이민경(2014)의 연구에서 사용되었다. 이에 대해 필자는 선수학습이 예습의 형태와 유사한 학습 방법이지만, 예습은 학습자 스스로가 자료를 선택하고 이를 학습하는 것과 달리 선수학습은 수업시간의 활동을 위해 교수자에 의해 전적으로 계획되어지고 선택된 보다 더 체계화된 자료를 동영상 강의의 형태로 미리 학습하는 수업 시간의 연장선에 있다는 점에서 그 차이를 구별할 수 있다.

용을 극대화할 수 있는 다양한 교수기법들에 대한 소개는 아직 연구 초기 단계에 머물러 있다. 세 번째로, 교수자에 의해 수업 전에 제시되는 선수학습과 수업의 유기적 관계에 대한 검토가 부족하다. 즉 어떻게 학생들에게 선수학습을 하도록 동기유발을 할 수 있는가에 대한 구체적 기제들은 아직까지 제시되고 있지 않다. 마지막으로, 이러한 수업모형이 실제 학습효과와 어떠한 연관관계가 있는가에 대한 실증적 연구 결과가 필요하다.

본고에서는 이러한 문제점에도 불구하고 flipped classroom을 중국어 수업, 특히 수업 진행의 단조로움과 학생의 수동적 학습 태도로 인해 수업 효과의 효율성면에서 문제로 제기되고 있는 청취 관련 수업[4] 상에서 실제 적용하기 위한 구체적 방안을 제시하고자 한다. 이는 외국어 교육의 목표가 단순한 언어 기능의 숙달이 아닌 이러한 언어 기능을 응용하여 학습자의 외국어 의사소통능력과 교제 능력을 함양하는 방향으로 발전하고 있는 추세를 감안했을 때 flipped classroom 모형은 이러한 외국어 교육의 목표를 실현하기 위한 수업의 질적 개선을 위해 그 가치가 높다고 판단되기 때문이다. 이를 위해 먼저 기존의 문헌고찰을 통해 실제 중급 중국어 청취 과목[5]에 응용하기 위한 flipped classroom이 제시하는 교육패러다임이 무엇인지 이론적 기초 작업을 수행하였다. 다음으로 flipped classroom 모형에 입각한 중급

4) 郭晶(2009); 喬媛(2013)은 현재 중국어 청취 수업의 이와 같은 보편적 문제점을 지적하고 블랜디드러닝과 과제수행형 학습법 등의 교수법을 제시하였다.

5) 본고에서 중급 청취 과목을 연구의 중점 대상으로 잡은 이유는 馬玉紅(2006)은 학습자들은 중국어 중급 수준에 이르러서야 어음(語音), 성조의 청취 단계에서 벗어나 진정한 의미의 듣기이해능력을 훈련하는 단계에 진입하게 되기 때문에 중급 단계의 청취 과목의 중요성을 강조하였다.

중국어 청취 과목의 교수 설계를 위해 기초적인 교수 목표를 설정하고, 이러한 목표를 바탕으로 실제 교수 내용 및 절차를 탐색한 후 각각의 단계에서 응용될 수 있는 교수법을 제시해 보았다. 마지막으로는 본 교수 설계의 현실적 개선과 지속적 발전에 객관적 자료를 제공할 수 있는 전체 교수 과정의 평가 단계에 대해 고찰해 보았다.

II. 선행연구 검토

1. 수업개념 정립과 관련한 연구

flipped classroom을 응용한 중국어 수업을 설계하기에 앞서 먼저 이러한 모형의 탄생 배경과 그 정확한 의미를 탐색하는 일이 선행되어야 할 것이다. 이에 대해 Jacob(2013)은 flipped classroom 모형의 탄생에 가장 큰 영향을 미친 요인으로 Khan Academy[6]와 같은 인터넷 상에서의 무료 동영상 강의 사이트의 등장과 지식경쟁사회에서의 학생에 대한 평가 방식의 전환을 들었는데 이러한 시대적 상황을 수업 현장에 그대로 반영한 것이 바로 flipped classroom모형이라고 보았다.[7] 이러

6) 칸아카데미(www.khanacademy.org)는 2006년 살만칸이 만든 비영리교육 서비스로서 수학, 과학, 물리학, 금융, 역사 분야의 동영강 강의를 제공한다(위키백과 참조).

7) 인터넷 상의 무료 동영상 강의는 교수자의 지식 전달 부분을 선수학습의 형태로 학생들에게 전달하는데 효과적인 방법론을 제시하였다. 학생에 대한 능력 평가 방식의 전환이란 기존의 지식의 축적량의 많고 적음을 판단하는 수준에서 이제는 지식을 응용하고 이를 토대로 문제를 해결하는 능력의 정도로 학생의 능력

한 탄생 배경에 근거해 flipped classroom의 정확한 정의를 내린 학자로는 Lage(2000)가 있는데 그는 "flipped classroom란 전통적으로 수업 시간 내에 이루어지던 활동을 수업 시간 밖에서 이루어지게 하는 수업 모형[8]"이라고 제시했다. 즉 기존의 교수자 중심으로 이루어지던 강의 내용을 인터넷 동영상 강의로 제작하여 수업 외 시간의 활동으로 전환시키고, 수업 시간에는 학생들의 문제 해결을 위한 심화 학습 및 응용 연습 그리고 조별 활동 및 토론으로 대체하는 것이 바로 flipped classroom의 핵심 내용이라 볼 수 있다. 이러한 수업 모형의 이론적 근거는 Piaget(1967)의 인지주의 교육 이념 즉 학습자의 끊임없는 의미 고찰 과정과 참여를 통해 학습이 이루어진다고 본 견해와 Vygotsky(1978)의 사회적 구성주의 이론 즉 학습은 타구성원과의 사회적 상호작용 즉 협동과 토론을 통해 더욱더 극대화될 수 있다고 본 두 가지 이론에 근거한다고 볼 수 있다. 이러한 flipped classroom의 기본 개념의 이해를 돕기 위해 본고에서는 아래의 [그림 1]과 같은 도표를 도출해 보았다.

[그림 1]에서 보는 바와 같이 flipped classroom의 가장 핵심적인 개념은 바로 수업 시간이 온전히 학생 위주의 활동이 되게 하기 위해 기존의 강의는 동영상 기술을 응용해 수업 외의 시간으로 전환시키고 수업 시간에는 문제해결 위주의 적극적, 능동적, 창의적 수업 환경

을 평가함을 의미한다. 이러한 전환은 수업시간에 문제해결 중심의 교수법의 도입을 촉진하게 되었다. 이러한 점에서 볼 때 flipped classroom의 핵심 내용은 바로 '동영상 형태의 선수학습'과 '수업 시간 중 문제해결 중심의 학생주도 교수법'이라 볼 수 있겠다.

8) 원문내용: "Inverting the classroom means that events that have traditionally taken placeinside the classroom now take place outside the classroom and vice versa".

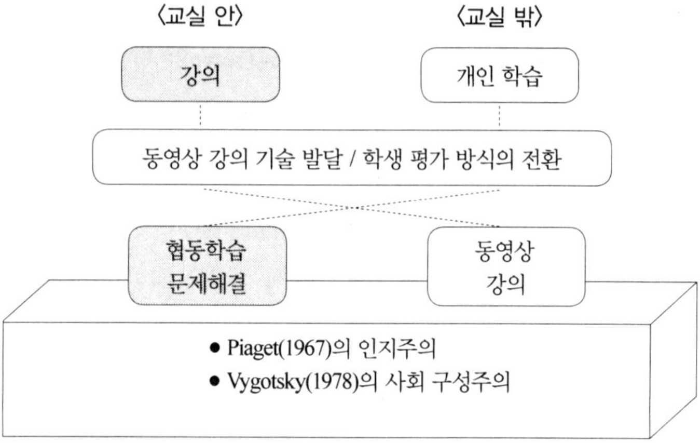

[그림 1] flipped classroom의 기본 개념

을 설정한다는 것이라 할 수 있다. 이에 대해 Kathleen(2012)은 flipped classroom이 기존의 전통적 수업방식에 비해 가지고 있는 장점에 대해 – (1) 학생의 학습 속도에 맞춰 수업이 진행된다 ; (2) 과제 해결을 수업 시간에 하게 함으로써 교수자는 즉각적으로 학생에게 도움을 줄 수 있다 ; (3) 유동적으로 교수 설계를 할 수 있다 ; (4) 수업 시간은 보다 더 효율적이고 창의적인 분위기로 유도된다 ; (5) 교수자는 직접적으로 학생들의 과업 수행과 흥미, 집중도 등을 평가할 수 있다 ; (6) 학생들의 학습 스타일에 대한 관찰은 새로운 교수접근 방법의 토대가 된다 ; (7) 신기술의 유입은 21세기 온라인 시대의 학습스타일에 적합하다. – 의 7가지 항목으로 분류하여 기술하였다. 이 외에도 Freeman(2013) 등은 과학, 기술, 엔지니어 그리고 수학 전공 분야에서 flipped classroom을 운용하고 있는 교수자에 대한 설문조사 결과 학생들이 직접 실험에 참여할 수 있는 시간이 늘고 수업에 빠진 학생들

도 진도를 따라올 수 있는 등의 장점을 기술하였다. 이와 함께 선수학습을 제대로 하지 않은 학생들의 수업 시간 참여 유도 문제와 교수자의 선수학습을 위한 동영상 자료 검색 과정에서 적절한 자료 선택의 어려움을 flipped classroom의 어려움으로 제시하였다.

2. 구체적 교수기법과 관련한 연구

flipped classroom 모형을 처음 시작한 미국의 관련 연구 상황을 살펴보면 2014년 현재까지 총 21편의 관련 연구가 소개 되었다.[9] 실시 교육 분야는 대부분 이공계 계열의 물리학, 화학, 엔지니어, 컴퓨터 관련 수업이었고, 인문계 관련 수업은 사회학 과목을 다룬 Elaine외(2012)의 연구와 경영학 과목을 다룬 Charlotte(2012)의 연구가 있다. 이는 2012년 Classroom Window와 The Flipped Learning Network에서 실시한 설문조사 결과 중 전체 flipped classroom 운영 과목 중 46%가 과학 과목에서, 12%가 전산 관련 과목이었으며 32%가 수학 과목으로 이론식 수업이 강한 분야에서의 응용이 활발하게 이루어지고 있으며 언어 기능 관련 과목은 flipped classroom의 운영이 매우 미비한 단계에 머물러 있음을 알 수 있다. 관련 연구 가운데 Charlotte(2012)은 연구에서 수업 운영에 관련한 기법을 비교적 구체적으로 기술하였는데 그는 먼저 대학 1학년의 경영학 수업을 대상으로 한 학기(10주) 수업에 대해 먼저 과제를 모두 학생들에게 숙지시키고 수업 시간에는 이 과

9) flipped classroom은 2007년 Woodland Park 고등학교의 화학교사인 Bergman과 Sams에 의해 처음 시도된 이래 미국의 고등교육 뿐만 아니라 세계적으로 크게 주목을 받고 있는 교육 모델이다(Milman, 2012; 정민, 2014).

제를 해결하는 방법으로 flipped classroom을 운영하였다. 과제 해결과 관련된 강의는 모두 교수자의 개인 웹 사이트에 올려진 자료를 수업 전에 읽어 오는 방식을 채택하였는데 이를 수행하지 않은 학생에 대해서는 수업 시간에 모두 동영상 강의를 읽도록 시간을 할애하였고, 이를 이미 수행한 학생들은 기다리는 방식을 채택하였다. 수업 시간에 완성된 과제는 다시 교수자의 웹사이트에 올려 평가를 받는 방식으로 피드백을 제공하였다. 이러한 수업 방식에 대한 학생들의 평가를 살펴보면 선수학습이 수업 후 해야 하는 숙제보다 부담이 덜하다는 것과 과제 수행 시 협력학습이 학습에 도움이 됐다는 의견에 주목할 필요가 있다. 반면에 과제 해결에 집중할 수 없었다는 의견과 기다리는 시간이 지루했다라고 응답한 학생들도 있어 flipped classroom의 운영 시 학생들의 선수학습 참여 유도가 성패의 중요한 요소로 작용할 수 있음을 유추할 수 있다. 이외에도 Larry(1992)와 Herreid(2002)는 읽기 자료를 수업 전에 미리 읽고 와서 수업에서는 개인 퀴즈, 단체 퀴즈 등의 방법으로 이를 확인하는 방법을 제시했다. Gavrin, L(2010)은 Just-in-Time Teaching(JIT Teaching) 기법을 사용하여 수업 전에 학생들은 웹 사이트에 올려진 짧은 과제를 수행하고 이 결과를 토대로 교수자는 그 날의 수업 내용과 난이도를 즉각적으로 선택 조정한 후 수업 시간에는 과제 수행 시 어려운 점을 해결하는 데 필요한 토의와 피드백으로 수업을 운영하였다. 현재 블렌디드 러닝에 기초한 JIT Teaching 방식은 물리학, 수학, 화학 등 이공계 전공 과목 수업에 활발히 응용되고 있다(Novak 외, 1999; Simkins 외, 2009). 사실 기존의 면대면 수업과 인터넷 수업의 장점을 극대화시키는 블렌디드 러닝 교수법과 flipped classroom 모형은 많은 유사점을 가지고 있음을 발견할 수 있다. 그러나 관련 연구 결과의 고찰을 통해 우리는 flipped classroom만 이 가지는 고유의 특징을 블렌디드 러닝 교수법과의 비교 분석을 통해 명확히 제시할 수 있다.

〈표 1〉 블렌디드 러닝과 flipped classroom의 비교 분석

	혼합식 수업	flipped classroom
유사점	· 면대면 수업과 인터넷 수업을 병행한다 · 면대면 수업 시 개별 혹은 팀원의 과업 수행을 지향한다 · 인터넷 수업에 대한 학생의 자유로운 접근(반복 청취)이 가능하다	
차이점	· 인터넷을 통한 다양한 자료의 유입을 학습자가 통제 · 인터넷 수업은 개별 학습의 주요 도구 · 면대면 수업에서 주도권은 교수자에게 있다	· 인터넷 수업에서 제시되는 자료는 교수자가 통제 · 인터넷 수업은 수업 활동을 위한 전제 도구 · 면대면 수업에서 주도권은 학생에게 있다

위의 〈표 1〉을 통해 알 수 있듯이 블렌디드 러닝과 flipped classroom 모형의 가장 큰 차이점은 바로 인터넷 수업의 통제권이 flipped classroom의 경우는 교수자에게 있다는 것이다. 이는 인터넷 수업을 단순한 수업의 흥미 유발을 위해 사용하거나 정보 검색권을 학생에게 넘김으로써 정보의 과유입(過流入)으로 생기는 학습 목적의 방향성 상실에서 오는 효과의 감소 등 여러 단점을 보완할 수 있는 방안으로 flipped classroom이 탄생하게 된 것을 찾아볼 수 있다.

우리나라에서는 현재까지 flipped classroom 관련 연구로 총 3편의 연구가 발표되었는데, 정민(2014)은 초등학교 수학 과목에서의 flipped classroom 운영 방안을 심도 있게 논의하였고, 이민경(2014)은 중학교 국어과목에서의 운영 실태를, 마지막으로 홍혜숙(2013)은 대학 미생물

과목에서의 flipped classroom 운영 실태에 대한 연구를 실시하였다. 이 중 이민경(2014)은 연구에서 수업 운영과 관련하여 '동영상 강의 시청 확인 유무', '질문', '개인 과제 풀기', '개인 과제에 대한 해답 풀이', '조별 활동지 풀기', '핵심노트 만들기', '조별 동영상 만들기' 등의 비교적 구체적 기법을 제시하였다. 또한 flipped classroom 실시 후 학생들의 만족도 설문조사를 통해 '자기 효능감의 증가', '학교의 의미 변화(흥미 있는 곳으로의 변화)', '수업의 주체로 변환', '적자생존의 공간에서 협력과 소통의 장으로 변화'와 같은 항목에서 유의미한 결과를 도출하였고 특히 성적이 낮은 학생의 성적 향상이 두드러졌다는 점에서 flipped classroom의 효과성을 다시 한번 확인하게 해 주었다. 위의 관련 연구들에서 제시한 flipped classroom의 구체적 교수 기법은 아래 〈표 2〉과 같다.

〈표 2〉 flipped classroom의 구체적 교수 기법

	수업 전(선수학습)	수업 중(문제해결 학습)
구체적 기법	· 교수자의 동영상 강의 · 기존 비디오 자료 혹은 읽기 자료 제시 · 학생들의 웹상 과제 수행	· 개인 문제 수행 · 브레인스토밍 · 조별 활동지 · 개인 및 단체 퀴즈 · 동영상 만들기 · 전통적 강의 진행 · 동영상 강의 진행
분야	과학, 수학, 화학, 물리, 경영, 사회학, 국어	

3. 중국어 교육계의 관련 연구 동향

중국학계의 flipped classroom 관련 연구 현황을 살펴보면 총 433편의 논문 자료 가운데 중국어 수업과 관련된 논문은 단 한편이었다.[10] 중국어 교육과 관련한 연구로 白迪迪(2014)의 연구가 있는데 중급 수준의 독해수업을 대상으로 그가 설계한 교수 과정은 아래의 [그림 2]와 같다.

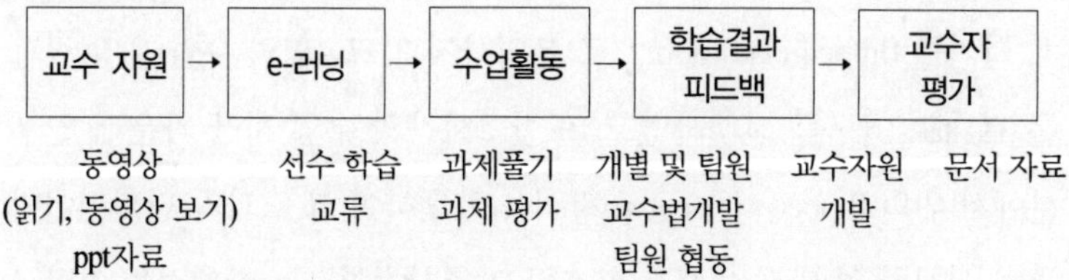

[그림 2] 白迪迪(2014)의 flipped classroom 응용 모델

특히 白迪迪(2014)는 학생이 학습의 주체로서 능동적으로 지식을 획득하는 발견식 교수법에서 강조하는 기존의 인지적 경험과 지식의 토대 위에 새로운 지식을 유입할 때 지식의 강화가 이루어진다는 점에 착안하여 선수학습 단계에서 제시되는 자료는 반드시 기존의 학생의 지식과 동화될 수 있는 수준으로 수업 활동과 학습 효과의 모니터링을 통해 학생들이 지식의 순응 단계에 이르러야 함을 강조하

10) 본 통계자료는 중국학술정보검색망(www.cnki.com.cn)에서 검색한 결과이다. 검색결과 대부분의 논문은 flipped classroom의 개념을 정리한 이론 중심 연구가 대부분이었고 언어 교육 관련 논문은 20편 내외였으며 대부분은 영어 교육 관련 논문이 주를 이루었다. 이는 미국의 flipped classroom 연구 현황과 유사한 분포를 나타내는 결과이다.

였다.[11] 이와 함께 학생의 설문 결과, 학습 동기가 명확하지 못한 학생의 경우는 선수학습 과제를 이행하지 않고 수업에 참여해 전체 수업에 차질을 빚거나 자주적 학습 능력이 뛰어나지 못한 학생의 경우 이러한 flipped classroom의 방식을 따라오지 못하는 부작용도 생겼음을 제시하였다. 또한 교수자의 입장에서는 선수학습에 필요한 적절한 자료를 스스로 만들거나 탐색하는 일과 학생들이 적극적으로 참여할 수 있는 과제를 선정하는 모든 임무가 상당히 큰 부담으로 작용할 수 있음을 구체적으로 명시하였다. 그러나 白迪迪(2014)의 연구는 전체 학기를 flipped classroom으로 운영하지 않고 4회의 수업 운영 결과를 토대로 연구를 진행하였고, 또한 2시간의 수업 시간 가운데 일부분에서 위의 flipped classroom 방식을 채택하여 그 결과가 단편적이며 특히 실제 운영 관련 예시가 모호하고 추상적이라는 한계점을 지니고 있다. 또한 본고에서 살펴보고자 하는 청취 과목의 경우 이를 그대로 응용하기에 매우 제한적인 면이 많은 것이 사실이다.

본고에서는 중국어의 듣기, 말하기, 읽기, 쓰기의 네 가지 언어 기능 관련 과목 중 청취과목에 주목하여 이에 대한 flipped classroom 모형을 설계하고자 하는데 그 이유는 위의 네 가지 언어 기능 가운데 '듣기' 기능은 학습자의 입장에서나 관련 분야에 일하는 종사자 모두에게 있어 가장 중요한 기능으로 인식되어지는 반면 수업의 단조로움, 기계적 반

11) 발견식 학습 교수법에서는 Piaget(1967)의 개인 구성주의 이론에 입각하여 학습자의 기존 경험이나 인지 능력과 새롭게 유입되는 학습 내용이 '동화(同化)'의 과정을 겪고 스스로 문제를 해결하고 발견해 나가는 과정을 통해 이러한 학습 내용이 기존의 지식 구조 위에 화합하는 '순응(順應)'의 단계를 거칠 때 비로소 학습자 스스로 이러한 지식 보유 능력을 확대해 나가는 발견식 학습의 최종 목표에 도달할 수 있다고 보았다.

복 등의 교수 방법상의 개선이 시급한 기능수업으로 인식되고 있기 때문이다.[12] 이를 해결하기 위해 여러 학자들에 의해 다양한 방법들이 논의되어 왔는데 이 중 郭晶(2009)은 블렌디드 러닝 교수법을 응용하여 수업 시간에는 전통적 강의 방식으로 학생들에게 단어, 구문 및 필요한 문화지식 배경에 대한 지식 전달을 실시하고 인터넷을 사용하여 개별적으로 학생들이 스스로의 청취 능력을 평가하거나 청취 자료를 반복하여 듣는 수업의 형태로 수업을 진행하여 청취 수업 시간의 한계와 개별적 접근의 어려움을 해결하려고 시도하였다. 喬媛(2013)은 과제수행 교수법에 근거하여 수업시간에 일상생활과 밀접한 관련이 있는 듣기 주제를 선정하여 과제 전, 과제 중 그리고 과제 후로 수업 단계를 나누어 과제 전에는 학생들의 듣기에 대한 부담을 줄이기 위해 주제와 관련 있는 배경 지식의 설명을 실시하고, 과제 중에는 듣기 자료를 듣고 학습자 스스로가 문제를 해결 방식 즉 추측, 요약, 모방 등의 과제를 수행하도록 하며, 과제 후에는 이러한 과제 수행에 대해 스스로 평가를 내리는 교수 방안을 제시하였다. 이 외에도 이지은(2012)은 듣기 능력의 의사소통 기능을 강화하는 관점에서 출발하여 듣기와 말하기의 두 가지 기능을 통합하여 청취 과목을 운영하고 이에 대한 효과 및 학생의 만족도를 조사하였다. 특히 연구 결과에서 학생들은 '받아쓰기' 방법에 대한 높은 만족도와 효과를 나타냈다는 점에 주목할 필요가 있다.

---

12) 高彦德(1993)의 조사 결과 중국어 학습자의 59.1%가 듣기를 가장 중요한 기능이라고 응답했으며, 중국어를 구사하는 외교 분야 종사자는 79.3%, 무역 관련 종사자는 75%가 모두 듣기 능력이 가장 중요한 언어 기능이라고 답했다. 이에 반면 李幼飛(2006)은 연구에서 듣기 수업의 단조로움, 교수자의 일방적인 강의 방식 등의 문제를 들어 수업 방식의 다채로움을 강조하였다.

III. 중국어 중급 청취 과목의 flipped classroom 교수 설계

우리의 위의 2장에서 flipped classroom 모형의 기본 개념과 핵심 교수 기법에 관한 문헌 고찰을 통해 실제 중국어 중급 청취 수업에 응용하기 위한 이론적 토대 작업을 실시하였다. 이제 본 장에서는 이러한 flipped classroom의 핵심 교수 기법을 중국어 중급 청취 과목에 실제로 적용하기 위한 구체적인 교수 설계를 실시하고자 한다. Gagn(1992)의 정의에 의하면 '교수 설계(教學設計)'란 "학습을 촉진하는 방식으로서 학습자에게 영향을 미치는 일련의 교육 과정에서 일어나는 모든 사건에 대해 교수자가 이러한 사건을 체계화하고 규획화된 과정으로 변화시키는 것을 의미한다"고 규정하고 있다.[13] 즉 flipped classroom 모형을 통해 학습자의 중국어 청취 능력을 향상시키기 위한 일련의 교육 활동을 고안해 내고 이를 체계화하는 전반적 과정을 탐색하는 것이 본장의 핵심 취지라 할 수 있겠다. 교수 설계에 포함되어야 할 필수 요소로 烏美娜(1994)는 학습자, 목표, 책략, 평가의 기본 4가지 요소를 들었다. 즉 학습자에 대한 정확한 분석과 본 수업의 구체적인 목표 설정을 통해 실제 수업시간에 응용될 수 있는 교수 내용 및 이에 대한 책략들이 고안될 수 있으며 이러한 일련의 교육 활동이 사전에 설정된 목표에 얼마나 달성되었는가를 객관적으로 평가하여 보완 및 개선된 새로운 일련의 교수 시스템이 구축될 수 있는 것이다. 그렇기 때문에 본장에서는 먼저 수업의 구체적 목표 설정과 학습자 분석을 통해 본 교수 설계의 출발점을 확립해 보고자 한다.

---

13) 崔永華, 2007: 11 재인용.

1. 준비 단계: 수업 목표 설정 및 학습자 분석

(1) 목표 설정

중국어 중급 단계에서의 청취 과목을 설계하는데 있어 가장 기초적인 작업으로 수업을 통해 이르고자 하는 청취 기능의 구체적인 목표를 확립하는 것이 무엇보다 중요할 것이다. 이를 위해 먼저 중국어 청취 기능에 대한 정확한 인식 및 정의가 필요하다. 이를 위해 대표적으로 楊惠元(1996)이 제시한 7가지 중국어 청취 기능을 알아보면, (1) 변별분석능력(辨别分析能力) ; (2) 기억저장능력(記憶儲存能力) ; (3) 연상추측능력(聯想猜測能力) ; (4) 들으면서 적는 능력(邊听邊記能力) ; (5) 청취후모방능력 (听后模仿能力) ; (6) 검색검청능력(檢索監听能力) 그리고 (7) 개괄요약능력(概括總結能力)이 있다. 楊惠元(1996)은 중국어 청취 교육이 학습자가 위의 7가지 청취 기능을 균형적으로 습득하고 그 기능을 강화하는 방향으로 이루어져야 한다고 보았다. 이외에도 谷陵(2003)은 중국어 학습자의 청취 능력을 평가할 때의 필수적인 6가지 기능으로 단어의미극복능력(跨躍詞語障碍的能力), 어법파악능력(掌握語法点的能力), 주요 정보 및 부수 정보의 구분능력(抓住主要信息和排除干扰的能力), 해석 요약 개괄능력(解釋, 總結和概括能力), 문화차이인식능력(体會文化內涵差异的能力) 그리고 어음구분능력(對語音的區分能力)으로 세분하여 제시하였다. 이러한 세분화된 청취 기능의 분류는 "학습자의 중국어 청취 능력을 향상시킨다"는 청취 수업의 목적을 달성하는데 구체적인 측정 기준으로 작용할 수 있다. 그러나 위의 楊惠元(1996)과 谷陵(2003)은 의사소통기능으로서의 학습자의 청취 능력에 대한 측정 기준보다는 언어의 개별적 기능으로서의 청취능력을 평가하는 기준만을 제시한 한계점을 보여준다. 이에 대해 의사소통 기능으로서의 듣기능력은 상대방의 음성화된 정보(듣기자료)를 학습자가 위의 세부 청취 기능에 의거하여 처리한 후 상대방의 의도 혹은 제시된 문제를 해결하기 위해 '말하기 혹은 응답하기'로 도출되는 과정까지 포함되어야만 완전한 듣기 능력이라 볼 수 있다.[14)] 그렇기 때문에 본고에서 flipped classroom 모형을 응용한 중급 청취 과목에 대한 교수 목표를 설정함에 있어 위의 楊惠元(1996)과 谷陵(2003)의 청취 기능 이외에도 '말하기 혹은 응답하기'의 전환 기능까지 포함하는 것이 바람직하다고 본다. 이러한 여러 청취 기능을 본 수업을 통해 어떻게 달성할 수 있는가를 구체적으로 제시하기 위해 본고에서는 KAPO 목표 기술 모델[15)]을 채택하였고, 이 중 학습 효과를 가장 가시적으로 판단할 수 있는 '지식 및 기능' 분

14) 이에 대해 程少武(2003)은 듣기 수업에 있어서 듣기 자료의 유입(input)에 대해 학습자가 '주의(noticing function)', '검증(the hypothesis-testing function)', '피드백(metalinguistic function)'의 기능을 통해 말하기 혹은 쓰기의 형태로 도출(output)되는 과정의 중요성을 강조하였다.

15) KAPO 모형은 현재 중국 교육 과정에서 적극적으로 채택하고 있는 목표기술 방식으로 '三緯目標'로도 불리고 있다. 이는 1956년 브루너가 정의한 교육 목표의 세 가지 범주 즉 '인지', '동작', '태도'의 이론적 바탕 위에 교수목표를 '지식 및 기능(Knowledge & skills)', '과정 및 방법(Process & steps)' 그리고 '주관적 태도(emotional attitude & values)'로 세분화하여 기술하는 방식을 의미한다. 즉 KAPO는 K(지식), A(태도), P(과정)과 학습 관련 사건(Occurrence)의 O를 더한 것을 의미한다(百度百科 '三緯目標' 정의 참조). 본고에서 이러한 KAPO 모형을 채택한 이유는 flipped classroom 모형의 중국어 청취 수업 응용에 있어 학습 효과를 극대화할 수 있는 '지식 및 기능'의 목표 기술도 중요하지만 이러한 수업에 있어서 학생들의 참여 과정과 운영 과정을 관찰하는 것도 매우 큰 의미가 있다고 보았기 때문이다. 또한 이러한 수업에 대한 학생들의 주관적인 태도의 측정이 매우 중요하다고 보았다. 이는 학습자의 주관적 태도가 지식의 보유 기간에 상당한 영향을 미친다는 陳芙蓉(2004)의 연구결과에 기인한 것이다.

야의 목표 기술은 Gronlund(1995)의 '일반교수목표방식'에 의거하여 본 수업의 목표를 설정하였다.[16]

〈표 3〉 수업 목표 설정

분류		구체적 실현 내용
지식 및 기능	지식	단어의 뜻을 **기술**한다 어법에 대해 **설명**한다 정황에 대해 **설명**한다
	이해	들은 자료의 이야기를 **요약**한다 주요 정보와 부수정보를 **분류**한다 주제어(키워드)를 **찾는다**
	적용	청취 후 **적는다** 청취 후 **모방한다** 청취 후 **추측한다** 청취 후 **응답한다**
	분석	청취 자료의 정황을 분석자료로 **도식화**한다 들리는 단어와 그렇지 않은 단어를 분류 원인을 **분석**
	종합	청취 후 듣기-말하기의 의사소통 과정을 **창조**한다
	평가	학습 방법에 대한 **평가** / 학습 효과에 대한 **평가**
	과정	개인 활동: **경험-반응-깨달음** 팀별 학습: **토론-분배-조정-실행-평가**
	태도	**흥미 / 적극성 / 선호도**

16) Gronlund(1995)는 기존의 '지식 및 기능' 관련 목표기술방식으로 사용되어 온 Mager식 방법은 너무나 세분화되어 있기 때문에 오히려 복잡하고 역효과를 초래한다고 보았다. 그래서 기존의 Mager가 분류한 '지식 및 기능' 영역의 세부 목표인 '지식', '이해', '적용', '분석', '종합', '평가' 영역에 대한 기술을 구체적인 행동 동사 및 지시어로 표현할 것을 주장하였다. 필자 또한 이러한 Gronlund(1995)의 목표기술방식이 교수 방향을 제시하고 교수 과정에 대한 평가를 내리는데 오히려 효율적이라 판단하였다.

(2) 학습자 분석

周海英(2007)은 듣기-말하기의 의사소통이 가능한 교육은 학습자가 중국어 중급 수준에 이르렀을 때 실시하는 것이 바람직하다고 주장하였다. 이는 학습자가 중급 언어 기능 기준인 "기본적으로 중국어 표준어 어음 및 어법규칙에 대해 숙지하고 중국어의 4가지 언어 기능을 통해 기본적인 일상생활에서의 교제가 가능한 단계"에 이르렀을 때에야 비로소 모르는 단어의 출현에도 전체 의미를 유추할 수 있는 능력과 필요한 정보를 추출할 수 있는 능력을 집중적으로 훈련할 수 있기 때문이다.[17)]

본고에서 설계하고자 하는 수업의 대상 또한 중급 수준에 도달한 한국인 학습자로서 이들의 중국어 수준은 新HSK3급 이상으로 총 600개 이상의 필수 어휘를 숙지하고 있으며 매주 2~3시간 정도의 중국어 수업 시간을 1년 이상 지속한 학생을 의미한다.[18)]

이러한 한국인 중급 수준의 학습자가 중국어 듣기에 있어서 어려움을 느끼는 부분으로는 高彦德(1993)의 연구 결과에 의하면 모르는 단어가 많은 것이 듣기에 영향을 미치는 가장 큰 요인으로 보았으며 두 번째로는 말의 속도라고 보았다.[19)] 특히 馬燕華(1998)는 연구를 통해 모르는 단어가 많은 것이 듣기의 난이도를 가중시키는 것이 사실이지만 듣기 자료가 발생하고 있는 정황 및 상황에 대해 학생들이 친숙할 경우 듣기 능력 향상에 가장 큰 도움이 된다고 보았고 이에 대한 실증적 연구 결과를 발표하였다. 뿐만 아니라 郭晶(2009); 喬媛(2013)은 설

17) 중급 수준 학습자에 대한 중국어 수준에 대한 정의 및 듣기 능력 수준은 모두 《高等學校外國留學生漢語教學大綱(長期進修)》을 참고하였다.

18) 위의 기준은 모두 新HSK 3급의 학습자 기준이며 呂禾(2012)는 연구에서 新HSK 3급은 초 중급, 新HSK 4급은 중급에 해당한다고 분류하였다.

문결과를 통해 현재 중국어 학습자들의 듣기 수업에 대한 요구 사항 및 문제점을 지적하였다. 이러한 여러 학자들의 관련 견해를 참고하여 아래 〈표 4〉과 같은 학습자 분석을 실시할 수 있다.

〈표 4〉 중국어 중급 청취 수업의 학습자 분석

	듣기의 어려움	중국어 듣기 수업에 대한 견해
학습자 분석	단어 의미의 생소함 속도의 빠름 상황에 대한 생소함	교수 방식이 단순하다 수업 참여에 있어 수동적이다 수업의 내용이 실제 일상생활과 큰 관련이 없다.

2. 교수 설계 단계

(1) 교수 절차

우리는 위의 교수 목표확립과 학습자 분석을 통해 본 수업의 교수 설계의 출발점을 확립하였다. 위의 이론 고찰을 통해 살펴보았듯이 flipped classroom 모형의 가장 핵심적 개념은 '지식 전달의 동영상 강의화'와 '문제해결식 접근을 통한 학생 중심 활동 수업'이라 볼 수 있다. 즉 flipped classroom 모형은 창의적이고 흥미로운 수업 진행을 가능하게 하는 '학습자중심의 교수 설계'와 가장 효율적인 방법으로 지식을 전달하는 '교수 중심의 교수 설계'의 각각의 장점을 최대한 살릴

19) 高彦德(1997)의 연구 이외에도 대부분의 학자는 모두 생소한 단어의 출현이 중국어 듣기의 가장 큰 영향을 미치는 요인이라고 동의하고 있다(王碧霞(2001) ; 梁蘊華(2011) 등) 현재의 중국어 교육 학계의 연구 동향은 이러한 관점에서 출발하여 생소한 단어가 출현할지라도 전체 듣기 자료의 이해능력을 높이는 능력 즉 생소한 의미 극복 능력에 치중하여 연구들이 이루어지고 있다(劉頌浩(2008); 馬燕華(1998); 馬玉紅(2006) 등).

수 있도록 교육테크놀로지를 응용한 수업 모델이라 볼 수 있다. 그렇기 때문에 먼저 본고의 구체적 교수 설계를 위해 기존의 '교수-학습 이중 중심 교수설계'에 근거하여 flipped classroom의 교수 과정을 살펴보도록 하겠다.[20] 먼저 목표설정과 학습자 분석을 통해 교수 설계의 출발점을 확립한 후 지식 전달에 있어 가장 효율적인 방법인 설명식 교수 방법을 통해 수업시간에 학생들이 자기주도적 학습을 실행하기 위해 선결적으로 습득해야 할 지식 즉 '선행조직자'[21]를 동영상 강의의 형태로 학생들에게 수업 전에 먼저 제공을 하게 된다. 학생들은 이러한 선행조직자 지식을 최대한 활용하여 과제해결 중심의 활동을 통해 스스로 지식을 축적하고 또한 이러한 지식을 강화해 나갈 수 있으며 특히 이러한 과제 해결 과정은 개인적 단계와 팀원들이 함께 해결해 나가는 협력학습을 통해 지식의 강화는 더욱더 증폭될 수 있다. 이러한 과제 해결 과정에서 교수자는 먼저 학습효과를 최대화할 수 있는 과제를 선정하고 이러한 과제를 해결하는 과정에서 학생들의 참여를 유도하는 조정자의 역할을 담당하며 또한 그 결과물에 대해 수업 시간 동안 실시간으로 피드백을 전달하는 역할을 담당하게 된다. 이러한 flipped classroom 모형의 일련의 과정을 아래의 [그림 3]과 같

20) 崔永華(2007: 180-181)에 의해 제시된 '교수-학습 이중 중심 교수설계'에 대한 자세한 교수과정은 최현미(2012)의 논문을 참고하기 바란다.

21) '선행조직자'란 새로운 정보를 학습하기 전에 제시되는 관련 지식이다. 즉 학습자가 기존 지식을 회상하여 새로운 지식에 적용하고 이러한 새로운 지식을 의미있게 조직하고 해석할 수 있도록 유도하는데 밑거름의 역할을 담당한다. '선행조직자'는 오스벨(D. Ausubel)이 제시한 인지전략으로서 만약 이러한 선행조직자 즉 기존 지식과 새로운 정보 간에 유기적 연결이 이루어지면 학습 경험은 보다 의미 있게 된다는 가설에 근거한다(지식백과 사전 정의 참조).

이 도식화하였다.

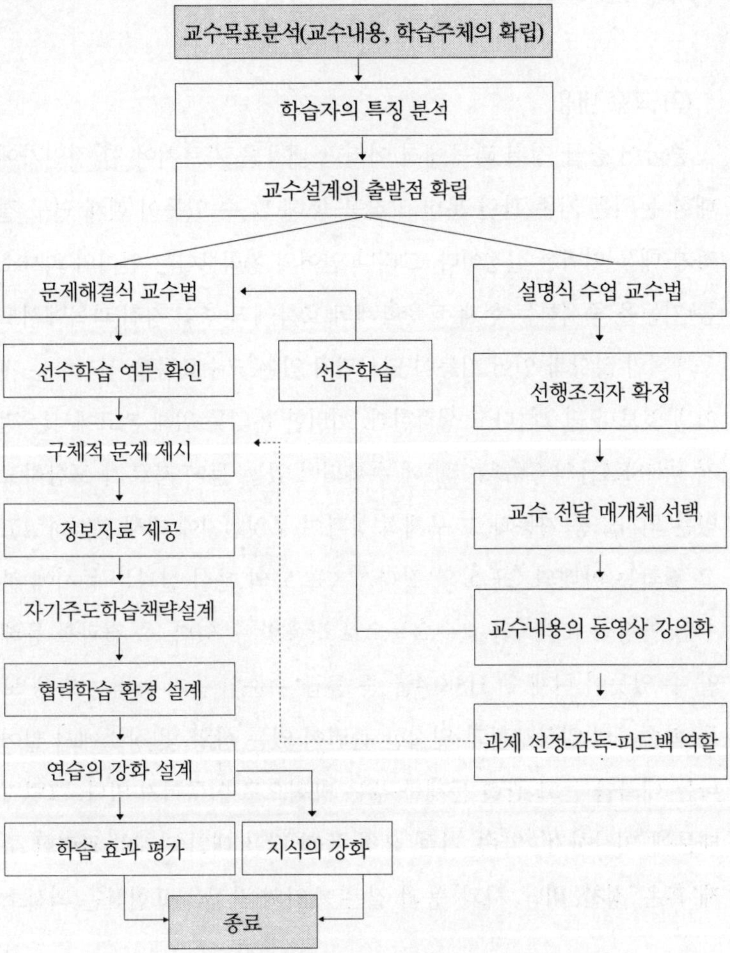

[그림 3] 중급 중국어 청취 과목의 flipped classroom 모형

이제는 flipped classroom 모형에 의한 중급 청취 과목의 구체적인 교수 요목 즉 무엇을 가르칠 것인가에 해당하는 교수 내용을 선정하

고 이를 어떠한 구체적 교수 기법 통해 수업에 운영할 것인가에 대해 논의해 보도록 하겠다.

(2) 교수 내용

중국어 중급 청취 과목에서 어떠한 내용을 가르쳐야 할 것인가에 대한 논의는 기존 관련 문헌 고찰을 통해 알 수 있듯이 현재 연구 결과가 매우 미비한 실정이다. 그러나 언어의 형식보다는 언어의 의사소통 기능을 중시하는 현재 교육학계의 흐름에 맞추어 청취 과목에서도 구체적인 상황과 언어 기능이 명시되어 있는 교수요목을 선정하는 것이 무엇보다 필요하다고 생각한다. 이러한 논의를 위해 본고에서는 먼저 新HSK4급의 〈考試大綱〉에 수록되어 있는 '듣기 자료'가 포함하고 있는 의사소통 기능과 그 구체적 상황이 무엇인지에 대해 분석하였고 그 결과는 아래의 〈표 5〉와 같다.[22] 〈표 5〉의 분석 결과는 동시에 본 수업 과정의 효과적인 교수요목으로 작용할 수 있다. 즉 결과를 통해 알 수 있듯이 현재 新 HSK 4급 즉 중급 수준의 듣기 능력 시험은 모두 학습자의 일상생활과 밀접한 관련이 있는 상황 및 장소에서 일어나는 대화를 듣고 관련 문제를 푸는 방식으로 이루어져 있다. 그렇기 때문에 '인사하기', '약속, 거절, 요청' 등과 같은 대인 관계와 관련한 주제 혹은 '칭찬, 비난, 사과' 등과 같은 개인의 감정을 표현하는 의사소

22) 新HSK 4급 〈考試大綱〉의 듣기 자료를 본 수업의 교수 요목의 선정 기준으로 선정한 이유는 첫째, 학생들이 듣기 능력을 함양하고자 하는 가장 시급한 원인으로 HSK 자격증 획득을 무시할 수 없으며, 둘째 新HSK의 시험 출제의 기본 원칙은 '수업 시간에 배우는 내용을 중점적으로 출제한다(考教幷合)'는 것이다. 그렇기 때문에 新HSK의 듣기자료는 곧 듣기 수업의 유용한 자료가 될 수 있다.

통 기능 위주로 flipped classroom 모형을 응용한 중급 청취 과목을 운영하는 것은 위의 목표 설정 단계에서 제시한 여러 청취 기능의 제고뿐만 아니라 듣기의 의사소통 능력을 함양하는데 직접적인 도움이 될 것이라 생각한다. 뿐만 아니라 협력학습을 중시하는 flipped classroom 모형에서 '말하기(화자)-듣기(청자)'의 쌍방향 전환이 가능한 언어 기능 중심의 교수요목은 그 활용도가 극대화될 수 있다는 장점을 지닌다.

〈표 5〉 新HSK4급 듣기 자료 분석 결과 및 교수 요목

언어 기능 항목	출현 상황 및 장소
인사하기 打招呼(問候, 自我介紹)	辦公室 (사무실) 交通工具上 (교통수단) 學校 (학교) 医院 (병원) 餐廳及咖啡廳 (음식점 및 카페) 商店 (상점) 操場 (운동장) 銀行 (은행) 自己家 (자신의 집) 路上 (길 위)
교제 관련 주제 交際性話題(相約, 邀請, 拒絶, 接受)	
일상생활 관련 주제 日常生活話題(買東西, 去医院, 吃飯, 運動)	
감정표현 感情表達(道歉, 称贊, 等)	
개인정보 个人信息(愛好, 优点, 缺点等)	
중국어 학습 관련 주제 關于學習漢語的事	
중국 사회와 문화 中國社會及文化	
지구촌 관련 주제 世界性問題(环保等)	
백과사전식 지식 百科全書性知識	

(3) 교수 기법

이제는 위의 교수요목에 따른 각각의 정황 및 다양한 의사소통 주

제 속에서 본 수업의 교수 목표에 도달하기 위한 구체적 교수 기법에 대해 논의해 보도록 하겠다.

① 선수학습 단계

선수학습 단계는 수업 시 학생들의 참여와 문제해결을 통한 지식의 강화를 이루기 위한 필수 정보 혹은 지식을 교수자가 선정하고 이를 동영상 강의의 형태로 전환하여 학생들에게 수업 전에 미리 전달하는 단계이다.[23] 이 단계에서 주의해야 할 가장 핵심 사항은 바로 '지식의 선정'이며, 다음으로는 이러한 '지식의 선정'의 효과적 전달 방법을 선택하는 것이다.

먼저 '지식의 선정'에 있어 첫 번째로 위의 교수요목에서 제시한 구체적 의사소통 상황을 학생들이 듣고 이해하기 위한 '기본 어휘 제시와 이에 대한 해설'을 들 수 있다. 이는 학생들의 중국어 듣기 능력을 방해하는 가장 큰 요소로 '단어 의미의 생소함'이라고 보고한 馬玉紅(2006); 馬燕華(1999)의 연구 결과에서도 볼 수 있듯이 듣기 수업에 있어서 기본적으로 선행되어야 할 단계는 바로 '어휘 학습'이라고 보기 때문이다. 특히 선수학습 단계에서 '어휘 설명'이 이루어진다면 기존의 듣기 관련 수업에서 이러한 '어휘 학습'이 수업 시간 내에 포함되어 있어 실제 학생들의 듣기 능력을 강화하는 시간은 제한적일 수밖

23) 물론 기존에 이미 제작된 동영상물이나 자료를 선수학습 단계에서 학생들에게 제시하는 것도 flipped classroom 모형에 속하긴 하나 교수자가 직접 제작하는 것이 학생과의 상호작용, 교실 수업과의 연계 구상에 더욱더 효율적이라고 Bergmann & Sams(2012)는 보고하였기 때문에 본고에서도 동영상 강의 제작 방식을 선수학습의 기본 형태로 설정하였다.

에 없다는 문제를 근본적으로 해결할 수 있다고 본다. 두 번째로, 선수학습 단계에서 제시될 수 있는 지식으로 '중요 구문(문장)의 선정'을 들 수 있다. 즉 구체적 의사소통 상황에서 필수적으로 사용되는 구문을 교수자가 선정하고 이를 학생에게 미리 제시하고 이를 학습하도록 하는 것은 수업 시간에 관련 주제에 대해 학생 간 협력학습을 수행하는데 있어 유용하게 사용될 수 있다. 또한 기존의 중국어 수업에서 어법 강의 즉 문장을 만드는 형식을 설명하는 부분을 효과적으로 대체할 수 있으리라 생각한다. 세 번째로, '수업 시간의 주제와 관련한 배경 지식의 제공'이다. 이는 듣기 자료의 정황에 대해 학생들이 친숙할 경우 듣기에 대한 부담감이 감소되어 이해도가 높아진다는 馬玉紅(2006)의 연구 결과에 기인한 것이다. 또한 심리언어학의 도식이론에 의하면 새로이 유입되는 정보와 관련한 학습자의 기존 경험 도식을 활성화할 경우 그 이해의 속도를 촉진할 수 있다고 보았고, 이에 대해 李幼飛(2006)는 이러한 도식이론을 활용하여 실제 듣기 수업에 응용 그 효과성을 검증하기도 하였다. 예를 들어 일상생활 주제와 관련한 '병원 가기'에 대한 듣기 수업을 진행할 경우 교수자는 선수학습 단계에서 '병원 가기'와 관련된 일련의 활동들을 미리 제시해 주어 학생들에게 관련한 기존의 경험 및 정보를 활성화하도록 유도한다면 수업 시간에 수행하게 될 '병원 가기'와 관련된 듣기 자료에 대한 이해에 큰 도움이 될 수 있을 것이다.

이제는 이러한 지식의 효과적 전달 방법을 논의해 보면 Bergmann & Sams(2012)은 전체 동영상의 분량이 최대 15분을 넘지 않을 것을 권고하고 있기 때문에 본 수업에서의 동영상 강의 또한 이러한 기준에 맞추어 제작하는 것이 바람직하다고 본다. 제작 방법으로는 강의 내용을 Power Point로 제작한 후 음성과 화면을 그대로 녹화할 수 있는 오캠(Ocam), 반디캠, 캠타시아 스튜디오(Camtasia Studio)과 같은 소프트웨어를 사용할 수 있으며, Explain Everything 어플과 같은 교육 동영상 강의 제작 전용 어플을 사용하여 동영상 강의를 제작할 수 있다.

② 수업 단계

이제는 위의 선수학습을 마친 학생들이 수업의 주체로서 듣기 능력을 높이기 위해 수행할 수 있는 구체적인 교수 기법에 대해 살펴보도록 하겠다.

먼저 첫 번째로 선수학습 확인 단계가 있다. 이 단계는 선수학습에 대한 학생들의 참여를 최대한 끌어 내기 위해 어떠한 방법으로 선수학습의 수행 여부를 확인할 것인가에 중점을 맞추어야 할 것이다. 특히 실제 flipped classroom 모형을 사용했던 Charlotte(2012)와 Freeman 등(2013), 그리고 白迪迪(2014) 모두 수업 운영 시 가장 어려운 점으로 선수학습을 실시하지 않은 학생의 처리 문제를 들었을 정도로 이 단계를 효과적으로 설계하는 것이 flipped classroom 모형의 성패를 좌우하는 관건이 될 것이다. 이에 대해 본고에서는 선수학습의 확인을 위해 '받아쓰기' 기법을 설정해 보았다. 이는 이지은(2012)의 연구에서 받아쓰기 기법에 대한 효과성이 입증되었으며, 선수학습을 통해 전달된 중요어휘 및 구문에 대해 받아쓰기를 실시하고 그 점수를 성적에 직접적으로 반영함으로써 학생들의 선수학습 참여에 대한 동기를 유발할 수 있을 것이라 본다.

두 번째는 학생들의 개별적 문제 해결방식의 수업 진행 단계이다. 이를 위해 기존의 듣기 수업에서 진행하던 듣기 자료를 듣고 해당 문항에 답하기 등의 방법을 사용할 수도 있겠지만, 학생들의 보다 더 능동적인 참여를 유도하기 위해 '먼저 중요 단어를 제시한 후 듣기 자료에 대해 유추하기', '자료의 청취 후 키워드 찾아내기' 등의 교수기법을 제안해 보았다. 특히 이러한 방법은 듣기 수업에서 일반적으로 진행되는 '단어- 구문- 단락'의 형태로 듣기 자료를 至下而上(bottom-up)의 교수 방법에서 탈피하여 至上而下(up-bottom)의 방법으로 학습 효과를 높일 수 있다는 점에서 가치가 있다고 생각한다.[24] 세 번째로는 협력 학습 단계이다. 이는 본 교수 설계의 수업 단계 중 가장 중요한 단계라 할 수 있다. 특히 이 단계에서는 듣기 수업에 어려움을 느끼는 듣기 능력이 낮은 학생의 경우는 동료 학생과의 협동과제 수행을 통해 수업에 적극적으로 참여할 수 있고, 또한 듣기 능력이 비교적 높은 수준에 있는 학생도 협동과제 수행 시 리더의 역할을 담당함으로써 본인의 학습 효과를 극대화할 수 있다는 점에서 그 의의를 찾아볼 수 있다. 이 단계에서 활용 가능한 구체적 교수 기법으로는 '조원들끼리 자료를 듣고 내용 요약 발표하기', '듣기 자료에 대한 대화 모방하기 혹은 대화 만들기', '조원 각자가 찾아낸 듣기 자료의 키워드 단어에 대해 토론하기' 등의 방법을 제안해 보았다. 특히 협력 학습 단계에서 교수자는 조원 모두가 과제 수행에 적극적으로 참여할 수 있도록 촉진자로서의 역할을 담당하며, 학생들이 이러한 과제 수행 시 어려움을 느낄 경우 즉각적으로 피드백을 제공하는 역할을 담당할 수 있다. 이러한 교수 기법에 대한 내용을 요약한 결과는 바로 아래의 〈표 6〉와 같다.

24) 이러한 至上而下(up-bottom)의 교수 방법을 활용한 듣기 수업 기법의 효과성에 대해서는 郭晶(2009)의 연구 결과를 참조하기 바란다.

〈표 6〉 각 단계별 구체적 교수 기법

선수학습단계	선수학습 확인단계	개별학습단계	협력학습단계
· 핵심어휘설명 · 핵심구문선정 · 관련상황설명	· 핵심 구문에 대한 받아쓰기	· 제시된 중요 단어 보고 듣기 자료 유추하기 · 자료 청취 후 키워드 찾기	· 자료 듣고 내용 요약 발표하기 · 듣기 자료에 대한 대화 모방하기 · 상황 만들기 · 각자의 키워드 단어에 대해 토론하기

3. 교수 평가 단계

'평가'단계에서는 먼저 교수와 학습결과간의 성과물을 측량하는 '결과로서의 평가'와 수업 과정 내에서 이루어진 각 단계에 대해 적합성 여부를 판단하는 '과정으로서의 평가'의 두 가지 측면에서 이루어질 수 있다.[25)]특히 이러한 평가의 결과는 향후 교수 설계를 보완하고 개선하는데 객관적인 자료로 활용될 수 있다는 점에서 더욱더 그 중요성이 높다고 본다.

먼저 '결과로서의 평가' 측면에서는 선수학습단계-선수학습 확인단계-개별학습-협력학습의 각 단계의 실제적 운영이 실제 학생들의 듣기 능력 신장에 어떠한 영향을 미쳤는가를 살펴보는 것이 중요하다. 또한 이러한 객관적인 학습 성취도 측면에서의 평가 이외에도 학생들의 주관적 태도와 관련되어 있는 만족도에 대해서도 각 단계별로 조사를 실시하는 것도 평가의 주요 지침이 될 수 있다.

'과정으로서의 평가'를 위해서는 먼저 '선수학습에 대한 학생들의

25) 최현미(2013) 참조.

활용도 측정'을 통해 flipped classroom 운영의 큰 특징인 선수학습에 대한 학생들의 적응정도를 파악할 수 있다. 또한 전체 수업 시간에서의 학생과 교수자 간의 상호작용 정도 혹은 학생과 학생 간의 상호작용 정도를 파악하고 그 결과가 학습효과와 만족도에 어떠한 영향을 끼치는지에 대해서도 평가를 실시한다면 향후 flipped classroom 모형을 활용한 중국어 수업 설계의 개선과 발전에 있어 유효한 자료로 작용할 수 있으리라 생각한다.

IV. 결론 및 후속 연구 제시

필자가 처음 flipped classroom 모형에 대해 관심을 가진 계기는 지난 3월 20일에 방영됐던 KBS 파노라마 "미래교실을 찾아서- 거꾸로 교실의 마법"이라는 프로그램을 시청하고 나서였다. 수업 시간에 대부분의 학생이 지루해 하고 졸고 있는 모습으로 비춰졌던 중학교 문학 시간이 flipped classroom 모형의 도입 후 적극적이고 활기찬 학생들의 활동으로 가득 찬 시간으로 변화하고 심지어 학업 성취도 까지 높아지는 결과를 보고한 이 다큐멘터리의 방영 후 현재 우리나라의 교육계는 'flipped classroom'이 중요한 화두로 떠오르고 있다. 그러나 필자가 이러한 모형에 관심을 가지고 연구를 시작한 후 느꼈던 점은 flipped classroom의 시도가 공교육 기관의 화학, 수학 혹은 문학과 같은 이론 중심 수업에서 시작되었기 때문에 아직 외국어 교육 분야 관련 연구는 활발히 이루어지지 않고 있었으며, 특히 중국어 교육과 관련한 연구는 거의 전무하다는 사실이었다. 필자는 본 연구가 앞으로 중국어 교육학계에서 flipped classroom 모형을 응용하여 수업의 질을 높이고 학생들의 학습효과 및 만족도를 개선하는데 조금이나마 도움이 되기를 기대해 본다. 또한 본 연구는 중급 중국어 청취 과목의 flipped classroom 모형을 응용한 교수 설계로서 이러한 교수 설계에 따라 실제 수업을 운영한 후 그 효과성을 측정 및 검증하는 후속 연구가 반드시 필요할 것이다. 필자는 2014년 9월부터 서울소재 A대학에서 '중급 중국어 청취' 과목을 가르칠 예정에 있다. 그렇기 때문에 한 학기 동안 본 교수설계에 따라 실제 수업을 운영해 보고 이러한 교수 설계의 실효성을 검증, 그 효과성에 대해 심도 깊게 분석한 후 보다 더 보완되고 개선된 중국어 청취 과목의 flipped classroom 모형을 개발하고자 한다.

【參考文獻】

Charlotte L.V. Thoms(2012), Is there a pedagogical connection between blended learning and flipped classroom, New Learning Technologies: Society for Applied Learning Technology, Orlando.

Clyde Herreid Freeman and Nancy A. Schiller(2013), Case Studies and the Flipped Classroom 2013 Journal of College Science TeachingVol. 42, No. 5, 62-66.

Elaine Tan and Nick Pearce(2012), Open education videos in the classroom: Exploring the opportunities and barrier to the use of YouTube in teaching introductory sociology. Research in Learning Technology, 19(0), 2012. ISSN 2156-7077.

Fulton, K. (2012), Upside down and inside out: Flip your classroom to improve student learning. Learning & Leading with Technology, 39(8), 12.17.

Herreid, C. F. (2002), Using case studies in science, and still covering content. In L. Michaelsen, A. Knight, & L.Fink (Eds.), Team based learning: A transformative use of small groups (pp. 109.118). Westport, CT: Praeger.

L.S. Vygotsky(1978), 《Mind and society: The development of higher mental processes》 Cambridge, MA: Harvard University Press.

Gavrin, L. (2010), "Using Just-in-Time Teaching in the Physical Sciences" in Just-in-Time Teaching: Across the Disciplines, Across the Academy, Simkins S, and Maier M (Eds.), Sterling, VA: Stylus Publishing.

Gronlund(1995), Measurement and Assessment in Teaching, Journal of Educational Measurement Vol. 32, No. 4, pp. 416-419.

Gagn & Briggs(1992), Principles of instructional design, New York : Holt, Rinehart & Winston.

Jean Piaget(1967), 《Six Psychological Studies》Random House.

J. Bergmann and A. Sams. (2012), Flip Your Classroom: Talk to Every Student in Every Class Every Day. International Society for Technology in Education, ISBN 9781564843159.

Jacob Lowell Bishop. (2013), The Flipped Classroom: A Survey of the Research. 120th ASEE Conference & Exposition.

M.J. Lage, G.J. Platt, and M. Treglia(2000) Inverting the classroom: A gateway to creating an inclusive learning environment. The Journal of Economic Education, 31(1): 30-43.

Milman, N. B. (2012), The flipped classroom strategy: What is it and how can it best be used? Distance Learning, 9(3), 85-87.

Novak, G. M., Patterson, E. T., Gavrin, A. D., & Christian, W. (1999), Justin-time teaching: Blending active learning with web technology. New York, NY: Prentice Hall.

Simkins, S., Maier, M., & Rhem, J. (2009), Just-in-time teaching: Across the disciplines, and across the academy. Sterling, VA: Stylus.

Sams, A., & Bergmann, J. (2013), Flip your student's learning. Educational Leadership, 70(6).

소경희 〈역량기반교육의 교육과정사적 기반 및 자유교육적 성격탐색〉,교육과정 연구, 27(1) 2009, pp.1-20.

정 민(2014), 〈Flipped Classroom 학습이 초등학생의 수학과 학업성취도와 태도에 미치는 영향〉, 한국교원대학교, 석사학위 논문.

홍혜숙(2013), 〈전공 영어강의의 언어적 상호작용분석〉, 울산대학교, 석사학위 논문.

이민경, 〈거꾸로 교실(Flipped Classroom)의 효과와 의미에 대한 사례 연구〉, 한국교육 제41권 제1호, 2014, pp.87-116.

이지은, 〈통합적인 기능향상을 위한 중국어 듣기수업 모델구성〉 중국어문학논집 제77호, 2012, pp.227-247.

최현미, 〈영상도식과 구조문법을 활용한 다의 동사 '發'의 교수 설계 방안〉, 중국어교육과 연구 제17호, 2013, pp.187-207.

楊惠元,《漢語听力說話教學法》, 北京語言文化大學出版社, 1996.

梁蘊華, 〈留學生漢語听力的難点及對策〉, 現代語文, 2011.03.

劉頌浩,《北京大學出版社漢語听力教學理論与方法》, 北京大學出版社 2008.

高彦德,《外國人學習与使用漢語情況調查研究報告》, 北京語言大學出版社, 1993.

王碧霞,《HSK中國漢語水平考試(高等)听力理解技能訓練》, 北京語言大學出版社, 2001.

烏美娜,《教學設計》, 北京: 高等教育出版社, 1994.

崔永華,《對外漢語教學設計講義》, 北京: 北京語言大學出版社, 2007.

程少武, 〈語言輸出理論在听力教學中的運用〉, 安徽大學學報, 2003.03 pp.75-78.

馬燕華, 〈中級漢語水平留學生听力跳躍障碍的實現條件〉, 北京大學學報, 1999.05, pp.125-131.

谷 陵, 〈論漢語听力測試中應考查的六种听力技能〉, 云南師范大學學報, 2003.06, pp.23-25.

張秀紅, 〈對外漢語初級漢語听力課課文教學策略探索〉, 貴州民族大學學報, 2013.01, pp.195-200.

李幼飛(2006), 〈圖式理論在對外漢語听力篇章理解中的作用〉, 暨南大學碩士學位論文.

孫冬梅, 〈圖式理論在大學英語听力教學中的作用〉, 外語教學研究 2010.07, pp.107-110.

陳芙蓉, 〈試探影響有效記憶的情感因素〉, 安徽工業大學學報, 2004. 06, 97-99.

馬玉紅, 〈對外漢語中級听力教學中影響听懂因素的解析〉, 北京市經濟管理干部學院學報, 2006.04.

喬 媛(2013), 〈任務型教學模式在中級漢語听力課教學中的探究〉, 西安外國語大學碩士學位論文.

郭 晶, 〈混合課程与對外漢語听力理解能力的提高〉, 現代語文 2009.01, 119-125.

白迪迪, 〈"翻轉課堂"教學模式在對外漢語教學中的應用研究〉, 現代語文, 2014.03, 95-97.

II.
교재 연구의 실제와 응용

NCS(국가직무능력표준)에 근거한 특수목적중국어 교재의 직무 적합도 분석 연구

- 판매(면세점) 중국어 중심으로 -

I. 서론

학습자들의 입장에서 외국어 교육의 목표는 단순한 언어 습득의 차원이 아닌 외국어 능력을 활용하여 특정 직업 분야에서 자신의 역량을 발휘하는 단계에 이르는 것이라 볼 수 있다. 현재 우리나라의 중국어 교육 목표도 이러한 학습자의 요구에 맞추어 보다 더 실제적이고 보다 더 실무적으로 변화해야 할 필요가 있다고 본다. 즉 우리나라 기업 발전의 필수 요소로 자리 잡은 중국과의 교류 및 교역 활동에서 유창한 중국어 실력을 기반으로 담당 직무를 원만히 해결하는 실용적이고 전문화된 기능 숙련 중심의 중국어 교육에 대한 필요성이 점차 증대되고 있는 것이다.

이처럼 외국어 교육의 실용적이고 특성화된 목적을 강조한 교육 분야를 '특수목적외국어교육(Teaching Language for Specific Purposes)'이라고 하며 영어 교육계에서는 이미 '특수목적영어(English for Special Purpose)'라는 명칭으로 1987년부터 현재까지 꾸준한 연구 및 발전이 진행되어 오고 있다.[1] 중국어의 경우는 중국의 개혁 개방이 가속화된 1990년대 후반부터 '전문용도한어(專門用途漢語)'라는 명칭[27]으로 이에 대한 연구들과 함께 '비즈니스', '의료', '과학기술' 등과 같은 특수 직무 분야에 맞춤화된 교재들도 계속 출판되고 있는 상황이다(路志英, 2006). 본고는 이러한 특수목적중국어 분야 가운데 특히 '판매중국어(면세점중국어)' 분야에 초점을 맞추어 관련 교재들이 얼마나 실무 직무 기능과 관련이 있는가, 즉 교재 내용의 직무 적합도 측면을 분석해 보고자 한다.

현재 우리나라를 찾는 중국 관광객 수는 2012년 460만 명에서 2014년에는 약 613만 명으로 이들에 의한 파생 경제 효과는 연간 7조 원에 이른다. 특히 중국 관광객의 주요 관광 목적이 '쇼핑'으로 나타나고 있다는 점[28]에서 이러한 수요에 부응하기 위해 유창한 중국어 실력을 갖춘 판매 전문 인력 수급이 절실한 상황이라 하겠다. 이러한 인력 양성을 위해서는 중국어 교육 학계 또한 특수한 목적을 가진 학습자들 즉 판매 분야에 종사할 학습자들이 익혀야 할 직무 및 기능 중심의 특화된 중국어 교육에 대해 관심을 기울일 필요가 있다. 본고에서는, 판매 중국어 교육 과정 중 교수활동과 학습활동의 주요 근거로 작용하는 교재를 중심으로, 본문 내용이 실제 판매 상황에서 활용되는 직무 기능들을 제대로 다루고 있는지 검토함으로써 판매중국어 교재의 직무 적합도를 분석해 보고자 한다.

판매중국어 교재에서 다루고 있는 본문 내용들과 실제 직무 기능

26) Richards(2001) / 강진경(2013: 5) 재인용.

27) 전문용도한어(專門用途漢語)에 대해 李泉(2011)은 영어로 Chinese for Specific Purposes(CSP)라고 번역하고 용어 및 개념을 정리하였다.

28) 박문수 외(2014), 「방한 중국인 관광객 증가에 따른 경제적 파급효과 분석 및 시사점」 참조(http: //blog.naver.com/hong8706?Redirect=Log&logNo=220170588391).

과의 부합 정도 즉 직무 적합도를 관찰하기 위해 본고는 우선 NCS (National Competency Standards) 즉 '국가직무능력표준'에서 설정한 '판매 관련 직무 기능'을 고찰해 분석의 기준으로 삼았다. 다음으로 현재 국내에 기 출간된 '판매중국어' 교재 중 일부를 선정하고 이러한 교재에서 다루고 있는 본문 내용과 NCS(국가직무능력표준)에서 설정한 '판매 관련 직무 기능' 간의 관련 양상을 검토해 그 적합도를 분석하였다. 마지막으로 이러한 결과에 근거하여 교재 내용과 직무 기능과의 부합도를 높이기 위한 향후 판매중국어 교재 편찬의 개선 방안을 제시해 보았다.

II. 이론적 배경 및 선행연구 고찰

1. NCS(국가직무능력표준) 및 판매 직무 기능 고찰

본 절에서는 판매와 관련된 실제 직무 기능을 탐색하기 위해 이를 국가표준 규격으로 설정해 놓은 NCS(국가직무능력표준)에 대해 간략히 소개하고 이 중 판매와 관련한 직무 기능을 선정해 보고자 한다.

우리나라에서 2008년부터 도입된 NCS(국가직무능력표준)은 중등 및 고등교육기관에서 실시하는 교육 내용이 실제 산업 현장에서 필요한 개인의 직무 수행 능력과 밀접히 연관되도록 개발된 직업교육과정이라 할 수 있다.[29] 특히 NCS(국가직무능력표준)은 직무를 수행하기 위하여

29) 이무근 외(2000) / 김동연(2014: 7-9 재인용).

요구되는 지식, 기술, 소양 등의 내용을 산업 부문별, 수준별로 체계화하고 이를 직무와 관련된 '능력단위'로 규정한 후 각각의 하위 능력단위를 세분화해 놓고 있다. 그리고 이러한 능력단위에 대해 실제 학습자들을 숙련시키기 위한 구체적인 지식, 기술, 태도 항목을 설정해 놓고 있어 이론중심, 지식 전달 중심의 교육에서 실무 능력 배양 중심의 교육으로 전환할 수 있는 기본 준거틀을 제공한다. NCS를 구성하는 실무 능력의 범주를 살펴보면 '필수 직업능력', '선택 직업능력' 그리고 '산업 공통 직업능력'의 3가지 단위로 구분된다. 이 중 선택 직업능력분야에서 요구하는 직무 기능에 대해서는 '능력단위'라는 항목으로 명명하고 각각의 개별적인 직무 기능을 세분하여 제시하고 있다. NCS에서 다루고 있는 선택 직업 분야는 총 15개 분야로서 (1) 사업관리, (2) 경영 · 회계 · 사무, (3) 금융 · 관리, (4) 교육 · 자연, (5) 법률 · 경찰, (6) 보건 · 의료, (7) 사회복지 · 종교, (8) 문화예술 · 디자인, (9) 운전운송, (10) 영업판매, (11) 경비청소, (12) 숙박여행오락, (13) 음식서비스, (14) 건설, (15) 기계이다.[30] 이 중 판매중국어와 관련이 있는 직업분야는 (10) 영업판매에 해당한다고 볼 수 있다. 그리고 이러한 '영업판매' 분야는 다시 '영업', '부동산', '판매'로 세분화되고 이 중 '판매' 분야는 다시 'e-비즈니스'와 '일반판매'로 소분류가 이루어진다. 본고에서 살펴보고자 하는 '판매중국어'와 관련한 직무기능은 바로 '일반판매'에서 제시하고 있는 '능력단위'와 가장 높은 연관성을 나타낼 것이다.

30) www.ncs.go.kr 홈페이지 참조.

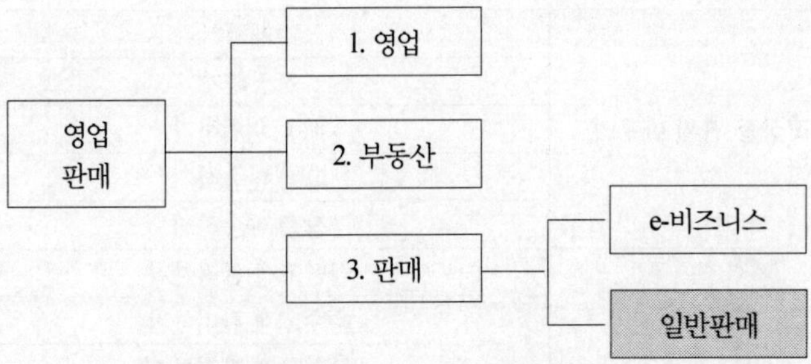

[그림 1] 영업판매 직업 분야의 세분화 범주 도표

그렇다면 이러한 '일반판매'의 '능력단위'에는 어떠한 직무 기능들이 포함되어 있는가를 살펴보도록 하겠다.

〈표1〉 '일반판매' 능력단위 항목[31]

능력단위(수준)	능력단위 요소
매장 영업전 판매 지원 점검	매장 청결 작업하기
	비품 · 소모품 점검하기
	안전시설 점검하기
매장 영업전 판매 준비 점검	용모와 복장 갖추기
	디스플레이 점검하기
	영업 전 전달사항 확인하기
매장고객 응대	방문 고객 맞이하기
	고객 니즈 파악하기
	전화 고객 응대하기
매장판매 상담	상품 설명하기
	판매 확정하기
	전화고객 판매상담하기

31) 고용노동부, 2014년 직무능력표준 표준 및 활용 패키지(소분류: 일반판매분야 / 세분류: 일반판매, 방문판매) 27쪽 참조.

<table>
<tr><td rowspan="5">매장상품 판매 마무리</td><td>결제하기</td></tr>
<tr><td>포장하기</td></tr>
<tr><td>배송 의뢰하기</td></tr>
<tr><td>고객 환송하기</td></tr>
<tr><td>상품 배송하기</td></tr>
<tr><td rowspan="5">매장고객 관리</td><td>일반고객 관리하기</td></tr>
<tr><td>우수고객 관리하기</td></tr>
<tr><td>불만고객 관리하기</td></tr>
<tr><td>A/S 요구고객 관리하기</td></tr>
<tr><td>고객의 소리(VOC) 관리하기</td></tr>
<tr><td rowspan="3">매장 판매촉진 관리</td><td>판매촉진활동 기획하기</td></tr>
<tr><td>판매촉진활동 실행하기</td></tr>
<tr><td>판매촉진활동 평가하기</td></tr>
<tr><td rowspan="5">매장 영업 관리</td><td>판매 기본 정보 교육하기</td></tr>
<tr><td>판매서비스 교육하기</td></tr>
<tr><td>거래처 관리하기</td></tr>
<tr><td>영업매출 관리하기</td></tr>
<tr><td>영업 기획하기</td></tr>
<tr><td rowspan="5">매장 경영 관리</td><td>디스플레이 관리하기</td></tr>
<tr><td>재고 관리하기</td></tr>
<tr><td>인사조직 관리하기</td></tr>
<tr><td>손익 관리하기</td></tr>
<tr><td>매장 경영 기획하기</td></tr>
<tr><td>능력단위(수준)</td><td>능력단위 요소</td></tr>
<tr><td rowspan="4">판매 기본 정보 분석</td><td>매장 특성 분석하기</td></tr>
<tr><td>상품 특성 분석하기</td></tr>
<tr><td>상품 사용법 숙지하기</td></tr>
<tr><td>매장 사용 용어 숙지하기</td></tr>
<tr><td rowspan="3">매장 영업전
판매 지원 점검</td><td>매장 청결 작업하기</td></tr>
<tr><td>비품 · 소모품 점검하기</td></tr>
<tr><td>안전시설 점검하기</td></tr>
</table>

위의 〈표 1〉에서 제시되고 있는 일반판매 관련 능력단위를 중국인

관광객을 주요 고객으로 하는 판매중국어 분야에 모두 적용시킬 필요는 없다고 본다. 예를 들어 '영업매출 관리'나 '디스플레이 관리'와 같은 직무 기능은 한국어로 직무 해결이 가능한 요소로서 중국어 언어 능력과는 별개의 기능이기 때문이다. 이러한 측면에서 전체 일반판매 관련 능력단위 가운데 판매중국어와 직접적 연관이 있는 능력단위 요소를 선별하였고 이는 〈표 1〉에서 진하게 표시된 항목이다. 즉 본고에서 판매중국어 교재의 본문 내용이 얼마나 실제 직무 기능을 다루고 있는지를 관찰하기 위한 기준으로 전체 일반판매 능력단위 가운데 (1) 판매 기본 정보 분석, (2) 매장고객 응대, (3) 매장판매 상담, (4) 매장상품 판매 마무리, (5) 매장고객관리 그리고 (6) 매장 판매촉진 관리의 6가지 항목을 선별하였다.

2. 특수목적 중국어 교육 관련 문헌 고찰

특수목적 중국어 교재 및 관련 문헌 고찰에 앞서 가장 먼저 특수목적 외국어 교육을 확립하고 발전시킨 특수목적 영어교육 분야의 주요 이론 및 현황에 대해 살펴보고자 한다. 특수목적 영어교육의 대상은 대부분 성인 학습자이고 학습 내용은 학습자의 목적, 분야에 관련된 내용에 적합한 어휘와 담화구조로 구성되는 특징이 있다.[32] 그렇기 때문에 특수목적 외국어 교육 분야에서 '교재 내용 분석' 즉 교재에서 담고 있는 어휘 및 본문 담화 구조에 대한 분석은 주요 학습 내용을 결정하고 그 질적인 측면을 개선하는데 있어 매우 중요한 역할을 담

32) 강진경(2013: 3).

당한다고 볼 수 있다. 또한 특수목적 영어 교육의 목표는 특정 분야의 직업 교육과 유사하게 영어로 과제를 수행하기 위한 실무 능력 배양에 있다(Richards, 2001). 이러한 점에서 볼 때 특수목적 영어 교육은 영어의 언어적 지식에 관심을 둔 일반적인 영어 교육(English for General Purposes)과는 큰 차별성이 있다. 다음으로 특수목적 영어 교육의 교재 개발 및 평가와 관련된 문헌을 살펴보면 현재 국내에서 발표된 대부분의 연구는 교재 개발 전 단계에 해당하는 학습자 요구 분석 위주로 이루어지고 있음을 발견할 수 있다.[33] 즉 기 출간된 교재에 대한 평가 및 분석과 관련한 연구는 특수목적 영어 교육 분야에서도 심도 깊게 다루어지고 있지 않은 과제라 할 수 있겠다.

그렇다면 특수목적 중국어 관련 연구 현황은 어떠한가. 2016년 현재까지 국내의 특수목적 중국어 관련 연구는 한국학술정보검색망(RISS)의 검색 결과 총 21편 정도의 논문이 발표되었는데, 이 중 17편이 비즈니스중국어와 관련된 논문으로 비즈니스 중국어 교육 방안 및 교재 분석과 관련한 주제로 나타났다.[34] 이 외에 기업체 내 중국어 교

33) 2016년 1월 현재 학술정보검색망(RISS)의 검색결과 특수목적 영어 관련 연구는 학위논문 18편, 학술지논문이 32편인 것으로 조사됐다. 논문 주제는 대부분 학습자들의 요구분석, 교수모형, 각종 특수목적영어 분야의 수업개발 등에 해당되는 것으로 나타났다.

34) 본고에서는 특수목적 중국어 분야 가운데 판매중국어와 연관성이 있는 비즈니스중국어, (의료)관광중국어, 판매중국어 분야 등의 연구 현황만을 살펴보았다. 이외의 '어린이 중국어'나 'IT중국어' 등의 특수목적 중국어 분야는 기존 연구 현황 수치에서 제외된 결과임을 밝힌다. 비즈니스 중국어 교육방안과 관련한 연구로는 이금희(2015); 심진아(2013) 등이 있으며, 교재분석 관련 연구로는 전진아(2014); 김새롬(2007) 등의 연구가 있다. 의료관광 중국어 관련 연구는 김문선(2015); 천보미(2015)의 연구가 있다.

육이나 의료관광 교재 개발과 관련한 주제도 살펴볼 수 있었다. 이는 중국 내의 상황과도 유사하게 나타나는데 單韻鳴(2008)의 연구에 의하면 대부분의 특수목적 중국어 관련 연구나 교재 출판은 대부분 비즈니스(商務) 분야와 문화(文化習俗) 분야에 치우쳐 있다고 밝히고 있다. 이러한 결과를 통해 향후 특수목적 중국어 관련 연구의 주제나 연구 대상을 다양화하여 각 분야에 특화된 관련 연구들이 이루어져야 함을 알 수 있다(梁穎哲(2013)). 또한 현재 특수목적 중국어 분야의 문제점으로 양적인 측면에서 연구 결과의 부족함과 질적인 측면에서 편향된 연구 분야 및 대상으로 인해 연구의 체계화를 이루지 못한 점을 강조하고 있다.

이상의 내용을 통해 우리나라와 중국 모두 무역 및 기업 미팅 등과 관련된 내용의 '비즈니스 중국어' 분야를 제외한 나머지 특수목적 중국어 분야에 대해 향후 지속적인 연구와 개발이 필요함을 발견할 수 있다. 특히 '판매 중국어'의 경우는 우리나라를 찾는 중국 관광객의 '쇼핑'에 대한 급격한 수요 증가라는 현실이 반영된 특수목적 중국어 분야라 할 수 있다. 그러나 문헌 고찰 결과 이와 관련된 연구는 아직 미비한 수준이며 이에 대한 양적 질적 측면에서의 연구 및 고찰이 필요함을 살펴볼 수 있었다.

III. NCS에 근거한 판매중국어 교재의 직무 적합도 분석

1. 분석 대상 교재 선정

본장에서는 현재 우리나라에서 출간된 판매중국어 교재를 분석 대상으로 삼고 위에서 도출된 '판매중국어'와 관련된 6가지 직무기능과의 적합도를 측정하기 위한 교재 분석을 실시하고자 한다. 이를 위해 먼저 분석 대상 교재를 선정하여 보았다. 교재 선택의 기준은 (1) 국내에서 사용되고 있는 교재일 것, (2) 면세점 분야의 판매 중국어 내용만을 특화하여 출판한 교재일 것, (3) 판매량이 많은 베스트셀러 교재일 것으로 삼았다. 첫째 국내에서 사용되고 있는 교재로 국한한 이유는 중국 등 국외에서 사용되고 있는 판매 관련 중국어 교재는 우리나라 학생만을 주요 독자층으로 삼은 것이 아니어서 한국만의 특수 상황을 제대로 반영하지 못한다고 보았기 때문이다. 둘째, 면세점 분야의 판매 중국어 내용만을 다루고 있는 교재로 한정한 이유는 '판매중국어'라는 제목으로 출간된 교재들의 경우 대부분 본문 내용에 '호텔 예약하기', '음식 주문하기' 등과 같이 '일반판매' 이외의 전반적인 관광 일정과 관련 있는 내용을 전부 다 다루고 있는 교재들이 많다. 이러한 점에서 '일반판매' 기능에만 초점을 맞추고 '면세점'이라는 특수 판매 장소의 특성을 반영한 '면세점 중국어' 교재만을 분석 대상으로 삼았다. 셋째, 판매량이 많은 베스트셀러 교재를 우선적으로 분석함으로써 많은 수의 독자층을 확보한 면세점 중국어 교재의 직무 적합도를 측정하고자 하였다. 이러한 기준에 의거하여 선정된 판매중국어 교재는 총 3권으로 이는 아래 〈표 2〉와 같다.

〈표 2〉 분석 대상 교재[35]

	교재명 출판사(출판년도), 저자
교재 1	면세점 필수 중국어 시사중국어(2013), 최윤선 · 권운영 · 룽핑
교재 2	중국어뱅크 판매 중국어 중국어뱅크(2014), 이종순 · 이의선 · 장진개
교재 3	판매달인 중국어 회화 동인랑(2011), 남궁양석

2. 교재 본문의 내용 구성적 특징

먼저 분석 대상으로 선정된 면세점중국어 교재에 실린 본문 내용의 구성적 특징을 살펴보면 교재1의 경우는 본문 내용이 '직원'과 '고객'의 대화 형식으로 제시되고 있다. 내용은 총 85개의 판매 직원의 발화 문장이 출현, 직원의 판매 관련 중국어 표현을 제시하고 있다.[36] 단원 구성의 특징을 살펴보면 총 11개의 과로 구성되어 있으며, 1과부터 4과까지는 '면세점'이라는 특수한 판매 장소에서 보편적으로 사용되는 표현 위주로 본문을 구성하고 있다. 5과부터 11과까지는 '화장품류', '가방', '의류'와 같은 각 판매 상품별로 상용 표현들을 소개하고 있다.

교재 2의 경우는 교재 1과 마찬가지로 본문 내용이 '직원'과 '고객'의 대화 형식으로 제시되고 있으며 이 중 판매 직원의 발화 문장은 총

35) 이하 표현의 편의를 위해 〈면세점 필수 중국어〉는 교재 1로, 〈중국어뱅크 판매 중국어〉는 교재 2로, 〈판매달인 중국어 회화〉는 교재 3으로 표기하도록 한다.

36) 우리는 위의 2.2절에서 특수목적외국어 교재의 경우 '어휘'와 '담화구조'를 통해 학습 내용을 제시함을 살펴보았다. 그렇기 때문에 본고에서는 본문 내용에서 제시된 판매직원의 발화문장을 통해 학습 내용과 직무 기능 연관성 및 그에 따른 적합도를 검토해 보고자 한다.

127개이다.[37] 총 12개 과로 구성되어 있으며, 1과부터 10과까지는 각 판매 상품별로 관련 표현을 소개하고 있고 그 뒤로 계산 및 세금환급 등과 같은 구매 후 절차에 대한 표현을 소개하고 있다.

교재 3 또한 위의 교재들과 마찬가지로 본문 내용이 '직원'과 '고객'의 대화 형식으로 제시되고 있으며 이 중 판매 직원의 발화 문장은 총 111개이다. 단원 구성은 1과부터 8과까지의 전반부에서 품목별로 자주 사용되는 표현을 소개하고 있으며 후반부에서는 6개 과로 나누어 계산 및 환전 그리고 반품 등 면세점이라는 판매 특수 상황에서 쓰이는 표현 위주로 구성되어 있다.

〈표 3〉 분석 대상 교재들의 내용 구성적 특징

교재명	내용 구성적 특징
교재1	총 11과로 구성 (85개 직원 발화 문장) (1) 고객응대용어 (2) 면세점 이용안내(공항면세점) (3) 면세점이용안내(시내면세점) (4) 가격 (5) 화장품Ⅰ (6) 화장품Ⅱ (7) 향수 (8) 가방 (9) 의류 (10) 담배와 주류 (11) 식품류
교재2	총 12과로 구성 (127개 직원 발화 문장) (1) 화장품Ⅰ(2) 화장품Ⅱ (3) 패션 · 잡화 (4) 쥬얼리 (5) 시계 (6) 식품 (7) 의류 (8) 전자제품 (9) 담배와 주류 (10) 기념품 (11) 계산과 인도 (12) 교환과 세금환급
교재3	총 14과로 구성 (111개 직원 발화 문장) (1) 가방 (2) 보석 (3) 신발 (4) 인삼 (5) 의류 (6) 주류 (7) 토산품 (8) 화장품 (9) 환전 (10) 계산 (11) 환전 필수 표현 (12) 반품 (13) 긴급상황 필수표현 (14) 물품구매필수표현

이상에서 보는 바와 같이 기 출간된 3권의 교재들은 대부분 대동소

37) 교재 2의 경우는 '주본문' 이외에 'Plus Info'라는 항목으로 '부본문'을 제시하고 있다. 이러한 '부본문'에서 다루고 있는 직원의 발화문장까지 포함시킨 숫자임을 밝힌다.

이(大同小異)한 내용 구성을 이루고 있는데 그 특징 및 제한점을 살펴보면 첫째, 대부분의 단원 구성이 판매 품목별로 이루어진다는 점이다. 이러한 구성은 물론 각 판매 품목별로 자주 사용하게 되는 어휘를 소개하거나 품목의 특징에 맞게 필요한 표현을 익히는 면에 있어서는 매우 효율적인 단원 구성 방법이라 할 수 있을 것이다. 그러나 이를 학습자의 입장 즉 향후 면세점에서 일하게 될 '직원'의 입장에서 살펴본다면 판매와 관련된 일련의 직무기능을 익힐 수 있는 교재라고 보기는 어렵다. 단순한 정보 제공 및 관련 지식 인지의 수준에 그칠 수 있기 때문이다. 즉 학습자 입장에서 판매의 시작부터 종결까지 일련의 과정에 필요한 판매 직무 기능을 학습한다는 점에서 보았을 때, 판매 품목별 내용 구성은 직무 포괄성 측면에서 효과가 떨어진다는 한계가 있다. 둘째, 세 권의 교재 모두 '품목별 판매 상황'에 맞춰 본문 내용을 구성하고 있기 때문에 동일한 표현이 계속 반복해서 등장해 회화 내용 선정의 효율성 및 경제성이 떨어진다는 단점이 있다. 예를 들어 세 권의 교재 모두 각 품목별 매장 본문에서 '歡迎光臨(어서오세요)', '你想買点什么?(무엇을 사고 싶으십니까?)'의 표현이 3, 4회 계속해서 출현함을 발견할 수 있었다. 셋째, 세 권의 교재 모두 '직원'과 '고객'의 대화 형식 즉 '특정 상황 위주'로 본문을 구성하고 있다는 점이다. 이는 본문 내용의 사실성을 강조할 수 있기 때문에 장점이 될 수도 있다. 그러나 상황 위주의 내용 구성은 한 교재 안에서 담을 수 있는 상황의 숫자가 제한적이라는 점에서 한계가 있을 수밖에 없다. 즉 교재 안에서 다룰 수 있는 상황의 숫자와 실제 판매 상황의 전체 숫자를 비교해 보면 이러한 '상황 위주'의 내용 구성은 전반적인 내용 대신 단편적인 상황만을 다루는 한계를 지닌다고 본다. 이상의 내용을 종합하여 기존의 판매중국어 교재들의 한계점을 요약하면 다음과 같다.

(1) 학습자 측면에서 보았을 때 판매 시작부터 종결까지 일련의 과정에 필요한 직무 기능을 익히는데 한계가 있다.
(2) 회화 내용 선정의 효율성 및 경제성이 떨어진다.
(3) 다루고 있는 판매 상황이 단편적이다.

이러한 판매중국어 교재의 한계점을 개선하기 위해 본고는 먼저 NCS(국가직무능력표준)의 판매 직무 기능의 관점에서 기존 판매중국어 교재의 본문 내용을 분석하여 직무 적합도 정도를 측정해 보고자 한다.

3. 분석 결과

위의 선행연구 고찰 결과 NCS(국가직무능력표준)의 일반판매 능력단위 즉 직무 기능 가운데 판매중국어와 관련 있는 기능은 총 6개로서 이는 (1) 판매 기본 정보 분석, (2) 매장고객 응대, (3) 매장판매 상담, (4) 매장상품 판매 마무리, (5) 매장고객관리, (6) 매장 판매촉진 관리이다. 본 절에서는 각 기능별로 분석 대상 교재들의 직무 적합도 정도를 분석해 보고자 한다.

(1) 판매 기본 정보 분석 기능

위의 NCS(국가직무능력표준)에서 설정하고 있는 '판매 기본 정보 분석' 기능의 하위 능력단위 요소는 '매장 특성 분석하기', '상품 특성 분석하기', '상품 사용법 숙지하기', 그리고 '매장 사용 용어 숙지하기'로 구성되어 있다. 즉 '판매 기본 정보 분석'은 판매 전 단계에서 직원으로서 알아야 할 기본 지식을 습득하는 지식 인지적 측면에서의 직무 기능이다. 그렇다면 대상 교재에서 각각의 하위 능력단위 요소를 어떻게 반영하고 있는가를 살펴보도록 하자.

먼저 첫 번째 직무 기능인 '매장 특성 분석하기'에 대한 각 교재 본문 내용에서의 구체적인 처리 현황은 아래 〈표 4〉와 같다.

〈표 4〉 '매장 특성 분석하기' 기능과 관련한 각 교재의 내용 현황

	직원의 발화 문장(총 출현 문장 수)
매장특성분석	교재 1 (9) 專机的話, 不能購買液体類物品 / 拉鏈密封袋內, 可以裝100毫升以下的商品, 但不能超過一升/請到這邊來結賬, 請出示一下您的護照和登机牌 / 請出示一下您的護照和登机牌/請拿好發票和取貨單, 您离境時在机場的商品領取處領取就可以了 / 我們會把您購買的商品送到机場的商品領取處/這是韓國海關法的規定, 請您諒解/外國人在市內免稅店購物的話, 只有韓國特産可以當時領取 / 中華烟每人限購一條
	교재 2 (4) 免稅烟不能超過200根 / 不可以, 是總數不能超過200根 / 請讓我看一下您的護照和机牌 / 您購買的商品是液体的, 在到目的地之前不能打開包裝
	교재 3 (7) 購買免稅品需要出示你的護照和登机牌 / 你要記得登記時間 / 免稅品也有數量限制 / 超過免稅限額也須交稅, 各國規定不同 / 未必所有免稅品都會便宜 / 飛机上也可以買到免稅品 / 飛机上免稅品品牌及貨品可能不如免稅店多

위의 〈표 4〉에서 보는 바와 같이 3권의 교재 모두에서 공통적으로 출현한 문장은 "請出示一下您的護照和登机牌(교재 1 / 여권과 비행기 표를 보여주세요.)", "請讓我看一下您的護照和机牌(교재 2 / 여권과 비행기 표를 보여주세요.)"나 "購買免稅品需要出示你的護照和登机牌(교재 3 / 면세품 구입 시 여권과 비행기 표를 보여주셔야 합니다.)"로서 모두 면세점이라

는 특수한 판매 매장에서만 적용될 수 있는 표현이다. 즉 물건을 살 때 여권과 탑승권을 제시해야 함을 설명하는 기능이나 액체류를 구입했을 때의 주의사항 혹은 구입 물품의 수량 제한 등을 설명하는 기능 위주로 '매장 특성 분석'이 이루어지고 있다. 이러한 점에서 볼 때는 기존의 교재들이 면세점이라는 특수 상황을 고려한 '매장특성분석'기능에 대해 비교적 적절하게 처리하고 있음을 알 수 있다.

둘째, '상품 특성 분석' 기능을 살펴보면 아래 〈표 5〉와 같이 3권 교재 모두에서 공통적으로 '주류' 품목에 대한 상품 특성을 기술하고 있는 것으로 나타나고 있다.

〈표 5〉 '상품 특성 분석하기' 기능과 관련한 각 교재의 내용 현황

<table>
<tr><th></th><th>직원의 발화 문장(총 출현 문장 수)</th></tr>
<tr><td rowspan="3">상품 특성 분석</td><td>교재1 (4) 雖然品牌相同, 但是根据年份不同, 味道也有些不一樣 / 年份越久, 味道越醇厚 / 覆盆子酒是以新鮮的覆盆子爲原料制造的果酒 / 味道帶点儿甛味儿, 對身体也很好, 很受女性和老年人的喜愛</td></tr>
<tr><td>교재2 (12) 在世界各地都可以免費維修 / 机械表不需要電池, 是自動的 / 選天然珍珠的時候, 主要看光澤和形狀 / 最近智利產的紅酒比較受歡迎 / 最近流行鏡面大一点儿的 / 選手表, 第一看樣子, 第二看材質 / 中國人喜歡的原支參是最高檔的紅參礼品 / 韓國傳統酒有燒酒和最近熱賣的馬格利酒 / 最近高壓電飯鍋是很多游客比買的商品之一 / 剛推出的新款電視机是纖薄曲面的OLED電視 / 中國人喜歡焦油含量高的烟 / 韓紙有耐久性, 光澤性, 吸水性等特性是啊, 送人, 還是要送有韓國特色的東西</td></tr>
<tr><td>교재3 (14) 韓國的紫水晶早已以其色澤与透明度聞名全球 / 韓國的加工技術也是世界水平的 / 韓國的玉石主要有白玉, 黃玉, 紅玉, 黑玉等品种 / 韓國藏量丰富, 可以大量生產, 所以价格便宜/高麗人參无疑是"人參"的代名詞 / 中國梁朝時期著名的医術上也有"人參之极品產于韓國"的記載 / 高麗人參是世界之冠 / 高麗人參是被公認爲是元气旺盛的神秘名藥 / 在韓國最流行的牌子濱波 /人參酒對身体很好 / 中國酒就很烈/韓國民俗工藝品是代表我國文化水平的重要遺產 / 它們充分体現了韓國傳統屋呢華和生活藝術 / 韓國的古美術品里蘊藏着五千年的傳統与歷史韓國生產的漆器是最受一般游客歡迎的商品 / 韓國与中國相同, 都是使用220伏電壓</td></tr>
</table>

먼저 교재 1의 경우는 '주류'에 대한 '상품 특성 분석' 내용만을 다루고 있고 나머지 품목에 대해서는 이와 관련한 내용을 찾아볼 수 없다. 반면 교재 2와 교재 3의 경우 교재 1에 비해서는 보다 많은 품목을 포함시키고 있다. 그러나 이 두 교재 모두 주로 '홍삼', '공예품' 등과 같은 한국토산품에 국한되어 상품 특성 분석 기능을 다루고 있다. 그러나 판매 직원으로서 한국토산품뿐만 아니라 면세점에서 판매하는 일반품목에 대한 전반적인 상품 특성 및 장 · 단점은 반드시 숙지해야 할 필수 지식에 속한다. 이는 이후 '상품 설명하기'나 '상품 판매 촉진 활동'을 효과적으로 수행함에 있어 배경 지식으로서의 역할을 담당하기 때문이다. 그렇기 때문에 '상품 특성 분석 '기능이 기존 교재에서 전반적으로 다루어지고 있지 않다는 점은 향후 교재 개발 시 개선의 필요가 있다고 본다.

마지막으로는 '상품 사용법 숙지' 기능에 대한 교재의 직무 적합도를 검토해 보고자 한다.

〈표 6〉 '상품 사용법 숙지' 기능과 관련한 각 교재의 내용 현황

	직원의 발화 문장(총 출현 문장 수)
상품 사용법 숙지	교재 1 (2) 冰鎮后飲用的話口感更好 / 這是高純度的紅參濃縮液, 每次服用意少勺儿就可以了
	교재 2 (5) 這件衣服只能干洗, 不能水洗 / 它采用全面加熱方式, 16分鐘就可以 / 很方便, 不僅不粘鍋, 而且里面的盖子可以摘下來洗 / 紅參精是原液, 兩种都可以沖水喝 / 包裝參鷄湯加熱后卽可享用
	교재 3 (1) 不能水洗.

위의 〈표 6〉에서 보는 것처럼 전체 '판매 기본 정보 분석' 기능 가운데 가장 직무 적합도가 떨어지는 기능은 바로 '상품 사용법 숙지' 기

능임을 알 수 있다. 즉 세 권의 교재 모두 '홍삼 복용법'이나 '의류 세탁법' 혹은 '전기밥솥 사용법'과 같은 제한적인 품목에 대해서만 간단히 상품 사용법을 소개하고 있는 수준에 그치고 있다. 그러나 고객의 입장에서 보았을 때 상품을 구입 시 어떻게 사용해야 하는가 혹은 보관 시 주의사항과 같은 정보는 직원으로부터 전달 받아야 할 필수 정보에 속한다. 이처럼 기존의 판매 중국어 교재에서 '상품 사용법 숙지'와 같은 중요한 기능을 제대로 다루고 있지 못하다는 사실에 주목하여 향후 판매 중국어 교재 집필 방향을 설정하고 이러한 직무 기능을 강화하는 내용을 보충할 필요가 있다고 본다.[38)]

(2) 매장 고객 응대하기

다음으로 '매장 고객 응대하기' 기능과 기존 교재들과의 직무 적합도를 살펴보도록 하자. 위의 NCS기준에서 설정하고 있는 '매장 고객 응대하기' 기능의 하위 능력단위 요소는 '방문 고객 응대하기', '고객 니즈 파악하기', '전화고객 응대하기'이다. 즉 '매장 고객 응대하기'는 전체 판매 과정의 도입 단계로서, 학습자들은 성공적인 판매로 이끌기 위해 이러한 기능을 중국어로 원활히 표현할 줄 아는 능력을 반드시 구비하고 있어야 할 것이다.

먼저 첫 번째 직무 기능인 '방문 고객 맞이하기'에 대한 각 교재의 처리 현황을 살펴보면 아래 〈표 7〉과 같다.

38) '판매 기본 정보 분석' 기능의 하위 능력단위 요소 중 '매장 사용용어 숙지하기' 기능은 교재 내에서 모두 '어휘 제시 및 학습' 부분으로 처리되고 있기 때문에 분석을 생략하였음을 밝힌다.

〈표 7〉 '방문 고객 맞이하기' 기능과 관련한 각 교재의 내용 현황[39]

	직원의 발화 문장(총 출현 문장 수)
방문 고객 맞이 하기	교재1 (4) 歡迎光臨~免稅店 *3 / 請問, 有什么可以帮你的嗎？ / 請隨便看看 / 請慢慢看
	교재2 (6) 歡迎光臨! *2 / 你需要什么？ / 您好! 您找什么？ / 現在商品打折, 請您隨便看看 / 我能爲您做点什么？ / 歡迎你到名牌折扣店, 有需要帮你的嗎？/ 歡迎光臨! 現在夏款打七七折
	교재3 (3) 歡迎光臨 *4 / 需要帮忙嗎？ *2 / 你好, 我能帮你嗎？

위의 〈표 7〉의 결과를 통해 알 수 있듯이 세 권의 교재는 모두 방문 고객을 맞이하는 인사말, 즉 "歡迎光臨(어서 오세요.)"이나 "請隨便看看(자유롭게 보세요.)", "請慢慢看(천천히 보세요.)" 등과 같은 우호적인 어투의 방문 고객 맞이하기 표현을 소개하고 있다. 그러나 문제점으로 지적할 수 있는 것은 이러한 표현이 계속 중복되어 출현한다는 것이다. 예를 들어 "歡迎光臨"의 표현은 교재1에서 3회, 교재 2에서 2회, 교재 3에서는 4회 중복되어 출현하고 있다. 이는 교재 내용의 선정 및 안배 시 표현의 경제성을 고려할 때 반드시 개선이 필요한 부분이라 하겠다.

다음으로는 '고객 니즈 파악하기' 기능에 대한 각 교재들의 직무 적합도를 알아보도록 하자.

〈표 8〉 '고객 니즈 파악하기' 기능과 관련한 각 교재의 내용 현황

	직원의 발화 문장(총 출현 문장 수)
	교재1 (11) 您想買点什么？ *2 / 請問, 有看中的嗎？ *2 / 您自己用還是送人？/ 您需要几份？/ 您的皮膚是干性的還是油性的 / 您是喜歡淡一点儿香型還是濃一点儿的香型？/ 您試背一下看看 / 那您換這个米色的試試 / 喜歡的話可以試穿 / 請問您穿什么(多大号的) / 我們這里有紅參産品, 您要哪种？

39) 표 안의 *(숫자)는 교재 내에서 중복 출현한 회수를 의미한다(이하 동일함).

고객 니즈 파악하기	교재2(23) 您想買什么 / 這里有樣品, 您想要什么顔色的 / 您覺得這种顔色怎么樣?/ 這种呢?/ 請問, 您要哪种化妝品?/ 您平常都用什么顔色的?/ 是您自己用的嗎?/ 您的皮膚是什么類型的? 干性還是油性?/ 這种有保濕的效果, 您試一下 / 您要大瓶裝的還是要小瓶裝的 / 您好! 您找什么?/ 您想買什么价位的 / 可以您穿多大号的?/ 這是36号的, 怎么樣?/ 那您再試一下37号的 / 你覺得鞋子大還是小?/ 要不要兩邊都試一下?/ 你們要白金的還是黃金的 / 您戴几号戒指?/ 您好! 您找什么樣的手表?/ 送人還是自己戴?/ 您的預想价位是多少?/ 您還要別的嗎?
	교재3 (15) 想買点什么?// 還需要其他的嗎? / 你要換大一号的嗎?/ 試試這个 / 怎么樣? / 需要点什么?/ 喜歡哪件可以試穿 / 那爲什么不買下來呢?/ 要多大号的?/ 你要什么顔色的?/ 你看這件怎么樣?/ 味道怎么樣?/ 這个怎么樣?/ 請告訴我要換多少 / 要哪种貨幣?/ 您嘗一口

먼저 위의 〈표 8〉을 통해 각 교재에서 다루고 있는 관련 내용을 살펴보면 세 권의 교재 모두 원하는 품목, 사이즈 등을 묻는 내용 – 교재 1: 請問您穿什么?(多大号的? 사이즈가 어떻게 되세요?); 교재 2: 請問, 您要哪种化妝品?(실례지만 어느 화장품을 원하세요?) ; 교재 3: 想買点什么?(무엇을 사려 하시나요?) – 위주로 '고객 니즈 파악하기' 기능을 처리하고 있다. 다음으로 원하는 상품을 구입하기 위해 고객에게 테스트해 보도록 권유하는 내용 – 교재 1: 您試背一下看看(한번 입어 보세요.) ; 교재 2: 那您再試一下37号的(그럼 이 37호를 한번 발라 보세요.) ; 교재 3: 您嘗一口(한번 시음해 보세요.) – 도 3권의 교재에서 모두 공통적으로 다루고 있는 부분이다. 마지막으로 고객의 니즈를 정확히 파악하기 위해 두 가지 조건 중 하나를 선택하게 하는 내용의 경우는 교재 3을 제외한 나머지 교재에서 모두 공통적으로 출현하는 내용이었다.[40)]

상기에서 볼 수 있듯이 '고객 니즈 파악하기'는 전체 교재 모두에서

40) 교재 1의 문장 : "您的皮膚是干性的還是油性的?" / 교재 2의 문장: "您要大瓶裝的還是要小瓶裝的?"

비교적 중요하게 다루어지고 있는 내용이다. 이처럼 판매 직원으로서 고객의 요구 사항을 정확히 파악하는 것은 매우 중요한 직무 기능임에 분명하다. 하지만 전체 교재 내용에서 차지하는 비율을 살펴보았을 때 이 부분에 지나치게 많은 분량을 안배하는 것은 개선이 필요하다고 본다. 또한 심층적으로 각 문장을 살펴보면 똑같은 형식의 문장 구조를 이용해 품목만 달리한 유사한 표현들이 자주 반복되고 있음을 발견할 수 있다. 즉 각 교재에서는 고객에게 화장품 테스트하기나 옷을 한번 입어보도록 권유하는 문장이 "您試背一下", "試試", "您試一下", "喜歡哪件可以試穿" 등과 같이 유사한 형식으로 반복적으로 출현하고 있다. 이처럼 교재의 본문 내용 선정 시 유사 형식의 문장을 반복적으로 사용하는 것은 학습자들의 학습 응용 능력을 키우는 데 방해 요소로 작용할 소지가 있다. 즉 유사한 형식의 문장을 중복해서 제시하기보다는 학습자들에게 각 상품별로 사용 어휘를 제시해 준 후 학습자 스스로 "您試 + 동사"의 문장 형식에 이를 적용하도록 유도하는 것이 학습 응용 능력을 키우는 데 보다 더 바람직하다고 본다. 그렇기 때문에 기존의 교재에서와 같이 사용 빈도만을 고려하여 '고객 니즈 파악하기' 기능을 처리하는 것보다는 학습자의 응용 가능성 여부 등과 같은 다각적 요소를 분석한 후 문장을 선정하는 과정이 필요하다.

'전화고객 응대하기' 기능에 대해서는 교재 1과 교재 3에서는 전혀 다루어지지 않고 있었으며 교재 2에서 한 문장이 제시되어 있음을 발견할 수 있었다. 즉 고객이 "喂, 請問是天樂百貨商店嗎?(여보세요, 실례지만 天樂백화점인가요?)"라고 전화상에서 문의할 경우 이에 직원이 "對, 您需要什么帮助?(맞습니다. 무엇을 도와드릴까요?)"로 응대하는 내용이다. 물론 '면세점'이라는 특수한 판매 상황을 감안하면 전화 고객을 응대하는 경우가 자주 발생할 가능성은 크지 않다. 그러나 만약의 상황을 대비하여 판매 직원은 전화상에서 어떻게 하면 고객을 친절하고 우호적으로 응대할 수 있는가에 대한 직무 기능을 반드시 구비하고 있어야 한다고 본다. 그렇기 때문에 향후 판매 중국어 교재 부분에서 이러한 직무 기능을 추가적으로 포함시켜야 할 것이다.

(3) 매장 판매 상담하기

'매장 판매 상담하기' 기능은 전체 판매 과정 중 가장 핵심적인 기능이며' 상품 설명하기', '판매 확정하기' 그리고 '전화고객 판매 상담하기'의 하위 직무 기능으로 구성되어 있다. 먼저 '상품 설명하기'에 대한 각 교재 내용의 직무 적합도를 분석해 보도록 하겠다.

〈표9〉 '상품 설명하기' 기능과 관련한 각 교재의 내용 현황

	직원의 발화 문장(총 출현 문장 수)
	교재 1 (20) 請到這邊來, 這邊都是人參茶 / 這种是我們店里賣得最好的 / 這邊是打折商品, 新商品在那邊 / 這种是一盒13美元, 三盒35美元的 / 這个牌子的眼霜去皺效果特别好, 而且可以長時間保濕 / 這种不但可以祛斑, 還有收縮毛孔的功能 / 這种防晒霜的防晒指數很高, 能長時間隔离紫外線, 适合戶外活動 / 這种不含酒精, 很溫和, 而且持久保濕 / 這种護膚品有抗氧化的功能, 能有效預防皮膚衰老 / 它是乳液狀的, 使用后有潤潤的感覺, 但是一点儿也不油膩 / 這种比較濃郁的香水适合晚上使用, 比如參加晚會的時候 / 這种是果香型的, 給人的感覺比較甛美 / 這款很受女孩儿的歡迎 / 這是今年的新款 / 這种包容量很大, 里面有很多小口袋, 實用又大方 / 除了黑色的, 還有棕色的和米色的 / 這是M的 / 這邊是韓國烟, 這邊是中國烟, 這邊是美國和歐洲的 / 這是法國南部生産的一級紅酒, 味道濃郁 / 這是六年根的紅參茶, 里面有100小包
	교재 2 (26) 我們有20号和22号的气墊粉 / 這是一种美白功能性化妝品 / 這香味很清爽, 很适合年輕人 / 這是今年新上市的彩妝套裝 / 這些化妝品具有皮膚再生功能 / 這營養霜有保濕, 去皺和增加彈性的效果 / 這是新上市的, 很受歡迎 / 這是羊皮 / 有黑色的, 棕色的和藍色的 / 這种帶鉆石的情侶

<table>
<tr><td rowspan="2">상품
설명
하기</td><td>們很喜歡 / 不帶鉆石的在那邊, 請跟我來 / 這些都是剛進的貨 / 好的, 這是我們最新出的. 專門爲年輕男士設計的 / 這只手表是瑞士産的, 可以防水, 還有秒表功能 / 泡菜在這邊, 有小盒裝的, 也有大盒裝的 / 我們家偏歐版, 稍大点儿 / 這是我們店最熱銷的羽絨服, 里面是鵝毛, 又輕又暖和 / 這款是專爲中國顧客設計的, 有中文語音提示, 詳細內容在說明書里, 您可以參考 / 這是最新出的, 比以前的款式功能多 / 鏡頭1是21倍光學變焦, 拍得非常清晰 / 這款手机里的相机有急速連拍功能, 可以連續拍攝20張照片 / 這种酒的口感不錯, 味道濃郁 / 這种酒有開胃, 消食功能 / 這是貝殼雕刻成的, 非常精致 / 這些韓紙工藝品很不錯 / 這种漆器首飾盒采用了韓國傳統工藝 / 這些都是漆器, 作爲新婚礼物很适合</td></tr>
<tr><td>교재 3 (25) 那邊都是新上市的 / 是眞皮做的 還有別的 / 也有小的 / 這儿有帶鎖匙的 / 已經打過折了 / 這是贈品 / 我給你看看 / 用珍珠做的/眞的 / 這是最暢銷的款式 / 是國貨 / 我們有兩双這种款式的鞋 / 我用中文帮您介紹産品 / 參精, 粉制品等多种産品 / 我們這儿也有物美价廉的人參 / 一年到十年的人參都有 / 其价格也多种多樣, 相差懸殊 / 論斤賣 / 還有藍色和紫色的 / 還有傳統酒, 洋酒, 米酒都有 / 還有人參酒 / 我們這儿專門賣土産品 / 我們這儿有手工制作的 / 這些都是最好的饋贈佳品 / 扇子, 假面, 刺綉, 木刻, 風箏等 / 書畫, 陶瓷, 木器, 金屬工藝品等數不胜數, 琳琅滿目 / 應有盡有</td></tr>
</table>

위의 〈표 9〉에서 볼 수 있듯이 세 권의 교재 모두 가장 비중 있게 다루고 있는 부분이 바로 '상품 설명하기' 기능이다. 교재 1은 총 20개의 문장으로 한국토산품, 화장품, 가방 등의 각 판매 상품을 소개하는 내용과 상품의 효과 및 특성 설명 그리고 신제품 소개 등의 내용을 담고 있다. 총 직원 발화 문장 가운데 약 21%가 '상품 설명하기'로 구성되어 있다. 교재 2도 내용 구성적인 면은 교재1과 유사하나, "這款是專爲中國顧客設計的, 有中文語音提示, 詳細內容在說明書里, 您可以參考(이 상품은 중국 고객을 위해 특별히 제작된 것입니다. 중국어 설명이 표시되어 있으니 자세한 사항은 설명서를 참조하시면 됩니다.)"와 같이 중국 고객에 초점을 맞춘 '상품 설명하기' 내용이 추가되어 있다. 교재 2에서는 총 직원 발화 문장 중 약 22%가 바로 이 '상품 설명하기' 기능에 해당한다. 교재 3의 경우는 위의 교재 2와 동일한 내용 구성 외에 "這是贈品(이것은 증

정품입니다.)"과 같은 증정품에 대한 설명 내용도 포함하고 있으며 전체 직원 발화 문장 중 약 23%가 '상품 설명하기'와 관련 있는 표현이다.

이상에서와 보는 바와 같이 기존 판매중국어 교재에서는 '상품 설명하기'와 관련해 비교적 상세하고 구체적으로 다루고 있으며, 본문 내용을 구성하는 핵심적인 기능이 바로 '상품 설명하기'에 있음을 확인할 수 있었다.

다음으로 '판매 확정하기' 기능에 대한 각 교재의 직무 적합도를 살펴보도록 하겠다.

〈표 10〉 '판매 확정하기' 기능과 관련한 각 교재의 내용 현황

	직원의 발화 문장(총 출현 문장 수)
판매 확정 하기	교재 1 (1) 好, 請稍等
	교재 2 (4) 好的, 請這邊來 / 請确認一下商品的內容, 貨号, 是否有磨損破碎 / 請您稍等, 我去拿貨 / 保修期是兩年, 請保管好您的保修卡
	교재 3 (1) 這是你要的, 請拿好

직원의 입장에서 고객이 판매를 확정할 경우 이러한 결정에 변동이 없음을 확인하는 과정은 반드시 익히고 있어야 할 기능에 속한다. 그러나 〈표 10〉에서 보는 바와 같이 교재 2를 제외한 나머지 교재들에서는 '판매 확정하기' 기능이 매우 단편적으로 제시되어 있음을 알 수 있다. 즉 교재 2의 경우는 '판매 확정하기'에서 중요한 절차인 '상품 구매 확인'에 대한 부분(請确認一下商品的內容, 貨号, 是否有磨損破碎 상품 내용과 호수, 훼손된 곳이 있는지 확인하시기 바랍니다)을 언급하고 있으며 이러한 기능은 향후 판매 중국어 교재 집필 시 필수적으로 포함되어야 할 표현들이라 생각한다.

마지막으로 '전화고객 판매 상담하기'에 대해서는 세 권의 교재 모두에서 전혀 다루어지지 않고 있는 직무 기능으로 나타났다. 그러나 실제 판매 상황에서는 고객이 전화상으로 재고량을 문의하거나 본인이 구매하고자 하는 상품이 그 매장에 있는지에 대한 여부를 물어보는 경우가 반드시 발생할 수 있다. 즉 고객 입장에서 필요로 하는 판매 관련 서비스를 수행할 수 있도록 직원은 이에 대한 직무 기능을 익히고 있어야 하기 때문에 향후 판매 중국어 교재에서는 '전화 고객 판매 상담하기'에 대한 기능을 첨가하는 것이 바람직하다고 본다.

(4) 매장상품 판매 마무리

'매장상품 판매 마무리' 기능은 판매 확정 단계 이후 진행되는 판매의 종결 단계라 할 수 있다. 또한 직원 입장에서는 고객이 해외에서 결제를 진행한다는 점으로 인해 절차가 복잡하고 고객의 문의사항이 많다는 점을 감안하여 반드시 숙지해야 할 기능이라 하겠다. 그럼 이제 이 기능의 각각 하위 직무 기능별로 교재의 직무 적합도를 분석해 보도록 하겠다.

〈표 11〉 '결제하기' 기능과 관련한 각 교재의 내용 현황

	직원의 발화 문장(총 출현 문장 수)
결제하기	교재 1 (8) 這是發票, 請拿好 / 您是用現金還是信用卡? / 請到這邊來結賬 / 收您50美元, 找您15美元 / 您付美元還是韓幣? / 這里可以用中國的銀聯卡結賬 / 請輸入密碼 / 請在這里簽字
	교재 2 (2) 您可以刷銀聯卡 / 五百五十美金, 人民幣三千塊左右
	교재 3 (11) 請先到收銀台交款 / 找您20塊 / 九百塊 / 請數一數 / 這是收据 / 給你打八折, 打折后80000元 / 可以刷卡 / 威士, 万事達卡萊結賬也可以 / 付現金的話可以便宜点儿 / 你能付人民幣和美元 / 給你發票

먼저 위의 〈표11〉을 통해 '결제하기' 직무 기능을 살펴보면 교재 2를 제외한 교재 1와 교재 3에서는 비교적 상세하게 본 기능을 다루고 있음을 볼 수 있다. 즉 교재 1과 교재 3에서는 '결제수단(신용카드 혹은 현금 여부)', '결제카드 소개', '결제방법', '현금 지불 시 잔돈 처리 방법', '영수증 제시' 등의 결제와 관련된 일련의 과정을 포함하고 있으며 이는 향후 판매중국어 교재에서도 반드시 포함해야 할 필수 내용들이다. 그러나 이 외에 면세점에서 진행하는 각종 판촉 활동을 통해 할인 혜택을 받을 경우 이를 받기 위해 필요한 결제방법에 대한 표현, 예를 들어 현금 쿠폰의 사용이나 신용 카드 할인 혜택 등을 적용한 결제 방법 등이 보충되어야 할 것이다.

다음으로 '포장하기' 직무 기능에 대한 각 교재의 직무 적합도를 살펴보면 세 권의 교재 모두 "都要單獨(分別/分開)包裝嗎(각각 포장해 드릴까요)?" 등과 같이 한 두개 문장으로 이를 처리하고 있음을 볼 수 있다. 이는 면세점이라는 특수 판매 상황의 경우 일반 판매 매장에서와 같이 직원이 특별히 포장해야 하는 경우는 거의 발생하지 않는 사실이 반영된 결과임을 추측해 볼 수 있다.

〈표12〉 '포장하기' 기능과 관련한 각 교재의 내용 현황

	직원의 발화 문장(총 출현 문장 수)
포장하기	교재1 (1) 都要單獨包裝嗎?
	교재2 (2) 需要分別包裝嗎? / 您需要購物袋?
	교재3 (2) 我要送人, 請帮我包裝一下 / 分開包裝.

다음으로 '고객 환송하기'와 관련된 각 교재의 표현들을 살펴보면 "歡迎再次光臨(다음에 또 방문해 주시길 바랍니다)"와 "請慢走(살펴 가십시

오)", "不客气", "祝你旅游愉快(편안한 여행 되십시오) 등의 표현이 제시되어 있음을 알 수 있다. 그러나 문제점으로 지적할 수 있는 것은 교재3의 경우 이러한 표현들이 모두 중복되어 출현한다는 점이다. '고객 환송하기'는 직원으로서 반드시 익혀야 할 직무 기능이다. 향후 판매 중국어 교재 집필에 있어서는 유사한 표현을 반복하는 대신 양적, 질적으로 균형감 있게 표현을 안배한 내용을 구성하는 방향으로 개선이 이루어져야 할 것이다.

〈표 13〉 '고객 환송하기' 기능과 관련한 각 교재의 내용 현황

	직원의 발화 문장(총 출현 문장 수)
환송하기	교재 1 (1) 請走好, 請慢走 / 歡迎再次光臨 / 不客气
	교재 2 (0)
	교재 3 (3) 不客气(2) / 歡迎再次光臨(2) / 祝你旅游愉快(2)

마지막으로 '상품배송하기'와 관련하여서는 면세점 판매 상황의 경우는 대부분 고객이 출국 인도장에서 수령하거나 현장에서 직접 가지고 가는 경우가 많기 때문에 이를 의뢰하는 경우는 거의 발생하지 않는다. 그러나 교재 3에서는 "我能給您寄到中國的地址(제가 중국 주소로 부쳐드리겠습니다.)"와 같은 표현을 제시하고 있음을 관찰할 수 있었다.

(5) '매장고객 관리' 기능과 '매장 판매촉진 관리'

본 절에서는 '매장고객 관리' 기능과 '매장 판매촉진 관리' 기능을 함께 살펴보도록 하겠다. 먼저 '매장고객 관리' 기능에 대한 각 교재의 직무 적합도를 관찰해 보면 하위 직무 기능인 '우수 고객 관리하기'에 대해 교재 2에서 "您有會員卡或者積分卡嗎?(회원카드나 적립

카드가 있으신가요?)"와 "您這是金卡, 可以享受九折优惠(이것은 골드카드라서 10% 할인혜택을 받으실 수 있습니다.)"의 두 문장이 출현하고 있음을 볼 수 있다. 그러나 다른 교재에서는 이러한 고객 관리와 관련한 문장이 전혀 제시되고 있지 않아 이러한 기능에 대한 보완 및 강화가 필요하다고 본다. 특히 고객들에게 다음 번 방문을 위해 '회원 카드 신청'을 권유하거나 회원 카드의 혜택을 설명해 주는 내용은 일반고객 관리 부분에서 반드시 첨가해야 할 표현들일 것이다. 다음으로 '불만고객 관리'에 대해서는 상품의 교환 및 환불에 대한 처리 내용이 주를 이루고 있음을 살펴볼 수 있다. 이에 대한 상세 내용은 아래 〈표 14〉과 같다.

〈표 14〉 '불만 고객 관리' 기능과 관련한 각 교재의 내용 현황

	직원의 발화 문장(총 출현 문장 수)
불만 고객 관리	교재 1 (2) 眞絲制品不能退換 / 對不起讓您久等了
	교재 2 (6) 那您可以去賣得地方換, 但是不能超過一个月 / 您使用過了嗎? 皮帶有沒有損坏? / 帶上發票就可以了 / 這是一款特价商品, 不能退 / 化妝品打開包裝后, 是不可以退貨的 / 只要表面沒有划痕就可以換
	교재 3 (5) 有什么問題?/ 換个新的給你, 你要哪种 / 對不起, 給您添麻煩了 / 你有什么建議 / 不能再低了

다음으로는 '매장 판매 촉진' 기능에 대한 교재들의 직무 적합도를 살펴보도록 하자. 위의 〈표 1〉에서 제시된 '매장 판매 촉진' 기능의 하위 직무 기능 가운데 판매 중국어 교재와 밀접한 연관이 있는 부분은 '판매 촉진 활동 실행하기' 기능일 것이다. 이에 대한 각 교재들의 세부 내용을 정리한 결과는 아래 〈표 15〉과 같다.

〈표 15〉 '판매 촉진 활동 실행하기' 기능과 관련한 각 교재의 내용 현황

	직원의 발화 문장
판매 촉진 활동 실행하기	교재 1 (6) 這种應該适合您 / 這种特别配合您的气質 / 比剛才看起來年輕多了 / 您剛才出來時, 我覺得眼前一亮呢. / 您照照鏡子, 多精神啊! 現 / 在有免費品嘗活動, 請嘗一嘗
	교재 2 (6) 您的皮膚白, 我推荐21号淺色的/大瓶的比較划算 / 戴上去很高雅 / 您戴上這个會更漂亮的 / 您眞有眼光! / 您看看這种, 很好吃的, 您買去嘗一嘗吧 / 那件休閑服你穿起來顯得非常年輕
	교재 3 (9) 你戴起他們來很好看 / 你眞有眼力 / 値得推荐 / 那双鞋很适合你 / 是不錯的選擇 / 我看, 這个"雪花秀"不錯 / 看你很識貨 /買一送一 / 這里是优惠最多, 价格最便宜的免稅店

위의 〈표 15〉에서 보는 바와 같이 세 권의 교재 모두 "這种應該适合您(이게 잘 어울리시네요)", "您眞有眼光(보는 눈이 있으십니다)", "你戴起他們來很好看(이것을 착용하시니 정말 예쁘시네요)" 등과 같이 고객에게 칭찬하는 표현으로 판매 촉진 활동 기능을 처리하고 있다. 이러한 표현은 고객에게 판매 확정까지의 단계에 이르도록 하는 데 매우 중요한 작용을 하기 때문에 필수로 익혀야 할 기능이라 할 수 있다. 이 외에도 기존 교재에서는 판매 촉진 활동을 위해 "在有免費品嘗活動, 請嘗一嘗(무료 시음행사가 있습니다. 한번 시음해 보세요)"나 "買一送一(1 + 1행사 중입니다)"와 같은 행사를 고객에게 알리는 내용도 함께 제시되고 있다.

그런데 아쉬운 점은 판매 촉진 활동의 내용이 단편적인 수준에 머물러 있다는 것이다. 즉 직원이 고객에게 칭찬의 말을 건네는 것보다는 가격대비 효과 및 성능의 우수성이나 실용성 등 상품 자체의 장점을 최대한 부각시킬 줄 아는 능력을 구비하는 것이 판매 촉진 활동을 위해서는 더욱 중요하다. 그러나 기존 교재에서는 이러한 심층적 측면에서의 판매 촉진 활동 내용은 거의 다루어지지 않고 있다. 향후 판

매중국어 교재 내용의 개선을 위해서는 이에 대한 고려와 반영이 꼭 이루어져야 할 것이다.

IV. 결론 - 판매중국어 교재 본문 내용 선정에 대한 제안 사항

이상에서 보는 바와 같이 본고는 기존에 출판된 판매 중국어 교재 3권에 대해 NCS(국가직무능력표준)에서 설정한 판매 관련 직무 기능 기준에 근거하여 본문 내용의 직무 적합도를 분석해 보았다. 이러한 결과에 대한 요약을 위해 각 교재별로 직무 기능에 따라 출현한 문장의 빈도수를 정리해 보았는데, 아래 〈표 16〉과 같다.

〈표 16〉 각 교재별 판매 관련 직무 기능 문장 출현 빈도수

<table>
<tr><th colspan="2"></th><th>교재 1</th><th>교재 2</th><th>교재 3</th></tr>
<tr><td rowspan="3">판매 기본 정보 분석</td><td>매장특성분석</td><td>3</td><td>4</td><td>7</td></tr>
<tr><td>상품특성분석</td><td>4</td><td>12</td><td>14</td></tr>
<tr><td>상품사용법숙지</td><td>2</td><td>5</td><td>1</td></tr>
<tr><td rowspan="3">매장 고객 응대</td><td>방문 고객 맞이하기</td><td>4</td><td>8</td><td>3</td></tr>
<tr><td>고객 니즈 파악하기</td><td>11</td><td>23</td><td>15</td></tr>
<tr><td>전화 고객 응대하기</td><td>0</td><td>1</td><td>0</td></tr>
<tr><td rowspan="3">매장 판매 상담</td><td>상품 설명하기</td><td>20</td><td>28</td><td>25</td></tr>
<tr><td>판매 확정하기</td><td>1</td><td>4</td><td>1</td></tr>
<tr><td>전화고객 판매상담하기</td><td>0</td><td>0</td><td>0</td></tr>
<tr><td rowspan="4">매장상품 판매 마무리</td><td>결제하기</td><td>8</td><td>2</td><td>11</td></tr>
<tr><td>포장하기</td><td>1</td><td>2</td><td>2</td></tr>
<tr><td>고객 환송하기</td><td>3</td><td>0</td><td>3</td></tr>
<tr><td>상품 배송하기</td><td>0</td><td>0</td><td>1</td></tr>
</table>

매장 고객 관리	일반 고객 관리	0	0	0
	우수 고객 관리	0	2	0
	불만 고객 관리	2	8	5
	A/S 고객 관리	0	0	0
매장 판매 촉진 관리	판매 촉진 활동 실행	8	8	9

위의 〈표 16〉에서 보듯이 기존의 판매 중국어 교재에서 가장 중점적으로 다루고 있는 판매 기능은 '상품설명하기' 기능이었으며, 다음으로는 '고객 니즈 파악하기'의 순으로 나타났다. 또한 '결제하기'와 '판매 촉진 활동 실행' 기능과 관련한 표현들도 기존의 교재에서 비교적 자세하게 다루고 있음을 분석 결과 확인할 수 있었다. 반면에 판매의 시작단계부터 종결단계의 전 과정에서 요구되는 직무 기능 가운데 '상품 사용법 숙지', '전화 고객 응대하기', '판매 확정하기', '일반 및 우수 고객 관리'에 대한 기능은 교재 내용에서 매우 취약하게 다루고 있는 기능인 것으로 나타났다. 마지막으로 '상품특성분석'기능과 '판매촉진 활동 실행'기능에 대해서는 내용적인 면에서의 보완이 필요함을 살펴볼 수 있었다.

이제는 위의 3장에서의 분석 결과를 토대로 판매 관련 직무 기능과의 적합도를 제고할 수 있는 판매중국어 본문 내용 선정에 대한 제안사항을 구체적으로 탐색해 보도록 하겠다.

첫째, 단원 구성 방법에 있어 기존 교재들은 '판매 상품별 구성' 방법을 채택하고 있다. 그러나 분석결과 이러한 구성 방법은 판매와 관련한 일련의 직무 기능을 익히는데 한계가 있으며 직무 포괄성이 떨어짐을 확인할 수 있었다. 또한 '방문 고객 맞이하기'나 '고객 환송하기'와 같이 모든 판매 매장에서 공통적으로 적용되는 표현을 중복 출현하게 하거나 단순한 정보 제공의 수준에서 교재의 역할을 제한한다는 문제점이 발견되었다. 그렇기 때문에 향후 판매 중국어 교재 개발시 '직무 기능' 중심으로 단원을 구성하여 학습자들의 직무 기능 숙련 및 응용에 보다 더 주력해야 한다고 생각한다.

둘째, 기존 교재들은 '상품 특성 분석' 기능 부분에서 한국토산물에 치우친 표현만을 제시하고 있으나 면세점에서 판매하고 있는 다른 상품들의 특징, 장 · 단점에 대한 지식을 습득하기 위해 이에 대한 내용상의 보완이 필요 하다.특히 이러한 '상품 특성 분석'은 중국 관광객들의 구매 성향이 높은 품목을 중심으로 이루어져야 할 것이다. 예를 들어, '화장품' 분야의 경우 중국 관광객은 화장품 구매 시 자연주의 성분의 화장품과 귀여운 디자인을 선호하는 구매 특성[41)]을 판매 중국어 교재 내용에 첨가한다면 학습자 측면에서 상품 설명이나 상품 판매 촉진 활동 시 유용한 정보로 사용할 수 있을 것이다.

셋째, '상품사용법 숙지' 부분은 기존 교재에서 거의 다루어지지 않고 있는 기능이나 이는 판매 직원으로서 반드시 숙지한 후 고객에게 전달해야 할 필수 기능이므로 향후 판매 중국어 교재 집필시 이에 대한 첨가가 필요하다.

넷째, '고객 니즈 파악하기'의 경우 기존 교재에서는 10~15개의 비교적 많은 수의 문장을 할애하여 이에 대한 관련 표현을 제시하고 있다. 그러나 분석 결과 비슷한 문장 형식에서 각 상품 별 단어만 바뀐 문장들이 대부분이었다. 이처럼 교재의 본문 내용 선정시 유사 형식의 문장을 반복적으로 사용하는 것은 학습자들의 학습 응용 능력을 키우는데 방해 요소로 작용할 소지가 있으므로 이에 대한 개선이 필요하다.

41) 인터넷 기사 참조: http: //blog.naver.com/hhmszu?Redirect=Log&logNo=220343154908.

다섯째, '전화 고객 판매 상담하기' 기능은 기존 교재에서 거의 다루어지지 않고 있는 기능이었다. 그러나 고객의 입장에서 생각해 보면 직접 판매 매장에 가기 전에 전화상으로 먼저 자신이 원하는 상품이 매장이 있는지의 여부를 묻거나 할인 행사가 열리는 여부 등 구입 관련 정보를 먼저 습득하기를 원한다. 그렇기 때문에 이러한 기능을 판매 직원이 충분히 익힐 수 있도록 향후 판매중국어 교재 내용에 첨가하는 것이 필요하다고 생각한다.

여섯째, '고객 관리' 기능 숙련을 위해 판매 중국어 교재에서 회원카드 신청 방법이나 혜택 설명과 같은 기능이 첨가되어야 할 것이다.

마지막으로, '판매 촉진 활동 실행하기' 기능과 관련하여 고객에게 단순한 칭찬이나 권유의 표현보다는 가격 대비 성능을 설명하는 표현이나 다른 상품과의 비교를 통한 우수성 및 실용성을 강조하는 표현 등의 보다 고차원적이고 유효한 방법의 판매 촉진 활동을 실행할 수 있는 기능 숙련 내용이 보완되어야 할 것이다.

V. 마치며

안정아(2015)의 연구 결과에 의하면 중국 관광객의 방한 관광 활동 가운데 '쇼핑'이 차지하는 비율은 70%에 이른다. 이 중 면세점은 이들의 주요 쇼핑 장소로서 이에 따라 우리나라의 면세점 규모도 연 9조 원의 수준으로 성장하고 있다.[42] 이러한 현실을 감안하여 중국 관광

---

42) 내일신문 2015.11.25일자 참조.

객을 전문으로 응대할 수 있는 판매 직원의 수요도 매년 급증하고 있다. 본고는 중국어 교육 학계 또한 이처럼 급변하는 사회 상황과 학습자의 수요를 교육 과정에 즉각적으로 반영하여 '학습자 중심'의 특수목적 중국어 교육을 실천하기 위한 연구의 일환으로 진행되었다.

특수목적외국어교육은 '사실성(authenticity)', '요구분석(needs analysis)', 그리고 '학습자 중심(learner-centred)'을 기본 원칙으로 삼아 이루어져야 한다.[43] 본고에서 실시한 기존 판매 중국어 교재의 직무 적합도 분석 연구 또한 이러한 원칙에 의거하여 학습자 중심의 관점에서 '사실성'과 '요구분석'에 의해 도출된 NCS(국가직무능력표준) 판매 관련 직무 기능 측면에서 판매 중국어 교재의 본문 내용을 분석하고자 하였다. 이러한 본고의 연구 결과가 향후 판매중국어 교재 집필 및 교육 방안 확립에 관심이 있는 연구자들에게 도움이 되기를 기대해 본다. 또한 특수목적중국어 교육 분야의 기초를 확립하는데 있어 실증 자료로서의 역할을 담당하길 기대하며 이 글을 마친다.

【參考文獻】

김문선, 「MOT 접점 의료관광 실무중국어 교재 개발 및 지도방안 연구」, 상명대학교 대학원 석사학위논문, 2015.

김새롬, 「비즈니스중국어 학습용 교재 연구: 우리나라 4년제 대학을 중심으로」, 경희대학교 대학원 석사학위논문, 2007.

심진아, 「비즈니스 중국어 의사소통 능력 향상 지도 방안 연구: BCT 문항 유형 분석을 중심으로」, 상명대학교 대학원 석사학위논문, 2013년.

안정아, 「중국관광객 쇼핑구매 행동 연구」, 경기대학교 대학원 석사학위

43) 梁颖哲(2013) p.5-6.

논문, 2015.

이금희,「비즈니스 중국어 교육방안 연구」,『언어학연구』 제34호, 173-201, 2015.

전진아,「비즈니스 중국어교재 분석 및 지도방안 연구」, 상명대학교 대학원 석사학위논문, 2014.

천보미,「초급 의료관광 중국어 교재 개발 방안 연구」, 한국외국어대학교 대학원 석사학위논문, 2015.

고용노동부,『직무능력표준 표준 및 활용 패키지(소분류: 일반 판매분야 / 세분류: 일반판매, 방문판매)』, 고용노동부, 2014

강진경,「백화점 판매직원 대상 특수목적 영어교육 프로그램 개발을 위한 요구조사 연구」, 이화여자대학교 영어교육학과 석사학위논문, 2013.

김동연,「NCS 기반 직업교육과정 개발 절차 모형의 타당성 연구」, 한국교원대학교 대학원 박사학위논문, 2015.

남궁양석,『판매달인 중국어 회화』, 서울: 동인랑, 2011.

박문수 이동희 박지혜 구진경,『방한 중국인 관광객 증가에 따른 경제적 파급효과 분석 및 시사점』, 산업연구원, 2014.

이무근 · 원상봉,『직업교육과정과 평가』, 서울: 교육과학사, 2000.

이종순 · 이의선 · 장진개,『중국어뱅크 판매 중국어』, 서울: 중국어뱅크, 2014.

최윤선 · 권운영 · 룽핑,『면세점 필수 중국어』, 서울: 시사중국어사, 2013.

梁穎哲,「對外漢語教學中的專門用途漢語教學研究-以生活漢語爲例」, 上海外國語大學碩士學位論文, 2013.

單韻鳴,「專門用途漢語教材的編寫問題-以《科技漢語閱讀教程》系列教材爲例」,『暨南大學華文學院學報』, 第2期, 2008.

路志英,「商貿漢語教材編寫和研究的基本情況述評」,『漢語研究与應用』, 第4期, 2006.

李 泉,「論專門用途漢語教學」,『語言文字應用』, 第3期, 2011.

Richards, J. C. "Curriculum development in language teaching", NewYork: Cambridge University Press. 2011.

의사소통기능을 기반으로 한 중국어 회화교재 시리즈 분석 및 교육적 제언

Ⅰ. 서론

중국어 교육의 최종 목표인 '학습자의 중국어 의사소통능력(communicative competence) 습득'에 도달하기 위해서는 먼저 의사소통능력이 지칭하는 구체적인 의미 즉 의사소통능력을 구성하는 요소에 대한 정확한 파악이 필요할 것이다. Bachman(1990)은 '의사소통능력'의 구성 요소를 문법능력(grammatical competence), 담화능력(textual competence), 언표내적능력(illocutionary competence), 사회언어학적능력(sociolinguistic competence) 그리고 전략능력(strategic competence)으로 나누어 이를 구체화하여 명시하고 있다.[1] 이에 대해 Brown(2007)은 위의 여러 의사소통능력의 구성 요소 가운데 언표내적능력 즉 의사소통 기능 수행 능력이 가장 핵심적 역

---

1) 예를 들어 '선물에 대한 감사'를 표시하기 위해 청자와 의사소통을 진행한다면 감사 관련 단어 및 문장을 구성하는 능력은 문법능력 및 담화능력으로 정의되며, 이를 실제 구체적인 행위로 실현하는 능력은 언표내적능력으로 표출된다. 사회언어학적능력은 언어적 표현의 사회 관습적 측면에서의 적절성을 의미하며 마지막으로 전략능력은 의사소통 과정 중 발생하는 문제를 해결하는 능력을 지칭한다. 즉 의사소통능력은 문법능력과 담화능력으로 구성되는 조직능력과 언표내적능력 및 사회언어학적 능력의 화용능력으로 기본적으로 구성되며 전략능력은 상황 대처 능력에 해당한다고 볼 수 있겠다.

할을 담당한다고 보았다.

이러한 점에 근거한다면 학습자의 의사소통 능력을 향상시키기 위해서는 무엇보다 중국어 의사소통 기능에 대한 정확한 인식과 이를 실제 학습자가 효과적으로 습득하도록 교육적 관점에서의 통합적 접근이 선행되어져야 할 것이다. 이에 기인하여 중국어 교육 분야에서도 현재 의사소통 기능과 관련한 연구들이 활발히 진행되고 있는 상황이다.[2]

이에 본고는 중국어 의사소통 기능 관련 선행 연구의 토대 위에 한국과 중국에서 모두 통용되고 있는 대표적인 회화 교재의 초 · 중 · 고급 전 시리즈를 연구 대상으로 삼고 각 교재의 본문 내용에서 다루고 있는 의사소통 기능에 대한 현황 파악 및 분석을 실시하고자 한다.

먼저 회화 교재를 연구 대상으로 삼은 이유는 '교재'는 교육의 3대 요소 중 하나로서 학습 내용을 결정하는 중요한 매개체이기 때문에 화자-청자 쌍방의 실제 대화 상황으로 구성된 회화 교재 분석은 현재 중국어 교육 분야에서 학습자의 의사소통기능 습득과 관련한 현황을 파악하고 향후 그 발전 방안을 모색하는데 중요한 근거가 될 수 있다고 본다.

또한 본고는 기존 연구와는 달리 회화 교재의 초 · 중 · 고급 전 시리즈에 대한 분석을 실시하여 교재 편찬 및 교육의 연계성 및 체계성 원칙[3]에 근거한 회화 교재의 의사소통기능의 포괄성 측면에 비중을

2) 위수광(2014) ; 김소민(2011) ; 조소희(2010) 등.

3) 교육의 연계성 원칙에 대해 "연계성은 교육 프로그램의 모든 측면들이 학생들의 계속적이고 누적적인 성장과 발달을 바람직한 방향으로 최대의 효과를 가져오도록 공헌하는 것을 의미한다."고 하였다. (네이버 교육학 용어사전 참조) 즉 초급단계에서 시작해서 고급단계에 이르기까지 학습자가 겪게 되는 일련의 전체 과정적인 측면에서의 의사소통기능 교육의 현황을 분석하기 위해 본고에서는

두어 논의하고자 한다.

마지막으로 이러한 분석에 근거하여 향후 회화 교재의 의사소통기능을 향상시키기 위한 교육적 제언 및 교재 편찬에 대한 방향을 제시해 보았다.

Ⅱ. 선행연구 고찰

1. 중국어 의사소통 기능에 대한 분류 검토 및 항목 선정

위의 서론에서 언급한 바와 같이 중국어 회화 교재 시리즈의 의사소통 기능에 대한 연계성 및 체계성을 분석하기 위해서 먼저 중국어 의사소통 기능에 대해 구체적인 항목을 설정하는 작업이 필요하다. 이에 대해 易峰(2009)과 위수광(2015)은 기존의 여러 중국어 의사소통 기능 요목에 대한 검토와 선별을 통해 각각의 분류 체계 및 구체적 항목을 서술하였다. 먼저 易峰(2009)은 총 다섯 종류의 의사소통 기능 요목 −(1)《對外漢語教學初級階段教學大綱》(1999), (2)《對外漢語教學中高級階段功能大綱》(1999), (3)《旅游漢語功能大綱》(2008), (4)《高等學校外國留學生漢語言專業教學大綱-功能大綱》(2002), (5)《高等學校外國留學生漢語教學大綱(長期進修)-功能大綱)》(2002)−을 나열한 후 5가지 요목에 모두 포함되어 있는 의사소통기능 항목을 총 90개로 선별하였는데 이는 아래 〈표 1〉과 같다.[4]

회화교재의 초 · 중 · 고급 전체 시리즈를 연구 대상으로 삼고자 한다.

4) 본고에서 위의 5가지 의사소통기능 요목에 모두 포함되어 있는 90개의 의사소

〈표 1〉 易峰(2009)이 제시한 공통 의사소통 기능 항목[5]

의사소통 기능 항목
打招呼(첫인사), 问候(안부), 寒暄(관용적인사), 介绍(소개), 感谢(감사), 告辞(헤어짐), 送别(송별), 祝愿(기원), 祝贺(축하), 欢迎(환영), 邀请(요청), 接受(수락), 拒绝(거절), 约定(약속), 叙述(서술), 说明(설명), 解释(해석), 描写(묘사), 通知(통지), 转告(전달), 概括(개괄), 纠正(교정), 询问(질문), 辨认(변별), 同意(동의), 反对(반대), 肯定(긍정), 否定(부정), 相信(믿음), 不相信(불신), 怀疑(의심), 必须(의무), 知道(인지), 表扬(칭찬), 批评(비판), 决定(결정), 承诺(승낙), 犹豫(주저함), 估计(예측), 承认(승인), 喜欢(좋아함), 不喜欢(싫어함), 高兴(기쁨), 不高兴(나쁨), 愿意(원함), 满意(만족), 不满意(불만족), 希望(소망), 失望(실망), 担忧(걱정), 称赞(칭찬), 后悔(후회), 害怕(두려움), 抱怨(원망), 庆幸(다행), 震惊(놀람), 迷惑(미혹), 释然(의연), 无奈(어찌할도리가없음), 醒悟(깨달음), 责备(책망), 质问(추궁), 着急(조급), 伤心(슬픔), 安慰(위로), 同情(동정), 关心(관심), 理解(이해), 轻视(경시), 遗憾(유감), 道歉(사과), 请求(요청), 要求(요구), 服从(복종), 建议(건의), 命令(명령), 提醒(환기), 警告(경고), 催促(재촉), 委托(위탁), 制止(제지), 劝告(권고), 开始话题(화제시작하기), 引入话题(화제도입), 改变话题(화제전환), 引起注意(주의끌기), 重复(반복), 插话(첨언), 退出交谈(담화끝내기유도), 结束交谈(담화마무리)

다음으로 위수광(2015)은 2008년 國家漢辦에서 전 세계 중국어 학습자를 위해 제정한 중국어 교육요목『國際漢語教學通用課程大綱』 가운데 의사소통기능 요목과 본『大綱』 제정 시 기초 분류 기준으로 사용된『CEFR』의 의사소통기능 요목 그리고 한국 교육과학기술부가 편찬한『중 · 고등학교 제 2외국어과 선택과목 교육과정 개정 시안 연구 개발-중국어 의사소통 기능 교육요목』을 비교 분석하여 한국 학생에게 적합한 중국어 의사소통 기능 항목을 전체 6등급으로 나누어 이를 분류하였다.

통기능항목에 주목하는 이유는 각 의사소통기능 요목의 저자, 학습자 특성, 용도가 모두 다름에도 불구하고 모든 요목에 공통적으로 제시되어 있는 의사소통기능이라면 이는 중국어 교육학계에서 공인될 수 있는 의사소통기능 항목이 될 수 있을 것이라 판단했기 때문이다.

5) 서술의 간략을 위해 이후 본 항목에 대해 '중국공통항목'으로 지칭하기로 한다.

〈표 2〉 위수광(2015)이 제시한 한국인 학습자를 위한 의사소통 기능 항목[6]

등급	의사소통 기능 항목
1등급	(1) 인사, (2) 감사, (3) 사죄, (4) 이별(헤어지기), (5) 신상정보, (6) 가족상황, (7) 취미, (8) 숫자, (9) 시간, (10) 날짜, (11) 화폐, (12) 완성, (13) 제의, (14) 부탁(요청), (15) 수락, (16) 거절, (17) 경고(제지), (18) 도와주기, (19) 도움요청, (20) 상대방의 주의 끌기, (21) 안부, (22) 대화 걸기, (23) 사람소개, (24) 소개에 대한 응답, (25) 축하
2등급	(26) 개인 생활, (27) 가정 생활, (28) 학교 생활, (29) 직장 생활, (30) 판정(정의), (31) 정보습득 물어보기, (32) 신원 및 소유 확인 물어보기, (33) 확인에 대해 대답하기, (34) 동의하기, (35) 반대의견 말하기, (36) 부인하기, (37) 사과하기, (38) 용서표현하기, (39) 찬성 표현하기, (40) 느낌 및 감상 표현, (41) 아쉬움 표현
3등급	(42) 일상 생활, (43) 취미(여가 시간), (44) 주변 환경, (45) 공부(학교), (46) 직업, (47) 중국 사회생활, (48) 문화, (49) 능력 여부 말하기, (50) 능력 여부 묻기, (51) 동의(허락) 구하기, (52) 금지표현, (53) 희망(소망) 표현, (54) 희망(소망) 묻기, (55) 의지(의도) 표현, (56) 업무, (57) 여행, (58) 꿈(목표)
4등급	(59) 감정, (60) 태도, (61) 주장, (62) 풍속, (63) 습관, (64) 과학, (65) 문학예술, (66) 중국 시사, (67) 세계적 핫이슈(시사), (68) 기쁨(좋아함) 표현, (69) 불쾌함(싫어함) 표현, (70) 기쁨(좋아함) 묻기, (71) 불쾌함(싫어함) 묻기, (72) 감사표현, (73) 폭넓고 다양한 주제에 대한 상호대화
5등급	(74) 사회생활, (75) 직업생활, (76) 대학교육, (77) 직업교육, (78) 복합적 사안
6등급	-

6) 위수광(2015)은 의사소통기능 항목 제시 시 '의사소통기능'과 '화제'의 두 가지 소분류 기준을 가지고 이에 대해 각각의 등급별로 구체적인 항목을 제시하였는데 본고에서는 이 중 '화제'의 측면에서 중국어 의사소통 기능 항목을 고찰하고자 한다. 이는 위수광(2015)이 제시한 '의사소통 기능'은 '수용', '산출', '상호행위'의 세 가지 기준의 관점에서 각각의 등급에 해당하는 이 세 가지 기준의 표출 방식이 추상적으로 기술되어 있다. 이와 반면에 '화제' 항목의 경우는 각 등급에 따라 상황별, 주제별로 구체적이고 실제적인 행동 위주로 표현되어 있기 때문에 본고에서는 '화제' 항목을 본고의 의사소통기능 항목 분류 기준으로 삼기로 하였다. 또한 위의 〈표 2〉에서 위수광(2015)의 등급별 '화제' 항목 가운데 중복되는 항목은 삭제하고 제시하였는데 이로 인해 6등급의 경우는 '화제' 항목이 '복합적 사안' 하나로 설정되어 있어 5등급의 '복합적 사안' 화제와 중복되어 제시하지 않았음을 밝힌다. 이후 표현의 간략을 위해 '위수광(2015)'이라고 지칭하도록 한다.

위의 두 가지 의사소통기능 항목에 대해 개략적인 분석을 실시해 보면 우선 '중국공통 항목'은 90가지로 '위수광(2015)'의 항목인 78개와 비교해 볼 때 항목 수는 더 많은 것으로 나타나고 있다. 그러나 구체적으로 그 항목을 살펴보면 위수광(2015)이 제시한 '인사' 항목에 대해 '중국공통 항목'에서는 '打招呼(첫인사)', '問候(안부)', '寒暄(관습적 인사)'의 3가지 항목으로 세분하고 있기 때문에 그 항목 수가 많이 나타나는 결과라 하겠다. 무엇보다 위수광(2015)의 (59)번 항목 '감정'에 대해 '중국공통항목'은 后悔(후회), 害怕(두려움), 抱怨(원망), 慶幸(행운 / 다행), 震惊(놀람), 迷惑(미혹), 釋然(개운함), 无奈(어쩔 수 없음), 醒悟(각성), 責備(책망), 質問(추궁), 着急(조급함), 傷心(상심), 安慰(위로), 同情(동정), 關心(관심), 理解(이해), 輕視(경시), 遺憾(유감, 아쉬움)의 19개 항목으로 세분하고 있는 것이 가장 큰 차이점이라 볼 수 있다. 즉 '중국공통항목'은 위수광(2015)의 항목에 비해 수적으로는 많으나 다양한 상황을 포괄적으로 제시하고 있지는 못하다는 한계를 가지고 있다.

반면 위수광(2015)의 경우는 '중국공통항목'에 비해 비교적 포괄적으로 다양한 상황을 제시하고 있다. 예를 들어 '감정'의 경우도 '중국공통항목'에 포함되지 않은 (38) 용서표현하기, (36) 부인하기 등 다양한 상황에서의 감정 개념을 분류하고 있다. 특히 등급에 따라 (74) 사회생활, (75) 직업생활, (76) 대학교육, (77) 직업교육, (78) 복합적 사안 등과 같이 상황 위주의 비교적 포괄적인 의사소통 항목을 제시하고 있어 항목의 포괄성 측면은 '중국공통항목'에 비해 한 단계 발전된 항목을 제시했다고 볼 수 있다.

그러나 위수광(2015)의 의사소통기능 항목의 경우는 개념에 대한 항목과 상황에 대한 항목이 혼재되어 있다는 아쉬움이 있다. 예를 들어

5등급 단계의 (74) 사회생활이나 (75) 직업생활 항목의 경우는 이 전 등급인 4등급에서 제시된 '용서표현하기'나 '부인하기' 등의 항목과 비교했을 때 '개념'에 맞춘 항목이라기보다는 '상황'에 초점을 맞춘 항목으로 봐야 할 것이다.

사실 이와 같은 '개념'과 '상황'이 혼재된 항목 나열이라는 문제점은 위의 '중국공통항목'에서도 찾아볼 수 있다. 이는 두 가지 의사소통기능 항목 모두 VanEk(1988)의 의사소통기능 분류 기준인 (1) 사실적 정보 교환, (2) 지적 태도 표현, (3) 감정 표현, (4) 도덕적 태도 표현, (5) 권고와 설득, (6) 친교 활동의 기준에 의거하여 선정된 항목들이기 때문에 분류 기준 자체가 '감정 표현'과 같은 '개념'과 '친교 활동'과 같은 '상황'이 혼재되어 있기 때문에 나타나는 문제점이라 하겠다.[7]

본고에서는 이러한 위의 두 가지 의사소통기능 항목의 제한점을 보완하고자 두 의사소통기능 항목에서 제시하고 있는 항목을 모두 나열한 후 이를 화행이론에 근거하여 화행현상을 분류한 Katz(1977)의 제시 기준에 따라 이를 재분류해 보았다. 화행이론은 1960년대 영국의 언어학자들이 창시한 언어학이론으로서 '언어란 무엇인가?'보다는 '언어는 무엇을 하는가?' 즉 언어의 기능에 초점을 맞추어 인간의 의사소통 과정에서 보이는 '언어수행능력'을 분석하는 학문이다. 그렇기 때문에 이러한 화행이론에서 제시하고 있는 화행현상에 대한 구체적

---

7) 이는 중국에서 편찬된 각 요목의 대분류 기준을 살펴보면 알 수 있는데 (1)《對外漢語教學初級階段教學大綱》(1999), (2)《對外漢語教學中高級階段功能大綱》(1999), (3)《高等學校外國留學生漢語言專業教學大綱-功能大綱》(2002), (4)《高等學校外國留學生漢語教學大綱(長期進修)-功能大綱》(2002) 모두 의사소통기능 항목의 대분류 기준을 (1) 사실적 정보 교환, (2) 지적 태도 표현, (3) 감정 표현, (4) 도덕적 태도 표현, (5) 권고와 설득으로 제시하여 열거하고 있다.

인 분류는 기존의 의미론적 관점에서의 의사소통기능에 대한 기준에 비해서 보다 더 실질적이고 구체적으로 제시할 수 있다는 장점을 가지고 있다고 볼 수 있다. 화행이론의 대표적 학자인 Katz(1977)는 기존 학자인 Austin과 Searle의 화행 현상 분류 기준 중 부족한 부분을 좀 더 보완하고 세분화하여 총 8가지 화행행위로 제시했는데 구체적 내용은 아래 〈표 3〉과 같다.

〈표 3〉 Katz(1977)의 화행현상 분류 기준 및 세부 내용

	화행현상의 대분류	소분류
1	요청행위(Requestives)	질문하기(Question)
		요청하기(Urge)
		명령하기(Command)
2	충고행위(Advertises)	충고하기(Advise)
		제안하기(Suggest)
		경고하기(Warn)
		추천하기(Recommend)
3	정표행위(Expressives)	사과하기(Apologize)
		축하하기(Congratulate)
		감사하기(Thank)
		조문하기(Condole)
		개탄하기(Deplore)
		환영하기(Welcome)
		기타(인사하기, 소망하기, 가정하기)
4	허가행위(Permissives)	허가하기(Permissives)
5	의무행위(Obligatives)	보장하기(Guarantee)
		약속하기(Promise)
		결심하기(Resolve)
		맹세하기(Swear)

6	평서행위(Expositives)	긍정하기(Affirm)
		주장하기(Claim)
		양보하기(Concede)
		선언하기(Declare)
		진술하기(State)
		부정하기(negative)
7	명세행위(Stipulatives)	세례하기(Baptize)
		부르기(Call)
		명명하기(Name)
8	기타	환기 행위, 주목 끌기, 거짓 발화, 말 더듬기 등

다음으로 '중국공통항목'과 위수광(2015)의 의사소통기능항목을 합친 총 119개의 항목을 위의 8가지 화행행위 기준에 맞추어 재분류를 실시하였고 이는 아래 〈표 4〉와 같다.

〈표 4〉 Katz(1977)의 분류기준에 의한 중국어 의사소통기능 항목

요청행위 (14)	(1) 신상정보, (2) 가족상황, (3) 취미, (4) 숫자, (5) 시간, (6) 날짜, (7) 화폐(8) 邀请(요청), (9) 通知(통지), (10) 命令(명령), (11) 询问(질문), (12) 请求(도움요청), (13) 要求(요구), (14) 능력 여부 묻기
허가행위 (2)	(1) 承諾(승낙), (2) 制止(제지)
정표행위 (48)	(1) 打招呼(인사), (2) 问候(안부), (3) 寒暄(관습적 인사), (4) 感谢(감사), (5) 告辞(헤어지는인사), (6) 送别(헤어지기), (7) 祝愿(축원), (8) 祝贺(축하), (9) 欢迎(환영), (10) 相信(믿음), (11) 不相信(불신), (12) 怀疑(의심), (13) 表扬(칭찬), (14) 批评(비난), (15) 犹豫(망설임), (16) 估计(추측), (17) 喜欢(좋아함), (18) 不喜欢(싫어함), (19) 高兴(기쁨), (20) 不高兴(불쾌함), (21) 愿意(바람), (22) 满意(만족), (23) 不满意(불만족), (24) 希望(소망), (25) 失望(실망), (26) 担忧(걱정), (27) 称赞(칭찬), (28) 后悔(후회), (29) 害怕(두려움), (30) 抱怨(원망), (31) 庆幸(행운/다행), (32) 震惊(놀람, (33) 迷惑(미혹), (34) 용서표현하기, (35) 释然(개운함), (36) 无奈(어쩔수없음), (37) 醒悟(각성), (38) 责备(책망), (39) 质问(추궁), (40) 着急(조급함), (41) 伤心(상심), (42) 安慰(위로), (43) 同情(동정), (44) 关心(관심), (45) 理解(이해), (46) 轻视(경시), (47) 遗憾(유감, 아쉬움), (48) 道歉(사죄)

의무행위(2)	(1) 必须(의무), (2) 约定(약속)
충고행위(6)	(1) 建议(건의), (2) 提醒(상기), (3) 警告(경고), (4) 催促(재촉), (5) 委托(위탁), (6) 劝告(권고)
평서행위(38)	(1) 주장하기, 확인, (2) 완성, (3) 개인 생활, 취미 및 생활, (4) 가정 생활, (5) 학교 생활, (6) 직장 생활, (7) 판정(정의), (8) 풍속, (9) 습관, (10) 과학, (11) 문학예술, (12) 중국 시사, (13) 세계적 핫이슈(시사), (14) 폭넓고 다양한 주제에 대한 상호 대화 (15) 사회생활, (16) 대학교육, (17) 직업교육, (18) 복합적 사안 (19) 叙述(서술), (20) 说明(설명), (21) 解释(해석), (22) 描写(묘사), (23) 转告(전달), (24) 概括(개괄), (25) 纠正(교정), (26) 辨认(판별), (27) 知道(인지), (28) 능력 여부 말하기, (29) 否认(부인), (30) 同意(동의), (31) 反对(반대), (32) 肯定(긍정), (33) 否定(부정), (34) 承认(인정), (35) 接受(수락), (36) 拒绝(거절), (37) 服从(순종) (38) 决定(결정)
명세행위(1)	(1) 介绍(소개)
기타(8)	(1) 开始话题(대화의 시작), (2) 引入话题(화제유인), (3) 改变话题(화제전환), (4) 引起注意(주의끌기), (5) 重复(중복), (6) 插话(말중간의 강조구문), (7) 退出交谈(대화마무리), (8) 结束交谈(대화종료)

위의 재분류 작업을 통해 우리는 현재 대부분의 중국어 의사소통 기능 항목이 정표행위(Expressives)에 많이 분포되어 있는 것을 발견할 수 있다. 그러나 학습자가 최종적으로 모국어 화자와 대등한 중국어 의사소통 능력을 구비해야 한다는 교육 목표의 관점에서 살펴보았을 때 Katz(1977)의 '정표행위' 가운데 '조문하기'나 '개탄하기'와 같은 기본적 의사소통 기능 항목이 빠져 있어 향후 보다 더 다양한 의사소통 기능 및 상황에 대한 보완이 필요하다고 본다.

다음으로 비교적 다양한 의사소통 기능을 포함하고 있는 화행행위로는 '평서행위(Expositives)'로 나타나고 있는데 위의 '정표행위'의 경우와 마찬가지로 Katz(1977)가 제시한 '평서행위' 가운데 '양보하기'와 같은 기본적 의사소통 기능 및 상황이 누락되어 있음을 살펴볼 수 있다. 특히 '의무행위(Obligatives)'에 해당하는 중국어 의사소통 기능 항목은

'의무'와 '약속'의 두 가지로 전체 화행행위 가운데 가장 적은 의사소통 기능 항목을 포함하고 있는 행위로 나타나 향후 Katz(1977)의 분류 기준에 제시되어 있는 '결심하기'나 '보장하기'와 같은 기본적인 항목을 추가해야 할 것으로 보인다.

그러나 중국어 의사소통기능 항목에서는 '대화의 시작', '화제 유인', '화제 전환' 등과 같이 담화 전략에 대한 의사소통기능 항목을 비교적 상세하게 포함하고 있어 이는 매우 의미 있는 결과라 하겠다.

2. 중국어 회화 교재의 의사소통 기능 관련 기존 연구 고찰

주지하듯이 현재 중국어 교육학계에서는 교재 편찬 분야뿐만 아니라 교수 설계, 수업 진행, 교수 평가 등 전반 분야에서 학습자의 의사소통 기능 습득 및 제고를 강조하고 있다. 특히 교재 편찬과 관련하여 회화 교재의 경우 회화 본문 내용의 선정 시 의사소통 기능이 과학적이고 체계적으로 포함되어야 함을 주장하고 있는데 이를 위해 張力元(2016)은 중국에서 출간된 〈發展漢語〉와 〈階梯漢語〉의 초급 단계 교재를 선정하여 교재 본문의 의사소통기능 항목을 분석하였다. 분석 시 《長期進修大綱》의 의사소통기능 항목을 기준으로 의사소통기능의 수량, 분류, 배치순서, 중복 출현율을 중심으로 두 교재를 상세히 분석하였다. 마지막으로 이러한 분석 결과를 바탕으로 두 교재 본문의 의사소통기능을 보다 더 효과적으로 학습자에게 전달하기 위기 위한 몇 가지 교육적 제언을 제시하였는데 이는－(1) 학생 수요에 맞춘 의사소통 기능의 선정, (2) 감정 표현과 태도 표현에 치우친 기존의 의사소통 기능 항목 배열에 대해 '사교활동'과 '상황표현' 관련 의사소통

항목 포함 권고, (3) 의사소통기능의 중복 출현율 제고 －와 같다. 이외에도 王方(2014)은 최근 중국에서 출간된 7편의 초급 교재를 선정하여 교재 본문에서 다루고 있는 어법 항목과 의사소통 기능 항목에 대해 구체적인 통계 분석을 실시하였다. 이 중 의사소통 기능 항목과 관련해서는 위의 張力元(2016)의 주장과 유사하게 현재 중국어 초급 교재의 경우는 정보의 산출과 수락의 관점에서 살펴보았을 때, '감정 표현'이나 '질문하기' 등과 같은 '정보의 산출'에 해당하는 의사소통 기능 항목에 치중되어 있다는 문제점을 지적하고 있다. 그렇기 때문에 향후 '사교활동' 및 '사교기술'과 같은 '정보의 수락' 관점에서의 의사소통기능 항목을 보다 더 다양하게 다루어야 함을 주장하였다.[8)]

이상의 기존 연구결과에서 살펴보면 현재 중국어 교재의 의사소통기능 관련 연구의 대부분이 초급 회화 교재나 고급회화 교재와 같이 하나의 지정된 수준에 국한된 교재를 대상으로 의사소통기능 항목 분석이 이루어졌음을 알 수 있다. 즉 회화 교재의 초 · 중 · 고급 전체 시리즈를 연구 대상으로 다루고 있는 연구는 전무한 실정이다. 그러나 이는 학습자가 최종적으로 중국어 의사소통능력 습득 단계에 도달하기 위해 결국 초 · 중 · 고급 전체 단계를 거쳐야 하는 학습 과정의 연계성을 고려한다면 반드시 초 · 중 · 고급 전체 단계의 의사소통기능 항목의 선정과 배열에 대한 보다 정밀한 분석이 이루어져야 한다고 본다.

---

8) 이외에도 趙宏霞(2015)는 《新概念漢語》과 《實用中文》 고급 교재를 선정하여 이 두 교재의 의사소통기능 항목을 분석하였는데 그 연구결과 또한 張力元(2016) ; 王方(2014)의 연구결과와 유사하다.

Ⅲ. 회화교재 시리즈의 의사소통 기능분석

1. 교재 선정

앞서 언급한 바와 같이 본고에서는 중국어 의사소통기능 습득을 목적으로 집필된 회화 교재의 초 · 중 · 고급 전체 시리즈에서 다루고 있는 의사소통기능 항목에 대한 현황을 분석하고자 한다.

이를 위해 현재 한국과 중국에서 학습자들에게 가장 많이 사용되고 있는 대표적인 회화 교재 시리즈를 선정하는 작업이 선행되어야 할 것이다.

본고의 대표적인 회화 교재 시리즈의 선정 기준은 (1) 판매 및 사용량이 높은 교재, (2) 한국과 중국에서 동시에 사용되고 있는 회화 전문 교재, (3) 초 · 중 · 고급 전체 시리즈로 출간이 완료된 교재 이다. 즉 현재 중국어 교육 학계에서 권위를 인정받은 교재로서 학습자들에게 폭넓게 사용되고 있는 회화 교재의 초 · 중 · 고급 전체 시리즈의 의사소통기능 항목을 분석하는 것은 중국어 의사소통 기능 향상 관련 교육의 실제적 현황을 파악하는데 중요한 지침이 될 것이다. 본고에서는 중국(www.amazon.cn)과 한국(www.kyobobooks.co.kr)의 도서판매 사이트를 검색하여 위의 세 가지 기준에 부합하는 회화교재 시리즈로서 북경어언대학교출판사의 '한어구어속성(漢語口語速成)' 교재의 한국어판인 다락원 출판사의 '신공략중국어' 시리즈를 선정하였고 총 7단계로 구성된 본 시리즈의 각 단계별 교재의 일반적 사항은 아래 〈표 5〉과 같다.[9)]

---

9) 중국 www.amazon.cn 사이트에서 '중국어회화'를 키워드로 검색하여 '판매량'을 기준으로 재탐색한 결과 '한어구어속성'은 초 · 중 · 고급 전체 시리즈 모두가 판

〈표 5〉 분석 대상 교재에 대한 일반적 사항[10)]

북경어언대학교 출판사 '한어구어속성'의 한국어판 '신공략중국어'		
수준	교재명	저자
초급	신공략중국어 기초편(2005)	馬箭飛, 蘇英霞, 翟艷
	신공략중국어 초급편(2005)	馬箭飛, 蘇英霞, 翟艷
중급	신공략중국어 실력향상(상)편(2006)	馬箭飛, 蘇英霞, 翟艷
	신공략중국어 실력향상(하)편(2006)	馬箭飛, 蘇英霞, 翟艷
	신공략중국어 프리토킹편(2006)	馬箭飛, 李小榮
고급	신공략중국어 고급편(2006)	陳若君, 馬箭飛, 毛悅
	신공략중국어 완성편(2002)	馬箭飛, 朱子儀, 鄭蕊

2. 회화 교재의 의사소통 기능 분석

이제는 현재 중국어 교육학계에서 이루어지고 있는 의사소통기능 습득과 관련한 현황 파악과 발전 방안 모색을 위해 중국어 회화 교재의 본문 내용에 담겨진 의사소통기능 항목을 분석하고자 한다.[11)]

매량 10위 안에 진입되어 중국에서 가장 보편적으로 통용되고 있는 회화 교재 시리즈인 것으로 나타났다. 또한 한국 인터넷 교보문고(www.kyobobooks.co.kr)에서도 '중국어'를 키워드로 검색하여 10위 안에 속한 회화 교재 중 중국에서도 사용되고 있는 교재이면서 초 · 중 · 고급 전체 시리즈가 모두 출간된 교재를 탐색한 결과 '한어구어속성(漢語口語速成)' 시리즈로 선정되었다. 또한 본 회화 교재는 2006년 중국교육부에서 선정한 '보통고등교육' 십일오 '국가급기획교재'에 들어간 유일한 중국어 회화 교재 시리즈이기 때문에 그 권위성을 인정받은 교재라 할 수 있다. 본고에서는 전체 시리즈의 구입 접근성을 고려하여 본 '한어구어속성'시리즈의 한국어판인 다락원 출판사에서 출판된 '신공략 중국어' 시리즈를 사용하였음을 밝힌다.

10) '한어구어속성' 즉 '신공략중국어' 시리즈에 대한 초 · 중 · 고급 수준 구분은 교재 머리말에 명시된 주요 학습자 대상에 근거하여 이루어졌다.

11) 교재에서 담고 있는 본문 담화 구조에 대한 분석은 주요 학습 내용을 결정하고 그 질적인 측면을 개선하는데 있어 매우 중요한 역할을 담당한다고 볼 수 있다.

먼저 본고의 선정 교재인 '신공략 중국어' 시리즈를 초 · 중 · 고급 수준별로 나누어 각 단계에서 다루어지고 있는 의사소통기능항목을 조사하고 이에 대한 분석을 실시해 보았다. 또한 '원활한 중국어 의사소통능력 습득'이라는 학습 목표에 학습자들이 최종적으로 도달하기 위해 거쳐야 하는 일련의 단계 즉 학습의 연계성 측면에서 살펴보았을 때 현재 중국어 교육학계에서는 어떠한 의사소통기능 관련 교육이 이루어지고 있는가를 고찰해 보고자 한다.

이를 위해 선정된 회화교재에 대해 '의사소통기능' 측면에서 전체 초 · 중 · 고급 시리즈의 본문 내용을 분석해 보았다.

본 절에서는 앞선 2장에서 선행 연구 결과의 토대 위에 도출된 〈표 2〉의 'Katz(1977)의 분류기준에 의한 중국어 의사소통기능 항목' 기준에 의거하여 '신공략 중국어' 전체 시리즈를 분석 대상으로 삼고 각 교재 본문 내용에 담겨진 의사소통기능항목을 분석해 보고자 한다.[12)]

(1) 초급단계

이제는 '신공략 중국어' 시리즈 중 초급 단계에 속하는 '기초편'과 '초급편' 본문에 나타나는 의사소통기능을 살펴보도록 하겠다. 먼저 '기초편'에서 다루고 있는 의사소통기능은 아래 〈표 6〉과 같다.

그렇기 때문에 본고에서도 현재 중국어 교육학계에서 이루어지고 있는 의사소통기능 습득 관련 교육의 실태를 파악하고자 회화 교재의 본문 내용에서 다루고 있는 의사소통기능 항목을 분석하고자 한다.

12) 본고에서는 〈표2〉의 'Katz(1977)의 분류기준에 의한 중국어 의사소통기능 항목' 가운데 '기타'에 속하는 '대화의 시작'이나 '화제유인' 등과 같은 담화 전략 항목은 제외하고 나머지 7가지 행위 즉 '정표행위', '평서행위', '의무행위', '허가행위', '요청행위', '명세행위', '충고행위'에 속하는 의사소통기능항목만을 분석하기로 한다.

〈표 6〉 신공략중국어 '기초편'의 의사소통기능 항목[13]

본문명	화행행위(의사소통기능)	수량	의사소통상황 및 주제
1. 你好	정표(인사)	1	개인
2. 你好嗎	정표(안부)	1	개인
3. 你吃什么	요청(질문)	1	식당 / 상점
4. 多少錢	요청(화폐)	1	은행 / 카페
5. 圖書館在哪儿	요청(도움요청)	1	길위
6. 我來介紹一下	명세(자기소개 / 가족소개)	1	학교
7. 你身体好嗎	요청(신상질문), 정표(관습적 인사)	2	학교
8. 你是哪國人	요청(신상질문)	1	학교
9. 你家有几口人	요청(가족질문)	1	개인
10. 現在几点	요청(시간 및 날짜 질문)	1	학교
11. 辦公樓在教學樓北邊	평서(학교생활) /평서(묘사)	2	학교
12. 要紅的還是要藍的	요청(요구) / 요청(질문) / 요청(화폐)	3	상점
13. 你給我介紹介紹	요청(도움요청) / 요청(화폐)	2	상점
14. 咱們去嘗嘗, 好嗎	의무(약속) / 요청(질문)	2	식당
15. 去郵局怎么走	요청(도움요청) / 의무(약속)	2	길위
총계	요청(14) / 정표(3) / 의무(2) / 평서(2) / 명세(1)	22	

위의 〈표 6〉의 결과를 통해 알 수 있듯이, 전체 '기초편' 교재에서 다루어지고 있는 의사소통기능 항목은 총 22개이며, 가장 빈번하게 다루고 있는 화행행위는 '요청행위'로 이에 해당하는 총 14개의 세부 의사소통기능으로는 '질문하기', '신상정보 질문', '도움요청' 등이 주를 이루고 있다.[14] 다음으로는 '정표행위(Expressives)'로 '인사', '관습적

13) 의사소통기능항목 분석에 대해 본고의 의사소통기능 분석기준인 〈표 2〉의 화행행위별로 분류하고 괄호 안에는 이 화행행위에 해당하는 의사소통기능을 표시하였다.

14) 본고에서는 이후 각 의사소통기능항목 선정에 대한 이해를 돕기 위해 해당 의

인사', '안부'와 같이 구체적인 감정 표현의 정표행위보다는 형식적 입장에서 이루어지는 단순하고 획일화된 감정 표현이 정표행위 기능으로 다루어지고 있음을 알 수 있다.[15] '기초편'에서는 이 외에도 평서행위(Expositives) 가운데 '학교생활 서술'과 '묘사' 기능이 출현하고 있으며 의무행위 가운데 '약속하기' 기능도 교재 후반부에서 출현하고 있음을 살펴볼 수 있다.[16]

다음으로 신공략중국어 '초급편'에서 다루어지고 있는 의사소통기능 항목을 살펴보도록 하자.

〈표 7〉 신공략중국어 '초급편'의 의사소통기능 항목

본문명	화행행위(의사소통기능 항목)	수량	의사소통상황 및 주제
1. 他正在等他愛人呢	평서(개인생활), 평서(직장생활)	2	상점, 직업, 미래계획
2. 剛才你去哪儿了	요청(질문), 의무(약속)	2	쇼핑, 주말계획
3. 秋天了	평서(묘사), 평서(개인생활)	2	가을풍경, 개인 생활 및 변화
4. 你游泳游得怎么樣	요청(취미), 정표(칭찬), 정표(추측)	3	취미생활
5. 明天我要去回國了	정표(헤어지기), 정표(비난), 요청(질문)	3	귀국계획, 약속상황

사소통기능을 표현하는 대표적인 예문을 제시하고자 한다. 예를 들어 '도움요청' 기능은 제13과 126페이지의 "我想買个随身听, 您給我介紹介紹." 문장을 통해 추출하였다.

15) '정표행위'의 '안부' 기능은 제2과 21페이지 "你爸爸, 媽媽都好嗎?" 문장에서 추출하였다.

16) '의무행위'의 '약속' 기능은 제14과 138페이지 "今天晚上我有事, 明天中午好嗎? : 好!"에서, '평서행위(Expositives)'의 '묘사' 기능은 제11과 104페이지 "桌子上邊有一本書, 一个台灯"에서 추출하였다.

6. 你去過香山嗎	요청(질문), 요청(도움요청),	2	북경유학생활
7. 門開着	평서(묘사)	1	집안, 시장
8. 你打錯了	요청(도움요청), 정표(비난), 평서(전달)	3	전화상 대화
9. 她出去了	요청(질문), 허가(승낙), 정표(사과), 요청(도움요청), 정표(감사)	5	기숙사
10. 他恐怕去不了	요청(요청), 의무(약속), 평서(거절), 충고(건의), 평서(수락)	5	영화관
11. 西安比北京還熱	충고(건의), 평서(수락), 정표(소망), 정표(추측)	4	여행 계획, 미래 계획
12. 你把自行車放在哪儿了	요청(도움요청) / 평서(수락) / 정표(추측)	3	부탁하기
13. 快把空調關上	요청(도움요청) / 평서(수락) / 정표(걱정) / 정표(관심) / 충고(권고)	5	병원, 집안
14. 錢包被小偷偷走了	정표(불쾌함) / 정표(놀람) / 충고(권고) / 충고(건의)	4	집안
15. 祝你一路平安	정표(헤어지기) / 정표(송별) / 정표(감사)	3	공항
총계	정표(14)/ 평서(10) / 요청(9) / 충고(5) / 허가(1)	39	-

위의 〈표 7〉을 통해 알 수 있듯이 '초급편'에서는 '기초편'에 비해 17개의 의사소통기능항목이 증가하여 총 39개의 의사소통기능항목이 다루어지고 있다. 또한 '기초편'에서는 한 단원에서 보통 한 개 혹은 두 개 정도의 의사소통기능 항목이 제시되고 있는 반면 '초급편'에서는 한 단원에서 평균 3개 정도의 의사소통기능 항목이 제시되고 있다. 이 외에도 앞선 '기초편'에서는 '요청행위'가 가장 주요한 의사소통 행위였다면 '초급편'에서는 '정표행위(Expressives)'가 총 14개 항목으로 나타나 가장 주요하게 다루어지고 있는 화행행위로 나타나고 있다. 즉 구체적 감정 표현의 화행행위가 '초급편'에서 출현하기 시작함을 의미한다고 하겠다. 즉 제9과에서 "眞抱歉, 讓你久等了."와 같은 '사과' 기

능의 내용을, 제14과에서는 "你看, 胳膊和腿都被撞靑了, 眞倒霉."와 같은 '불쾌함'의 기능을 나타내는 내용들이 제시되어 있음을 찾아볼 수 있다. 이외에도 '기초편'에서 다루어지지 않은 '충고행위' 즉 '건의'나 '권고' 기능이 출현한 것도 주의 깊게 살펴봐야 할 결과라 하겠다.[17]

(2) 중급단계

이제는 중급단계에 속하는 교재들에서 각각 중점적으로 다루고 있는 의사소통기능항목을 살펴보도록 하자.

먼저 '실력향상(상)' 편에서 다루고 있는 의사소통기능 항목은 총 55개이다. 이는 한 단원에서 평균적으로 약 4개 정도의 의사소통기능 항목이 제시되고 있다고 볼 수 있는데 위의 '초급편'에서 한 단원의 의사소통기능 항목이 3개였던 경우와 차별화된 결과라 하겠다. 화행행위별로 살펴보면 '평서행위(Expositives)'와 관련한 의사소통기능항목이 총 23가지로 가장 많은 수를 차지하고 있고, '결정', '수락', '묘사', '추측' 등의 다양한 의사소통 기능이 포함되어 있음과 동시에 중급단계에서부터 '중국 시사'나 '세계적 핫이슈' 등 학습자들의 배경지식을 함께 요구하는 '평서행위'의 의사소통 기능이 제시되기 시작함을 알 수 있다.[18] 다음으로는 '정표행위(Expressives)'와 관련한 의사소통기능이 총

17) 위의 설정된 '건의'와 '권고' 기능은 의미가 유사한 기능이나 본고에서는 '건의'는 화자와 청자가 모두 함께 참여하는 활동이나 의견을 제시한 경우로, '권고'는 화자가 포함되지 않은 활동이나 의견을 제시한 경우로 구분하여 분석하였음을 밝힌다.

18) 예를 들어 '결정' 기능에 대한 예문은 제5과 59페이지의 "最后他決定打車去黃勇家做客"에서, '수락' 기능에 대한 예문은 제8과 91페이지의 "好的我明天中午來取"에서, '반대' 기능에 대한 예문은 제10과 114페이지의 "不行! 從明天起不許坐電梯了, 每天爬樓梯!"에서 추출하였다.

18가지로 나타나는데 주목할 점은 세부 내용을 살펴보면 '어쩔 수 없음', '후회', '싫어함', '의심', '불만족', '비난', '실망' 등과 같은 부정적 정표행위가 본 '실력향상(상)' 편에서 본격적으로 제시되고 있다는 점이다.[19] 그리고 '기초편'에서 주를 이루었던 '요청행위'는 본 단계에 이르러 간단한 질문으로만 구성된 '요청행위'로 축소화되었다는 점도 의미 있는 결과라 하겠다. 자세한 분석 결과는 아래 〈표 8〉과 같다.

〈표 8〉 신공략중국어 '실력향상(상)'의 의사소통기능 항목

본문명	화행행위(의사소통기능항목)	수량	의사소통상황 및 주제
1. 認識一下	명세(소개) / 정표(인사) / 평서(서술)	3	학교
2. 吃点什么	요청(질문) / 평서(서술)	2	식당
3. 在校園里	정표(인사) / 정표(만족) / 요청(질문) / 평서(학교생활)	4	학교
4. 住的麻煩	정표(불쾌함) / 정표(어쩔수 없음) / 충고(권고) / 평서(서술)	4	방안
5. 怎么去好	충고(건의) / 평서(결정) / 평서(설명) / 평서(서술)	4	여행계획
6. 做客	정표(관습적인사) / 정표(환영) / 평서(습관)	3	초대상황
7. 旅行計划	요청(도움요청) / 평서(결정) / 평서(설명) / 충고(건의)	4	여행계획
8. 生活服務	요청(요청) / 평서(수락) / 평서(설명) / 정표(조급함)	4	세탁소, 자전거 수리점
9. 北京的市場	요청(요청) / 충고(건의) / 정표(의심) / 평서(사회생활)	4	길위, 쇼핑 계획
10. 爲了健康	정표(걱정) / 충고(재촉) / 평서(반대) / 평서(거절) / 평서(개괄)	5	집안, 아파트계단

19) '어쩔수 없음'에 대한 기능은 제4과 45페이지의 "她既沒說同意, 也沒說不同意只是說再等等"에서 '후회' 기능은 제11과 제127페이지의 "我正在后悔呢, 前几天我剛買了一條裙子"에서 추출하였다.

11. 購物	요청(도움요청) / 요청(질문) / 평서(결정) / 정표(좋아함) / 평서(거절) / 정표(후회)	6	안경점, 옷가게
12. 談論朋友	정표(놀람) / 평서(인정) / 정표(유감) / 평서(동의) / 평서(묘사)	5	친구에 대해 얘기하기
13. 旅行歸來	정표(만족) / 요청(질문) / 평서(긍정) / 정표(두려움) / 정표(불만족) / 정표(원망) / 평서(폭넓고 다양한 주제)	7	여행소감
총계	평서(23) / 정표(18) / 요청(8) / 충고(5) / 명세(1)	55	

이제는 두 번째 중급 교재에 해당하는 '신공략중국어 실력향상(하)'를 살펴보도록 하자.

아래 〈표 9〉에서 보는 바와 같이 먼저 '실력향상(하)' 편에서 다루고 있는 의사소통기능 항목은 총 65개로서 한 단원에서 평균적으로 약 5개 정도의 의사소통기능 항목이 제시되어 있음을 알 수 있다. 주목할 것은 위의 '실력향상(상)' 편과 가장 두드러진 차이점으로 의사소통 상황 및 주제의 범위가 확대되었다는 점을 들 수 있다. 즉 이전 단계에서 여행 계획이나 물건 사기 등 개인적 영역에 관련한 대화 위주로 의사소통 상황이 제시되었다면 본 단계에서는 사회적 영역, 예를 들어 TV프로그램에 대한 대화나 '중국인의 약 남용 현상' 혹은 '북경의 계절' 등과 같이 폭넓은 주제에 대한 의사소통 상황이 제시되고 있다는 점이다. 그렇기 때문에 위의 '실력향상(상)' 편과 달리 이러한 사회현상이나 주제에 대한 개인의 감정이나 태도를 전달하는 '정표행위(Expressives)'가 총 26개로 가장 많이 다루어지고 있다. 이는 상대방에게 외부 상황이나 주제에 대해 자신의 의견이나 태도를 전달하는 진정한 의미의 '정표행위(Expressives)'의 의사소통기능을 잘 반영하고 있는 증거라 하겠다. 이러한 '정표행위'의 구체적 기능으로는 '싫어함', '위로'

등이 주를 이루고 있다.[20] '평서행위(Expositives)'는 총 24개 항목으로 '실력향상(상)' 편과 유사하게 사회 현상에 대한 '설명'이나 '묘사' 등이 주를 이루고 있다.[21]

〈표 9〉 신공략중국어 '실력향상(하)'의 의사소통기능 항목

본문명	화행행위(의사소통기능항목)	수량	의사소통상황 및 주제
1. 体育健身	정표(싫어함) / 정표(의심) / 요청(질문) / 정표(불만족) / 충고(건의) / 평서(설명) / 평서(개인생활)	7	수영장, 운동
2. 各有所爱	정표(놀람) / 평서(반대) / 정표(싫어함) / 평서(부정) / 정표(비난) / 평서(개괄)	6	집안, TV프로그램
3. 理想的職業	요청(질문) / 평서(설명) / 평서(중국시사)	3	직업 선택
4. 業余愛好	요청(질문) / 평서(반대) / 평서(설명) / 평서(복합적사안)	4	취미활동, TV드라마 중독현상
5. 中國家庭	정표(놀람) / 평서(묘사) / 정표(상심) / 정표(위로) / 요청(질문) / 평서(가정생활)	6	가족사진, 중국 가족 구조의 변화
6. 看望病人	요청(질문) / 정표(위로) / 정표(걱정) / 정표(다행) / 평서(습관) / 평서(판별)	6	병원(병실), 중국인의 약 남용 현상
7. 生活習慣	충고(권고) / 정표(칭찬) / 평서(습관)	3	전화상, 중국인의 생활습관
8. 看比賽	충고(재촉) / 평서(동의) / 충고(건의) / 정표(실망) / 정표(비난) / 의무(약속) / 평서(세계적핫이슈)	7	경기장, 중국에서 보는 영국축구경기

20) 예를 들어 '싫어함'에 대한 예문은 제1과 9페이지의 "這天眞够熱的"나 제2과 19페이지의 "這个電視劇又慢又長, 眞沒勁!"에서 찾아볼 수 있다. '위로하기'의 경우는 제6과 61페이지의 "你好好養傷."이 이에 속한다고 볼 수 있다.

21) '평서행위(Expositives)'의 '설명' 기능은 제4과 42페이지의 "主要是由于集郵能讓人心情愉快, 除此之外集郵還能增長許多知識."에서 '묘사' 기능은 제9과 92페이지 "山上的花草樹木, 紅的, 黃的, 綠的都有."에서 추출하였다.

9. 春夏秋冬	정표(다행) / 평서(추측) / 평서(설명) / 요청(질문) / 평서(묘사)	5	여름 날씨, 북경의 봄 여름 가을 겨울
10. 友好交往	충고(건의) / 평서(거절) / 평서(수락) / 정표(칭찬) / 명세(소개) / 정표(인사) / 평서(학교생활)	7	학교, 농구경기장, 중국친구에 대한 소개
11. 你考得怎么樣	요청(질문) / 정표(불쾌함) / 정표(위로) / 정표(놀람) / 정표(칭찬) / 정표(이해) / 평서(학교생활)	7	학교성적, 시끄러운 이웃, 시험준비
12. 告別	정표(헤어지는인사) / 정표(유감) / 정표(축원) / 충고(건의)	4	학교
총계	정표(26) / 평서(24) / 요청(7) / 명세(1) / 의무(1)	65	

이제는 중급단계의 가장 높은 수준에 속하는 '프리토킹' 편의 의사소통기능 항목을 살펴보도록 하겠다. 본 '신공략 중국어'의 중급단계는 총 3단계로 나뉘어져 있는데 위에서 살펴본 바와 같이 중급 초기단계인 '실력향상(상)' 편에서는 학습자의 배경 지식을 활용하여 중국어로 표현하는 '평서행위'에 대한 의사소통기능 습득 훈련이 주목적으로 제시되고, 중기 단계인 '실력향상(하)' 편에서는 사회적 영역 주제에 대한 화자의 감정 및 태도를 전달하는 '정표행위' 위주로 의사소통기능이 제시되고 있다. 중급단계의 마지막 단계인 본 '프리토킹' 편에서는 총 87개의 의사소통기능 항목 가운데 35개의 '평서행위'와 29개의 '정표행위'로 두 가지 행위 모두 중점적으로 다루어지고 있음을 살펴볼 수 있다. 뿐만 아니라 총 35개의 '평서행위' 가운데 '서술' 기능이 총 7번으로 나타나 중복 출현율이 가장 높은 의사소통기능 항목인 점도 주목해야 할 부분이다. 이러한 결과를 통해 위의 이전 두 단계를 종합하여 사회적 영역과 관련한 주제에 대해 보다 더 구체적으로 이를 서

술하는 '평서행위' 기능과 '정표행위' 기능을 결합하는 것이 본 단계의 주목적임을 추측해 볼 수 있다.

뿐만 아니라 '충고행위'에 대해서도 '권고'와 '건의' 기능을 중심으로 총 10번의 의사소통기능이 출현하고 있다는 점도 위의 이전 단계와는 차별화된 결과라 할 수 있겠다.[22]

〈표 10〉 신공략중국어 '프리토킹' 편의 의사소통기능 항목

본문명	화행행위(의사소통기능항목)	수량	의사소통상황 및 주제
1. 讓我們認識一下	명세(소개), 정표(환영), 정표(인사), 요청(요청)	4	학교, 회사
2. 健康第一	정표(칭찬), 요청(질문), 정표(관심), 충고(권고), 정표(걱정), 평서(설명)	6	건강 관련 주제
3. 好東西人人愛吃	요청(요청), 평서(반대), 충고(건의), 정표(의심), 평서(서술), 평서(순종), 정표(불만족)	7	식당, 부엌
4. 這种款式适合我嗎	요청(질문), 정표(만족), 평서(묘사), 평서(서술)	4	옷가게, 옷차림에 대한 주제
5. 你喜歡逛商店嗎	요청(요청), 평서(동의), 정표(실망), 충고(권고), 정표(칭찬), 평서(개인생활)	6	상점, 가구점
6. 生活有時侯就是瑣碎的	요청(요청), 정표(아쉬움), 충고(권고), 평서(개인생활), 평서(인정)	5	방안, 수리와 관련한 주제
7. 讓我們輕松一下	평서(반대), 평서(결정), 충고(건의), 평서(개괄), 평서(개인생활)	5	방안, 여가 생활과 관련한 주제
8. 計划赶不上變化	정표(소망), 충고(건의), 평서(동의), 정표(의심), 정표(상심)	5	방안, 직업계획 및 여행계획 관련주제
9. 大手大脚還是精打細算	충고(권고), 정표(바람), 정표(불쾌함), 평서(가정생활)	4	길위, 저축에 관한 주제

22) 예를 들어 '충고행위' 중 '권고' 기능은 제2과 20페이지의 "以后可千万小心点儿吧."에서 '건의' 기능은 제3과 29페이지의 "清蒸皖魚怎么樣? 清淡可口很好吃"에서 추출하였다.

10. 我想咨詢一下	평서(학교생활), 평서(직장생활), 요청(질문)	3	학교, 직장
11. 有話好商量	요청(요청), 정표(바람), 정표(감사), 평서(수락), 정표(사과), 요청(도움요청)	6	학교, 전화상
12. 我們生活在人群里	정표(걱정), 충고(건의), 평서(동의), 정표(불만족), 평서(학교생활), 평서(서술)	6	기숙사, 직장동료간 주제
13. 特別的經歷	평서(서술), 정표(인사), 정표(불만족), 정표(조급함)	4	당황스러웠던 상황에 대한 주제
14. 我想去旅行	요청(질문), 충고(건의), 평서(서술), 정표(의심)	4	학교, 여행계획
15. 誰能說自己不喜歡藝術	평서(설명), 요청(질문), 평서(재촉), 충고(건의), 평서(거절), 정표(불만족)	6	음악, 영화, 전시회
16. 輕輕松松掙大錢	정표(축하), 평서(직장생활), 평서(서술)	3	직업
17. 永遠的愛情永遠的家	평서(가정생활), 충고(권고)	2	결혼 및 결혼생활에 대한 주제
18. 地球村	요청(도움요청), 평서(폭넓고 다양한 주제에 대한 상호대화), 평서(해석)	3	학교, 외국 친구와의 우정에 대한 주제
19. 我們的生活	정표(다행), 평서(중국시사), 정표(불만족)	3	교통체증, 인터넷의 장단점
20. 今天有什么新聞	평서(세계적 핫이슈)	1	내몽고 화재, 금융위기
총계	평서(35) / 정표(29) / 요청(12) / 충고(10) / 명세(1)	87	

(3) 고급단계

마지막으로 고급단계에 속하는 교재들에서 각각 중점적으로 다루고 있는 의사소통기능항목을 살펴보면, 아래 〈표 10〉과 〈표 11〉의 결과에서 보는 바와 같이 '고급편'과 '완성편' 모두 '평서행위'를 중점적으로 다루고 있음을 관찰할 수 있다.

〈표 10〉 신공략중국어 '고급' 편의 의사소통기능 항목

본문명	화행행위(의사소통기능항목)	수량	의사소통상황
1. 不同的文化	평서(풍속) / 평서(해석) / 평서(서술) / 정표(싫어함) / 정표(이해) / 평서(폭넓고 다양한 주제에 대한 상호대화)	6	중국인과 서양인 간 문화차이
2. 父母与子女	평서(서술) / 평서(가정생활) / 평서(폭넓고 다양한 주제에 대한 상호대화) / 평서(반대) / 평서(판별) / 정표(불만족)	6	부모와 자녀와의 관계
3. 讓孩子吃苦	평서(중국시사) / 평서(서술) / 정표(의심) / 평서(해석) / 평서(반대) / 정표(믿음) / 평서(복합적사안) / 평서(폭넓고 다양한 주제에 대한 상호대화)	8	중국의 자녀양육상의 문제점
4. 拾金不昧要不要回報	평서(서술) / 정표(칭찬) / 정표(반대) / 평서(풍속) / 평서(판정)	5	세 가족의 '拾金不昧'에 대한 관점
5. 鄰里關系	정표(비난) / 정표(추궁) / 평서(판별) / 평서(서술) / 요청(질문) / 정표(불쾌함) / 평서(풍속)	7	두 이웃 사이의 분쟁, 중국 전통 가옥 구조에 대한 향수
6. 夫妻之間	평서(가정생활) / 정표(이해) / 평서(반대) / 충고(경고) / 평서(교정)	5	부부사이의 비밀에 대한 관점
7. 家庭服務員	평서(서술) / 정표(이해) / 정표(사과) / 요청(질문) / 평서(동의) / 평서(인정) /충고(상기)	7	이상적인 가사도우미에 대한 관점
8. 誰來保護消費者	평서(서술) / 정표(불신) / 평서(반대) / 평서(중국시사) / 정표(동의) / 평서(해석)	6	중국 '王海' 현상에 대한 관점
9. 烟与酒	평서(폭넓고 다양한 주제에 대한 상호대화) / 평서(설명) / 정표(경시) / 평서(풍속)	4	흡연의 장단점, '술'에 대한 중국인의 관점
6. 夫妻之間	평서(가정생활) / 정표(이해) / 평서(반대) / 충고(경고) / 평서(교정)	5	부부사이의 비밀에 대한 관점
7. 家庭服務員	평서(서술) / 정표(이해) / 정표(사과) / 요청(질문) / 평서(동의) / 평서(인정) / 충고(상기)	7	이상적인 가사도우미에 대한 관점
8. 誰來保護消費者	평서(서술) / 정표(불신) / 평서(반대) / 평서(중국시사) / 정표(동의) / 평서(해석)	6	중국 '王海' 현상에 대한 관점

9. 烟与酒	평서(폭넓고 다양한 주제에 대한 상호대화) / 평서(설명) / 정표(경시) / 평서(풍속)	4	흡연의 장단점, '술'에 대한 중국인의 관점
10. 尊重生命	평서(폭넓고 다양한 주제에 대한 상호대화) / 평서(서술) / 평서(설명) / 평서(해석) / 평서(동의) / 평서(부정) / 평서(반대)	7	시한부 남편을 극진히 간호한 부인에 대한 이야기, '안락사'에 대한 관점
11. 給我一片藍天	평서(세계적 핫이슈) / 요청(도움요청) / 평서(동의) / 평서(개괄)	4	환경보호의 여러 가지 방식
12. 話說广告	평서(폭넓고 다양한 주제에 대한 상호대화) / 정표(불만족) / 정표(만족) / 요청(질문) / 평서(부인하기) / 평서(인정)	6	광고에 대한 관점
13. 讓我們關注生活質量	평서(세계적 핫이슈) / 요청(질문) / 평서(동의) / 평서(중국 시사)	4	삶의질에 대한 세계인들의 보편적 관점과 중국인들의 관점
14. 网絡給我們帶來了什么	평서(중국시사) / 평서(인정)	2	인터넷 중독의 사례, 인터넷의 장단점에 대한 관점
총계	평서(52) / 정표(19) / 요청(4) / 충고(2)	77	

먼저 〈표 10〉의 결과에서 보는 바와 같이 총 77개의 의사소통기능 항목이 제시되고 있는데 이 중 80%에 가까운 52개의 항목이 모두 '평서행위'로 나타나고 있다. 특히 이전 중급단계에서 간헐적으로 다루어지던 '폭넓고 다양한 주제에 대한 상호 대화'의 의사소통기능이 자주 제시되고 있어 고급 단계에서는 사회 및 문화 현상에 대해 화자가 논리적으로 요약하고 이에 대한 자신의 생각을 정리하는 기능을 중점적으로 다루고 있음을 유추해 볼 수 있다. 특히 '의사소통상황 및 주제' 측면에서 살펴보면 '시한부 남편을 간호하는 부인의 에피소드'나 '중국인들의 삶의 질에 대한 관점' 등 추상적이고 고차원적인 화제에 대

한 서술이 본 단계에 이르러 처음으로 출현하고 있다는 점도 주목해야 할 부분이다.

〈표 11〉 신공략중국어 '완성' 편의 의사소통기능 항목

본문명	화행행위(의사소통기능항목)	수량	의사소통상황
1. 喜歡与喜歡	평서(개인 및 취미생활)	1	술, 코카콜라, 휴일
2. 談自己談別人	평서(문학예술), 평서(개인생활)	2	명인들의 자서 내용, 중국 여류작가 '氷心'
3. 口述實彔	평서(중국시사), 정표(소망)	2	길거리에서 그림을 파는 남자 인터뷰 내용, 자전거에 대한 견해
4. 談親請	평서(가정생활)	1	父情, 母情에 대한 견해
5. 談人際關系	평서(중국시사)	1	인간관계에 대한 견해
6. 戀愛与婚姻	평서(개인생활), 평서(중국시사)	1	사랑과 결혼에 대한 이야기, 구혼광고에 대한 견해
7. 广告的是是非非	평서(중국시사)	1	광고에 대한 견해
8. 当消費者的感受	평서(중국시사)	1	소비자와 종업원과의 관계에 대한 견해
9. 這个時代的浪漫	평서(대학생활)	1	대학생활의 변화
10. 孩子啊孩子	평서(폭넓고 다양한 주제에 대한 상호대화)	1	자녀양육에 대한 관점
11. 面對尷尬	평서(폭넓고 다양한 주제에 대한 상호대화)	1	다이어트에 대한 관점
12. 說話的語气	정표(놀람), 요청(도움요청)	2	이웃간 오해로 생기는 에피소드
13. 爭辯	정표(불신), 정표(의심), 정표(불쾌함), 정표(용서표현하기)	4	언쟁에서 생기는 에피소드
14. 嘲諷	정표(추측), 정표(불쾌함), 정표(어쩔수없음), 평서(개인생활)	4	중국사회의 늦은 일처리에 대한 풍자
15. 同情与挖苦	정표(위로), 정표(불쾌함)	2	회사를 퇴사한 여성의 에피소드
총계	평서(13) / 정표(11) / 요청(1)	25	

이제 본 선정 교재의 최고 높은 단계인 '완성편'에서 다루고 있는 의사소통기능항목을 살펴보도록 하겠다. 위의 〈표 11〉을 통해 알 수 있듯이 '완성편'에서 제시되는 의사소통기능항목은 총 25개로서 '고급편'에 비해 오히려 제시하고 있는 의사소통항목수가 감소함을 보여준다. 이는 '완성편'의 경우는 회화 교재임에도 불구하고 명서나 수필집 혹은 방송대본 등을 편집하여 수록했기 때문에 다양한 의사소통기능을 포함하지 못한 결과라 할 수 있다. 이러한 결과는 향후 중국어 회화교재편찬의 중요한 방향을 제시한다고 할 수 있다. 즉 회화 교재의 의사소통기능을 향상시키기 위해서는 기존의 글이나 방송 대본 등과 같은 자료를 사용하기 보다는 해당 단계에서 익혀야 할 의사소통기능항목수를 고려하여 계획적이고 체계적으로 집필되는 것이 바람직하다는 것이다. 그렇기 때문에 중국어 의사소통기능 관련 교육의 질을 제고하기 위해서는 반드시 선행 연구 결과의 토대 위에 관련 주제에 대한 교재 연구나 교수법 개발 등과 같은 학술적 연구가 기반이 되어야 할 것이다.

(4) '신공략중국어' 전체 시리즈에 대한 의사소통기능 항목분석

본 절에서는 교재 편찬 및 교육의 연계성 측면에서 출발하여 초 · 중 · 고급 전체 과정의 중국어 회화 교재에서 다루고 있는 의사소통기능항목이 무엇인지 탐색하고 그 특성 및 한계점을 분석해 보도록 하겠다. 먼저 선정 회화 교재를 구성하고 있는 초 · 중 · 고급 전체 7단계에서 각각 제시하고 있는 의사소통항목수를 살펴보도록 하자.

〈그림 1〉 신공략중국어 전체 시리즈의 단계별 의사소통기능수

위의 〈그림 1〉에서 보는 바와 같이 선정 회화 교재의 초 · 중 · 고급 전체 일련의 과정에서 살펴보면 의사소통기능 향상 관련 교육은 주로 중급 단계에서 중점적으로 이루어지고 있음을 유추해 볼 수 있다. 그러나 위의 결과에서 한 가지 간과해서는 안 될 부분은 의사소통기능 관련 교육 내용이 오히려 고급에 갈수록 현저히 떨어진다는 점이다. 이는 위의 각 단계별 분석에서도 이미 언급한 바와 같이 실제 의사소통상황과 중국어 표현능력이 결합되어 학습자가 최종적으로 '중국어 의사소통능력 습득' 단계에 이르러야할 고급단계가 학습자들에게 이러한 관련 학습 내용을 충분히 제공하고 있지 못하다는 문제점을 발견할 수 있게 해 준다. 이는 본고에서 살펴본 교재의 내용 분석면에서뿐만 아니라 교육어법의 선정 및 교수 평가 등 중국어 교육의 전반 분야에서 나타나고 있는 공통적인 문제점이다. 즉 초급과 초 · 중급 단계의 경우는 이미 학계의 노력으로 충분한 검토가 이루어진반면, 고급단계에 이르렀을 때 학습자가 '무엇을 배워야 하는가?'에 대한 부분은 아직 연구 결과가 빈약한 실정이다. 그렇기 때문에 향후 고급단계에서 학습자들에게 보다 더 적극적이고 효과적으로 의사소통기능항목을 제시하고 이를 습득하도록 유도하는 노력이 필요할 것이다.

이제는 각 단계별로 중점적으로 다루어지고 있는 화행행위 및 의사소통기능은 무엇인지를 살펴보도록 하자.

〈표 12〉 신공략중국어 전체 시리즈의 각 단계별 주요 화행행위

수준	교재명	주요 화행행위 (해당 의사소통기능항목수/전체 의사소통기능항목수)
초급	기초편	요청행위(14/22)
초급	초급편	정표행위(14/39)
중급	실력향상(상)편	평서행위(23/55)
중급	실력향상(하)편	정표행위(26/65)
중급	프리토킹편	평서행위(35/87)
고급	고급편	평서행위(52/77)
고급	완성편	평서(12/24)

위의 〈표 12〉에서 보는 바와 같이 선정 교재에서는 중국어 학습의 입문 단계에서는 주로 '요청행위' 위주의 의사소통기능 항목이 제시되고 있고, 그 다음 초급 단계에서는 간단한 감정 및 태도를 표현하는 '정표행위'가 주요 화행행위로 다루어지고 있다. 중급에 이르러서야 '평서행위' 위주의 의사소통기능 항목이 중점적으로 제시되고 이 단계에서는 주로 화자의 배경지식을 활용한 사회 영역 문제의 서술과 화자의 이에 대한 관점 및 태도 표현이 주요 화행행위로 제시되고 있다. 고급단계에서는 보다 더 복합적이고 고차원적인 화제에 대한 설명 및 서술을 주요 학습 내용으로 제시하여 고급 단계 내내 '평서행위'에 맞추어진 의사소통기능 항목이 제시되고 있다. 이러한 결과는 현재 중국어 교육 학계에서는 화자-청자의 쌍방향 대화 즉 실제 의사소통상황이 가장 집중적으로 제시되어야 하는 회화 교재에서도 실제적이고 구체적인 의사소통상황에서 필요로 하는 화행행위보다는 일방적인 서술 및 설명에 초점이 맞추어진 '평서행위' 위주로 교수 내용이 제시되고 있다는 점에서 아쉬운 부분이라 하겠다.

이제는 선정 교재의 전체 시리즈에서 다루어지고 있는 화행행위 및

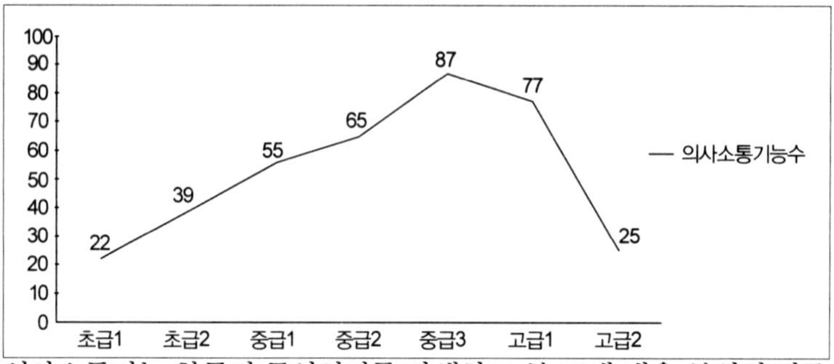

의사소통기능 항목이 무엇인지를 탐색하고 본 교재 내용 분석의 기준이 되었던 〈표 2〉의 'Katz(1977)의 분류기준에 의한 중국어 의사소통기능 항목' 기준과의 비교를 통해 누락된 의사소통기능항목이 무엇인지 살펴보도록 하자.

〈표 13〉 신공략중국어 전체 시리즈에 수록된 의사소통기능항목

화행행위 (의사소통기능수)	의사소통기능항목(출현수)
정표행위(42)	불만족(8), 불쾌(7), 칭찬(7), 놀람(4), 인사(6), 의심(6), 이해(4), 만족(4), 걱정(3), 싫어함(3), 바람(3), 어쩔수없음(2), 환영(2), 유감(2), 상심(2), 위로(4), 다행(3), 실망(2), 관습적 인사(2), 소망(2), 사과(2), 불신(2), 조급(2), 기쁨, 비난, 두려움, 원망, 의심, 좋아함, 후회, 안부, 헤어지는인사, 축원, 관심, 아쉬움, 감사, 축하, 추궁, 경시, 믿음, 용서, 추측
평서행위(31)	서술(17), 설명(10), 동의(9), 폭넓고다양한주제에대한 상호대화(9), 묘사(8), 세계적핫이슈(8), 개인생활(8) 학교생활(7), 반대(7), 수락(6), 중국시사(6), 가정생활(5), 거절(5), 개괄(4), 인정(4), 해석(4), 풍속(3), 결정(3), 습관(3), 직장생활(3), 복합적사안(2), 판별(2), 문학예술, 전달, 사회생활, 긍정, 순종, 부정, 추측, 교정, 부인
요청행위(10)	질문(21), 도움요청(11), 요청(5), 화폐(3), 신상(2), 취미, 가족, 시간, 날짜, 숫자, 요구
충고행위(5)	건의(15), 권고(10), 재촉(3), 상기, 경고
명세행위(1)	소개(3)

의무행위(1)	약속(3)
허가행위(1)	승낙

위의 〈표 13〉에서 알 수 있듯이, '신공략중국어' 전체 시리즈에서는 총 42개 항목의 '정표행위' 관련 의사소통기능이 제시되고 있다. 이 중 '불만족'을 표현하는 의사소통기능의 중복 출현율이 가장 높게 나타나고 '불쾌'와 '칭찬'도 비교적 자주 등장하는 의사소통기능 항목이라 하겠다. 위의 〈표 2〉의 분석 기준과 비교해 보면 누락된 '정표행위' 의사소통기능 항목은 총 6가지로 '망설임', '헤어지기', '미혹', '개운함', '각성', '책망'이 이에 해당한다.

다음으로 '평서행위'의 경우는 총 31개 항목이 전체 시리즈에서 다루어지고 있으며 이 중 '서술'과 '설명'이 매우 높은 중복 출현율을 보이고 있다. 〈표 2〉의 분류 기준과 비교했을 때 '주장 및 확인하기', '완성', '과학', '대학교육', '직업교육', '인지', '능력여부 말하기'의 총 7가지 항목이 누락되었음을 알 수 있다.

요청행위의 경우는 '질문'하기가 가장 높은 중복 출현율을 나타낸다. 그러나 '능력여부 묻기', '통지', '명령'과 같은 요청행위는 전체 시리즈에서 다루어지고 있지 않아 '요청행위'에 해당하는 의사소통항목의 다양성이 요구된다 하겠다.

의무행위의 경우는 '약속' 기능을 위주로 다루어지고 있음을 살펴볼 수 있는데, 〈표 2〉와 비교했을 때 '의무' 기능이 누락되어 있음을 살펴볼 수 있다. '허가행위'의 경우에도 '제지'가 누락되어 있으며, '충고행위'의 경우는 '위탁' 항목이 누락되어 있음을 찾아볼 수 있다.

그렇다면 본 3장에서 중점적으로 논의된 선정 회화 교재의 초 · 중 · 고급 단계별 분석 결과와 전체 시리즈 측면에서의 분석을 통해 도출된 결과를 기반으로 향후 중국어 교육학계에서 의사소통기능 교육을 강화하기 위해 어떠한 구체적 방안 및 개선 방향이 제시될 수 있을까? 이에 대해 회화 교재 편찬 측면에서 중국어 의사소통기능 강화를 위한 몇 가지 제언을 논의해 보고자 한다.

Ⅳ. 의사소통기능 강화를 위한 회화 교재 편찬에 대한 제언

위의 분석결과를 토대로 본장에서는 총 4가지 관점에서 의사소통기능 강화를 위한 회화 교재 편찬 방향을 제시해 보았다.

첫째, 교재 편찬의 실용성(實用性) 원칙에 의거하여 현재 중국어 교육학계에서 지정하고 있는 의사소통기능 항목의 분류 기준 상의 문제점을 개선할 필요가 있다. 이는 앞선 선행연구 고찰에서 이미 언급한 부분으로서 '화행행위'의 관점에서 살펴보았을 때 현재의 분류기준은 다양한 의사소통상황을 포함하고 있지 못함을 알 수 있다. 예를 들어 '정표행위' 가운데 '조문하기', '개탄하기'의 상황이나 '평서행위'의 '양보하기', '의무행위' 중 '결심하기'나 '보장하기'와 같은 실제 부딪칠 수 있는 의사소통상황을 보다 더 다양하게 포함해야 한다는 것이다. 이러한 분류 기준의 설정은 사실 교육 내용을 정하고 교육의 방향을 인도한다는 점에서 전체 교육 과정에 미치는 영향이 매우 크다고 할 수 있다. 그렇기 때문에 위의 분석결과에서도 알 수 있듯이 교육의 내용을 제공하는 교재 상에서 다양한 화행행위가 제공되고 있지 못하다는 문제점이 도출된 것이라 하겠다. 향후 중국어 의사소통기능 교육을 강화하고 개선하기 위해서는 이러한 의사소통항목의 분류 기준이 보다 더 다양하고 포괄적으로 제정되는 것이 선행되어야 할 것이다.

둘째, 교재 편찬의 차별성(針對性) 원칙에 의거하여 초 · 중 · 고급 각 단계에서 한 단원에서 제시될 수 있는 의사소통기능 항목 수에 차이를 두는 것이 바람직하다. 선정 회화 교재의 분석결과 초급 단계에서는 한 단원에 2~3개 정도의 의사소통기능 항목이, 중급 단계에서는 4~5개의 의사소통기능 항목이 제시되었는데 이러한 차별성은 학습자의 중국어 수준 측면에서나 전체 학습 과정에서 익혀야 할 의사소통기능 항목 수를 고려해 봤을 때 적정한 결과라 생각한다. 그렇다면 마지막으로 고급 단계에서는 6~7개 정도의 의사소통기능 항목이 제시되는 것이 필요한데 실제 선정 회화 교재의 분석결과를 살펴보면 고급 단계에 이르러 제시 의사소통기능 항목이 오히려 감소하는 것은 매우 아쉬운 현실이라 하겠다.

셋째, 교재 편찬의 체계성(系統性) 원칙에 의거하여 고급 단계에서의 의사소통기능 내용을 강화하는 것이 필요하다. 현재 중국어 회화 교재의 경우 고급 단계에서 의사소통기능 항목이 오히려 감소하고 중급 후반부에 집중적으로 의사소통기능 항목이 제시되고 있음을 분석결과 살펴볼 수 있었다. 이는 교재 내용의 선정 시 중급 단계에서는 의사소통기능을 고려하여 상황이나 내용을 재창조한 경우가 많은 반면에 고급 단계의 교재는 기존의 글이나 방송 대본 등을 사용한 결과라 할 수 있다. 그러나 학습자가 최종적으로 중국인과 대등한 의사소통능력을 습득하기 위해서는 고급 단계에서 보다 더 집중적으로 이에 대한 교육이 이루어져야 하며 이를 위해서는 '무엇을 배울 것인가' 즉 교육 내용을 결정하는 교재 본문에 보다 더 다양하고 집중적으로 의사소통기능 항목이 제시되어야 할 것이다.

넷째, 교재 편찬의 과학성(科學性) 원칙에 의거하여 의사소통기능 항목 기준에 따라 이를 근거로 전체 회화 교재 시리즈 안에 의사소통기능 항목을 안배해야 한다. 본고에서는 선정 회화 교재의 전체 시리즈 측면에서 화행행위 및 의사소통기능 항목을 분석한 결과 분류 기준에서 제시하고 있는 몇 가지 의사소통기능 항목이 누락되어 있음을 발견할 수 있었다. 이는 교재 편찬 시 어법이나 어휘의 선정에 있어 반드시 객관적이고 체계적인 필수 항목 기준에 의거하여 진행되는 것처럼 의사소통기능 측면에 있어서도 체계화된 분류 기준에 의거하여 선정되어야 함을 의미한다. 그렇기 때문에 위의 분석 결과에서 나타난 누락된 의사소통기능 항목에 대해 향후 회화 교재 편찬 시 보다 더 세밀하게 포함될 수 있도록 교재 편찬이 이루어져야 할 것이다.

Ⅴ. 나오는 말

본고에서는 학습자가 초급 단계에서부터 고급 단계에 이르기까지 현재 중국어 교육 학계에서 학습자들에게 얼마나 포괄적이고 효과적으로 의사소통기능 항목을 제시해 주고 있는가를 교재 분석의 방법을 통해 탐색해 보았다.

기존 연구 고찰을 통해 중국어 교육 학계에서는 '학습자의 의사소통능력 향상'이 이미 교육의 최종 목표임이 공인되었고 이에 따라 다양한 의사소통기능 관련 연구가 활발히 이루어지고 있음을 발견할 수 있었는데 이는 매우 긍정적인 사실이라 하겠다. 본고 또한 이러한 기존 연구의 결과를 토대로 '화행행위'라는 보다 더 구체적이고 실제적인 기준에 의거하여 중국어 의사소통기능 항목을 재분류하는 작업을 시도해 보았고 이에 기반하여 중국어 교육계에서 대표적으로 사용되고 있는 회화 교재 시리즈를 선정하여 실제 의사소통기능 항목을 분석해 보았다. 분석 결과 초급과 중급에 해당하는 교재의 경우 의사소통기능 항목의 선정이나 배열은 비교적 체계적으로 이루어지고 있었고 이는 앞에서 언급한 바와 같이 이미 중국어 교육 학계에서 학습자의 의사소통능력 향상에 주안점을 두고 이루어진 많은 연구의 결실이라 하겠다.

본고의 연구를 통해 제시된 고급 단계에서의 의사소통기능 항목에 대한 재고 및 개선 요구 혹은 중국어 의사소통기능 항목 기준의 재선정 등과 같은 제안점 역시 향후 중국어 교육 학계의 의사소통기능 관련 교육의 질을 높이는데 도움이 되기를 기대해 본다.

【参考文獻】

김소민, 『중학교 생활중국어, 교과서의 의사소통 기능 반영양상 고찰: 2007년 개정교육과정의 의사소통 기본 표현을 중심으로』, 한국외국어대학교 교육대학원 석사학위논문, 2011.

김시정, 『의사소통 기능으로서의 영어 거절 전략 사용 연구: 원어민과 영어학습자의 비교』, 영남대학교 교육대학원 박사학위논문, 2013.

위수광, 「중국어 교육요목의 의사소통 기능항목 및 화제선정」, 『중국언어연구』 50집, 한국중국언어학회, 2014.

위수광, 『표현 중국어 교육문법 연구』, 서울: 박이정, 2015.

조소희, 『생활 중국어』 교과서에 반영된 의사소통 기능 분류 항목 분석』, 이화여자대학교 교육대학원 석사학위논문, 2010.

황향하,『고1영어 교과서와 영화『Twilight』화행 분석-Katz(1977)의 화행 분류를 근거로』, 충북대학교 교육대학원 석사학위논문, 2013.

易 峰,『漢語作爲第二語言教學的功能大綱及其應用硏究』, 暨南大學碩士學位論文, 2009.

王婷燕,『從交際角度看對外漢語敎材的适用性－以北語版《新概念漢語》系列敎材爲例』, 蘭州大學碩士學位論文, 2015.

王 方,「初級漢語敎材功能与語法相結合的量化硏究」, 漢語學習, 第3期, 2014.

趙宏霞,『《新概念漢語》和《實用中文》高級課本中功能項目的分析』, 魯東大學碩士學位論文, 2015.

張力元,『初級漢語口語敎材會話功能項目的考察分析』, 北京外國語大學碩士學位論文, 2016.

國家漢辦(編),『高等學校外國留學生漢語教學大綱(長期進修)』, 北京: 北京語言大學出版社, 2002.

國家漢辦(編),『高等學校外國留學生漢語言專業教學大綱』, 北京: 北京語言大學出版社, 2002.

上海師范大學對外漢語學院(編),『旅游漢語功能大綱』北京: 世界圖書出版公司, 2008.

楊寄洲(主編),『對外漢語教學初級階段教學大綱』, 北京: 北京語言大學出版社, 1999.

楊寄洲(主編),『對外漢語教學中高階段教學大綱』, 北京: 北京語言大學出版社, 1999.

Brown, H. D.『Principles of language learning and teaching』, White Plains, NY: Pearson Education. 2007.

Bachman, L. F.『Fundamental considerations in language teaching』, Oxford: Oxford University Press, 1990.

Katz, J. J.『Propositionalstructureand illocutionaryforce』, NewYork. Crowell, 1977.

van Ek, J. A.『Threshold level English: In a European unit/credit system for modern language learning by adults』, New York : PrenticeHall, 1988.

III.

학습자 연구의 실제와 응용

중국어 고급 수준 한국 학생들의 '句号', '逗号' 문장 부호 사용 실험 연구

– '逗号'의 문장 간 연결 기능 중심으로 –

I. 서론

작문 시 문장부호의 사용은 글쓴이의 생각과 의도를 문장 상에 반영하는데 있어 매우 중요한 역할을 담당한다. 즉 인지적 측면에서 살펴보았을 때 문장 부호의 사용은 글쓴이의 사고 흐름을 논리정연하게 배열하는 기능을 담당하며, 각각의 언어가 지니는 특유의 사고 흐름 방식을 반영하고 있다고 볼 수 있다. 이러한 문장 부호의 사용은 모국어를 이용한 작문 시 무의식적이며 자동적으로 이루어진다고 볼 수 있으나, 외국어를 사용한 작문 시에는 먼저 외국어 언어 체계 자체에 대한 이해가 부족할 뿐만 아니라 모국어의 간섭 영향으로 인해 문장 부호의 사용은 많은 오류와 어려움을 수반할 수밖에 없다. 이는 중국어 작문에서 그 심각성이 더욱 부각 되는데, 특히 중국어는 단어와 구문 사이 혹은 구문과 문장 사이에 경계가 모호하기 때문에 중국어를 배우는 학생의 입장에서는 정확한 문장 부호의 사용을 통해 문장들의 의미 관계를 정확히 표시하는데 더욱더 어려움을 느낄 수밖에 없다. 그러나 현재 중국어 교육의 전반적인 현황을 살펴보면 이러한 문장 부호 사용에 관한 교육은 거의 이루어지지 않고 있는 실정이다.[1] 특히 전체 문장 부호 가운데 가장 빈번히 사용되는 '句号'와 '逗号'[2]에 대해 어떠한 상황에서 '句号'를 쓰고 혹은 '逗号'를 써야 하는지에 대한 구체적인 사용 용법에 관하여 수업 시간에서 거의 다루어지지 않을 뿐만 아니라 중국어 학계에서도 이에 대한 단편적인 연구 수준에 그치고 있는 상황이라 볼 수 있다.[3] 이에 본고에서는 중국어 고급 수준 한국인 학습자를 대상으로 이들의 '句号'와 '逗号'의 실제 사용에 있어 어떠한 오류가 나타나는지에 대해 실험연구를 설계하여 보다 객관적이고 과학적인 연구 결과를 도출하고, 이에 대한 심층적인 분석을 통해 실제 한국 학생들의 중국어 문장 부호 사용에 도움을 줄 수 있는 교육 방안을 제시해 보고자 한다.

II. 상관연구 고찰

현재 중국어 문장 부호 관련 연구는 그 연구 초점에 따라 크게 세 부분으로 나눌 수 있다. 첫째는 '중국어 문장 부호 자체 연구'로서 각각의 문장 부호에 대해 그 기능과 용법을 서술한 연구가 이에 해당한다. 둘째는 '중국어와 외국어 간 비교 연구'로서 두 대상 언어 간에 비

---

1) 夏語曼(2011)은 현재 중국어 교육 중 문장부호 관련 교육은 대부분 학습자 스스로의 습득에 의존하고 있다고 연구 결과에서 밝히고 있다.

2) 胡建剛(2002)은 연구를 통해 '句号'와 '逗号'의 사용률이 전체 문장 부호 사용률 중 84%를 차지한다고 밝혔다.

3) 胡建剛(2002)；馬明艷(2008)； 孫海平(2008) 등은 문장 부호를 사용하는 대상자들의 오류 경향을 보고 하고 있으나 대부분 개요 보고의 수준에 그치고 있다.

슷한 기능을 가진 문장 부호에 대해 공통점과 차이점을 비교 분석한 연구라고 볼 수 있다. 마지막으로 '문장 부호와 사용 대상 관련 연구'로서 중국인 혹은 중국어를 배우는 외국인의 문장 부호 사용에 있어 어떠한 오류가 나타나는가를 분석한 연구를 의미하며, 본고와 가장 관련이 높은 연구 분야라 볼 수 있겠다. 현재 중국인을 대상으로 한 연구로 周旭斌(2011), 力然(1986) 등의 연구가 있으며, 외국인 학습자들의 문장 부호 사용 오류를 분석한 연구로 胡建剛(2002) ; 馬明艶(2008); 孫海平(2008); 魯海濤(2010); 夏語曼(2011)의 연구를 찾아볼 수 있다. 특히 胡建剛(2002)과 馬明艶(2008)은 여러 문장 부호 가운데 사용빈도가 가장 높게 나타나는 '句号'와 '逗号'를 주요 연구 대상으로 삼고, 중국어 학습자들의 사용 상의 오류를 분석한 연구를 실시하였으나, 연구 방법에 있어 한계를 나타내고 있다. 즉 기존의 연구는 모두 중국어 학습자들이 작성한 작문 혹은 북경어언대학교의 HSK 作文語料庫를 주요 분석자료로 사용하여 오류를 분석하였는데, 이러한 연구 방법으로는 사용 상 어떠한 오류가 발생했는가 그 빈도만을 제시해 줄 뿐, 각각의 오류들 간의 심층적 관계 혹은 학습자의 개인적 원인 요소와 오류 간의 관계 등의 분석은 불가능하다. 즉 분석 자료를 동일하도록 설계하는 실험연구를 통한 문장부호 사용에 있어서 오류 분석 및 원인 고찰 연구가 시급히 요구된다고 볼 수 있겠다.

Ⅲ. 실험 연구 설계 및 분석

위의 상관 연구 고찰을 통해 우리는 현재 중국어 교육 학계의 문장 부호 사용 관련 연구는 단편적인 연구 수준에 머물러 있으며 특히 그 연구 방법에 있어 보다 과학적인 방법이 제고되어야 함을 살펴보았다. 이에 본고에서는 연구 분석 자료를 동일하게 통제하는 실험 연구를 통해 보다 더 객관적이고 심층적인 분석에 근거한 연구 결과를 제시하고 이에 대한 통계적 분석을 실시하고자 한다.

1. 실험 연구 설계

(1) 연구범위 및 연구목적

먼저 본 실험 연구는 위에서 언급한 바와 같이 전체 중국어 문장 부호 가운데 그 사용 빈도가 가장 높게 나타나는 '句号'와 '逗号'의 용법을 주요 연구 범위로 한정하였다. 또한 본 실험에 참가하는 연구 대상을 고급 수준의 한국인 학습자로 제한하였는데, 이는 독해의 어려움으로 인한 문장부호 사용의 오류를 본 연구의 통제 요인으로 설정하고, '句号'와 '逗号'의 의미 기능 즉 '句号'의 '문장'간 의미를 분리시키는 기능 혹은 '逗号'의 '문장'간 의미를 연결시키는 기능에 대한 학습자들의 오류를 찾아내는데 본 연구의 주 목적을 두고자 하였다.

(2) 연구문제 및 연구방법

위의 연구목적에 다다르기 위해 본 실험연구에서 구체적으로 다루고자 하는 연구 문제는 다음과 같다.

연구문제 (1) : 고급수준의 한국인 학생들은 '句号'와 '逗号'의 의미 기능에 대해 어떠한 오류를 나타내는가?

연구문제 (2) : 위의 오류들은 발생빈도 상 어떠한 차이를 나타내는가?

연구문제 (3) : 위의 오류들은 어떠한 상관관계를 보이는가?

연구문제 (4) : 실험대상자들의 개인적 요소(중국어 학습 기간)와 오류 간에는 어떠한 관계를 보이는가?

본고의 연구방법은 먼저 '句号'와 '逗号'의 의미 기능을 효과적으로 관찰할 수 있는 문장 한 편을 선정하고, 문장 안의 모든 '句号'와 '逗号'를 제거한 문장을 실험대상자에게 나누어준 후 해당 '句号'와 '逗号'를 표시하도록 하였다. 이 후 수집된 분석 자료를 SPSS 18.0 통계 프로그램을 응용하여, 도출된 오류에 대해 개요적 분석과 상관관계 분석 그리고 각각의 변수들의 통계적인 유의미한 차이를 분석하는 분산분석을 실시하였다.

구체적인 연구절차로 먼저 분석 자료에 사용된 문장 선정 부분에 대해 살펴보면, 본고에서 사용된 문장은 〈發展漢語〉 초급종합교재[4]에서 발췌한 것으로 그 선정 기준은 −(1) 문장의 길이가 300자 내외로 너무 길지 않을 것 ; (2) 문장 내 사용한 문장부호가 '句号'와 '逗号'만으로 이루어질 것 ; (3) 문장 내 사용 단어가 모두 HSK 3급 이내의 문장일 것 −이며 이러한 기준에 부합, 분석 자료로 사용된 문장은 다음과 같다.

4) 〈發展漢語: 初級Ⅱ 綜合〉 徐桂梅, 崔娜, 牟云蜂 編著, 北京語言大學出版社 2012年, 본 교재는 이미 중국 내 대외한어 학계의 권위를 인정받은 교재이다.

〈표 1〉 분석 자료 원문

每次看到你的 e-mail, 都好像看到了你的笑脸, 听到了你的声音, 闻到了你做的饭菜的香味儿。我有点想家了, 想你和爸爸, 想家里舒服的床, 想家乡的咖啡馆, 想那些常常在一起一边喝咖啡一边聊天儿的好朋友。我这里的一切都很好, 别为我担心。我现在已经吃惯了中国菜, 还跟朋友学会了做中国菜呢, 我做的宫暴鸡丁好吃极了。现在我住的地方离学校有点远, 所以我和我的同屋打算搬到学校附近去住, 这样我们早晨就可以晚一点儿起床了。我的汉语进步了, 上课的时候, 老师说的话我都听得懂。不过到了街上, 中国人说的话我还是听不懂。告诉你一个秘密, 我们班有一个韩国姑娘, 我喜欢她, 她也喜欢我。她又漂亮又聪明, 我想你也一定会喜欢她的。对不起, 最近我的e-mail越写越短, 因为我真的太忙了。这假期我回不去了, 我要努力学习。祝你和爸爸身体健康!

위의 문장에 대해 먼저 모든 문장부호를 제거한 후 매 단어 마다 한 칸의 간격을 띄워 실험대상자 스스로가 독해 과정을 거친 후 의미상 문장부호가 필요한 곳에 해당 문장부호를 표시하도록 하였다.

본 실험연구에는 56명의 고급 중국어 수준의 한국인 학습자가 참가하였고, 실험 연구 기간은 2013년 4월부터 6월까지 실시하였다.

이 후 수거된 자료를 SPSS 18.0 통계 프로그램에 입력하기 위해 각각의 문장 부호를 숫자화 하는 작업을 진행하였는데, 이러한 숫자화 처리 과정을 거친 분석 자료는 아래의 표 2와 같다.

〈표 2〉 숫자화 처리 과정을 거친 분석 자료

每次 看到 你的 e-mail (1) 都 好像 看到 了 你的 笑脸 (2) 听到了 你的 声音 (3)闻到了 你 做的 饭菜的 香味儿 (4) 我 有点 想家了 (5) 想 你和爸爸 (6) 想 家里 舒服的 床 (7) 想 家乡的 咖啡馆 (8) 想 那些 常常 在一起 一边 喝咖啡 一边 聊天儿的 好朋友 (9) 我 这里的 一切 都 很好 (10) 别 为我 担心 (11) 我 现在 已经 吃惯了 中国菜 (12) 还 跟 朋友 学会了 做 中国菜 呢 (13) 我 做的 宫暴鸡丁(kungpao chicken) 好吃极了 (14) 现在 我 住的地方 离 学校 有点远 (15) 所以 我 和 我的同屋 打算 搬到 学校附近 去住 (16) 这样 我们 早晨 就可以 晚一点儿 起床了 (17) 我的 汉语 进步了(18) 上课的 时候 (19) 老师 说的话 我 都 听得懂 (20) 不过 到了 街上 (21) 中国人 说的话 我 还是 听不懂

(22) 告诉 你 一个秘密 (23) 我们班 有 一个韩国 姑娘 (24) 我 喜欢 她 (25) 她 也 喜欢 我 (26) 她 又 漂亮 又 聪明 (27) 我 想 你 也 一定 会 喜欢 她的 (28) 对不起 (29) 最近 我的 e-mail 越 写 越 短 (30) 因为 我 真的 太 忙了 (31) 这 假期 我 回不去了 (32)我 要 努力 学习 (33) 祝 你 和 爸爸 身体 健康!

2. 실험 연구 결과

(1) 조사대상자의 개요적 연구 결과

먼저 본 실험 연구에 참가한 조사 대상자의 기본 정황을 살펴보면, 위에서 언급한 바와 같이 본 조사는 중국어 고급 수준의 한국 학생을 대상으로 한 연구로서, 신 HSK 5급 수준의 학생은 2명; 신 HSK 6급 소지자는 35명이었으며, 구 HSK 9급에서 11급까지의 학생은 19명으로 나타났다. 조사 대상자의 중국어 학습 기간은 제일 짧게는 2년에서 제일 길게는 15년으로 비교적 광범위한 분포를 나타냈으며, 평균 중국어 학습 기간은 6.6년(SD=2.80년)으로 나타났다.

다음으로 조사 대상자의 전체 문항에 대한 정답률을 살펴보면 총 33개의 문장 부호를 표시하는 문항 중 가장 최저점 21점에서 최고 점수 31점의 분포를 나타냈으며, 본 실험 연구의 평균 정답률은 22.18점(SD=4.25점)이었다. 즉 전체 33개의 문항 가운데 대부분의 참가 대상자들이 반 이상의 문항에서 정확한 문장 부호를 표시했음을 알 수 있었다. 그러나 이러한 고급 수준의 한국 학생들 가운데 단 한 명도 전체 문항을 모두 맞춘 경우는 나타나지 않아 이를 통해 한국 학생들의 '句号'와 '逗号'에 대한 구체적인 의미 기능의 습득이 이상적으로 이루어지지 않고 있음을 유추해 볼 수 있었다.

〈표 3〉 조사 대상자들의 기본 정황

항목	평균(M)	표준 편차(SD)
중국어 학습 기간(년)	2.5	2.80
정답률(점)	22.18	4.25

(2) '句号' 사용 현황에 관한 연구 결과

이제는 본고의 주요 연구 범위 중 '句号'의 사용 현황 및 그 구체적 오류 실태에 대해 알아보도록 하겠다. 먼저 아래의 〈표 4〉를 살펴보면,

〈표 4〉 '句号' 사용 현황 연구결과[5)]

문항번호	문장 내용	평균 정답률	표준 편차
(4)	聞到了你做的飯菜的香味儿 (4) 我有点想家了	0.86	0.35
(9)	想那些常常在一起 一邊喝咖啡 一邊聊天儿的好朋友 (9) 我這里的一切都很好	0.98	0.13
(11)	別爲我担心 (11) 我現在已經吃慣了中國菜	0.88	0.33
(14)	我做的宮暴鷄丁好吃极了(14) 現在我住的地方离學校有点遠	1.00	1.00
(17)	這樣我們早晨就可以晩一点儿起床了 (17) 我的漢語進步了	0.98	0.13
(20)	老師說的話我都听得懂 (20) 不過到了街上	0.66	0.48
(22)	中國人說的話我還是听不懂 (22) 告訴你一个秘密	1.00	1.00
(26)	她也喜歡我 (26) 她又漂亮又聰明	0.88	0.33
(28)	我想你也一定會喜歡她的 (28) 對不起	0.98	0.13
(31)	因爲我眞的太忙了 (31) 這仮期我回不去了	0.71	0.46
(33)	我要努力學習 (33) 祝你和爸爸身体健康	0.84	0.37

5) 본 표에서 평균수는 '0'에 가까울수록 정답률이 낮으며, '1'에 가까울수록 정답률이 높음을 나타낸다.

위의 〈표 4〉를 통해 우리는 먼저 조사대상자 모두가 제 (14) 문항과 제 (22) 문항의 '句号' 용법에 대해 100%의 정답률을 보인 것에 주목해 볼 수 있다. 즉 조사 대상자들은 (14) 문항에 '句号'를 사용함으로써 "我做的宫暴鷄丁好吃极了"의 문장과 "現在我住的地方离學校有点遠"의 문장 사이에 의미를 분리시켰으며 이러한 '句号'의 의미 기능에 대해 어려움을 느끼지 않음을 알 수 있었다. (22) 문항도 (14) 문항과 마찬가지로 "中國人說的話我還是听不懂"과 "告訴你一个秘密"의 문장 사이에 의미가 분리되어 있음을 '句号'를 통해 명확히 나타내고 있었다.

다음으로 전체 '句号' 용법 가운데 조사 대상자들의 정답률이 가장 낮게 나타난 용법은 제 (20) 문항의 '句号' 용법으로 0.66(SD=0.48)의 정답률을 보였다. 즉 학생들은 "老師說的話我都听得懂"의 문장과 "不過到了街上"의 문장이 서로 분리되어 있는 의미 관계가 아닌 연결되어 있는 관계로 오인하는 경향을 보이고 있었다. 이에 대해 필자는 제 (20) 문항에서 오류가 나타나는 주요 원인으로 뒷 문장에 나타나는 "不過到了街上" 중 "不過"에 주의를 기울일 필요가 있다고 본다. 즉 위의 (14) 혹은 (22) 문항과 같이 전, 후 문장 간 의미가 명확히 분리될 경우 학생들은 비교적 수월하게 '句号'를 사용하여 그 의미 기능을 표시해 줄 수 있지만 전 후 문장 간 의미 분리가 명확하지 않으면서 특히 뒷 문장에 "不過"와 같은 접속사를 사용할 경우에는 문장 간 관계를 분리시키기 보다는 연결시키는 오류를 범하는 경향이 있다고 보아야 할 것이다.

그러나 위의 〈표 4〉를 통해 알 수 있듯이 가장 낮은 정답률이 제 (20) 문항의 0.66으로 조사 대상자 대부분이 전체 '句号' 용법에 대해 비교적 높은 정답률을 보이고 있음을 알 수 있었다.

(3) '逗号' 사용 현황에 관한 연구 결과

이제는 조사대상자들의 '逗号'의 사용 현황 및 주요 오류 경향에 대해 살펴보도록 하자. 본고에서는 이러한 '逗号'의 사용에 대한 보다 심층적 분석을 위해 먼저 구문 간 의미 관계의 분류 기준인 연속 구문과 종속 구문의 두 유형으로 크게 나눈 후,[6] 각각의 구문을 표시함에 있어 그 표지의 여부에 따라 '逗号'의 의미 기능을 세분해 보았다. 이러한 '逗号'의 의미 기능 분류 기준과 그 분류 기준에 따라 본고의 분석 자료를 분류한 결과는 아래 〈표 5〉와 같다.

〈표 5〉 '逗号'의 의미 기능 분류 기준과 세부 내용

분류	표지 여부	문항	세부내용 (진한 글씨로 표시한 부분이 표지(標記)에 해당됨)
연속 聯合	有	(12)	我现在已经吃惯了中国菜 (12) **还**跟朋友学会了做中国菜呢
		(13)	还跟朋友学会了做中国菜**呢** (13) 我做的宫暴鸡丁好吃极了
		(25)	我喜欢她 (25) 她**也**喜欢我
	无	(2)	都好像看到了你的笑脸 (2) 听到了你的声音
		(3)	听到了你的声音 (3) 闻到了你做的饭菜的香味儿
		(5)	我有点想家了 (5) 想你和爸爸
		(6)	想你和爸爸 (6) 想家里舒服的床
		(7)	想家里舒服的床 (7) 想家乡的咖啡馆

6) 중국어의 구문 간 의미 관계를 분류하는 기준으로 본고에서는 周芸(2011)의 《现代汉语导论》에서 논의된 기준을 적용하였다. 周芸은 중국어의 복문 구조는 그 의미에 따라 크게 연속(联合) 구문과 종속(偏正) 구문의 두 가지 유형으로 나눌 수 있다고 주장하였다. 그 원문 내용은 다음과 같다 : "根据分句之间的语义关系, 复句可以分为联合复句和偏正关系两大类型。联合复句中各分句之间意义平等, 没有主从之分。偏正中各分句之间的意义有主从之分, 正句表示句子的主要意义, 偏句从属于正句。"(周芸, 2011 : 198).

<table>
<tr><td rowspan="3"></td><td rowspan="3"></td><td>(8)</td><td>想家乡的咖啡馆 (8) 想那些常常在一起一边喝咖啡一边聊天儿的好朋友</td></tr>
<tr><td>(24)</td><td>我们班有一个韩国姑娘 (24) 我喜欢她</td></tr>
<tr><td>(29)</td><td>对不起 (29) 最近我的 e-mail 越写越短</td></tr>
<tr><td rowspan="11">종속
偏正</td><td rowspan="4">有</td><td>(1)</td><td>每次看到你的 e-mail (1) 都好像看到了你的笑脸</td></tr>
<tr><td>(15)</td><td>现在我住的地方离学校有点远 (15) 所以我和我的同屋打算搬到学校附近去住</td></tr>
<tr><td>(19)</td><td>上课的时候 (19) 老师说的话我都听得懂</td></tr>
<tr><td>(30)</td><td>最近我的e-mail 越写越短 (30) 因为我真的太忙</td></tr>
<tr><td rowspan="7">无</td><td>(10)</td><td>我这里的一切都很好 (10) 别为我担心</td></tr>
<tr><td>(16)</td><td>所以我和我的同屋打算搬到学校附近去住(16)这样我们早晨就可以 晚一点儿起床了</td></tr>
<tr><td>(18)</td><td>我的汉语进步了 (18) 上课的时候</td></tr>
<tr><td>(21)</td><td>不过到了街上 (21) 中国人说的话我还是听不懂</td></tr>
<tr><td>(23)</td><td>告诉你一个秘密 (23) 我们班有一个韩国姑娘</td></tr>
<tr><td>(27)</td><td>她又漂亮又聪明 (27) 我想你也一定会喜欢她的</td></tr>
<tr><td>(32)</td><td>这假期我回不去了 (32) 我要努力学习</td></tr>
</table>

이제는 각각의 '逗号' 의미 기능들에 대한 조사 대상자들의 정답률을 살펴보도록 하겠다. 아래의 〈표 6〉은 본고에서 살펴본 '逗号'의미 기능들의 정답률 현황을 보여 주고 있다.

아래 〈표 6〉에 대한 구체적 연구 결과를 살펴보면, 먼저 그 정답률이 가장 낮게 나타나는 '逗号' 용법은 종속 구문의 무표지 (無標記) 항목에 해당하는 제 (21) 문항으로 나타났다. 즉 조사 대상자들은 "不過到了街上"과 "中國人說的話我還是听不懂" 사이에 '逗号'를 사용하여 전후 구문 사이에 의미 상 종속관계가 형성됨을 나타내는데 매우 큰 어려움을 보이고 있었고 그 정답률은 0.07(SD=0.26)로 대부분의 학생들이 본 문항에 대해 정확한 응답을 하지 못한 것으로 나타났다. 특히 본 문항에 대한 세부 연구 결과를 살펴본 결과 "不過到了街上中

國人說的話” 뒤에 ‘逗号’를 사용한 학생이 18명으로 나타났는데, 이러한 ‘逗号’ 사용에 대한 오류 경향은 ‘逗号’의 부적절한 사용 면에서 뿐만 아니라, 전후 문장 간 의미를 잘못 해석하는데 영향을 미칠 수도 있어 ‘逗号’의 사용이 독해 능력과도 연관이 되어 있음을 파악할 수 있었다. 특히 문장 간 관계를 이해할 때 두 문장 사이의 관계를 이러한 “…的話”를 가정 구문 표지로 잘못 인식하여 두 문장의 관계를 가정(假設) 구문으로 잘못 해석하는 오류 경향은 (21) 문항에서 뿐만 아니라 (19) 문항의 “上課的時候 (19) 老師說的話我都听得懂” 용법에서도 동일하게 나타났는데, 즉 12명의 학생들이 “上課的時候老師說的話” 뒤에 ‘逗号’를 사용함으로써 두 문장 간 관계를 가정 구문으로 잘못 이해하는 오류 경향을 보이고 있었다. 이는 모두 “지나친 일반화”에 의한 오류 경향이라 볼 수 있을 것이다.

〈표 6〉 ‘逗号’ 의미 기능 분류 기준에 따른 정답률[7]

‘逗号’ 의미 기능			
연속 구문 (联合复句) (0.66/SD=0.17)		종속 구문 (偏正复句) (0.51/SD=0.26)	
유표지(有標記)	무표지(無標記)	유표지(有標記)	무표지(無標記)
(12) 0.75(0.44)	(2) 0.86(0.35)	**(1) 0.30(0.46)**	(10) 0.61(0.49)
(13) 0.14(0.35)	(3) 0.91(0.29)	(15) 0.77(0.43)	**(16) 0.21(0.41)**
(25) 0.77(0.43)	(5) 0.64(0.48)	**(19) 0.25(0.44)**	(18) 0.41(0.50)
	(6) 0.93(0.26)	(30) 0.64(0.48)	**(21) 0.07(0.26)**
	(7) 1.00(0.00)		(23) 0.64(0.48)
	(8) 1.00(0.00)		**(27) 0.27(0.45)**
	(24) 0.77(0.43)		(32) 0.43(0.50)
	(29) 0.41(0.50)		

7) 본 표에서 평균 수는 ‘0’에 가까울수록 정답률이 낮으며, ‘1’에 가까울수록 정답률이 높음을 나타낸다. 또한 괄호 안의 숫자는 평균 수의 표준 편차를 의미한다.

다음으로 전체 '逗号' 용법 가운데 그 정답률이 낮게 나타난 문항으로는 (13) 문항의 "還跟朋友學會了做中國菜呢"와 "我做的宫暴鷄丁好吃极了"의 문장 간의 연결 관계를 '句号'로 분리시켜 버리는 오류를 들 수 있다. 이는 胡建剛(2002)의 연구에서도 언급되고 있는 오류로서, 즉 한국인 학습자들은 어기조사 '呢'를 사용할 경우 대부분 '句号'를 사용하여 두 문장 간 관계를 분리시켜 버리는 오류 경향이 있다고 연구 결과에서 밝히고 있으며, 본 조사를 통해서도 이러한 오류 경향이 동일하게 나타나고 있었다.

마지막으로 위의 〈표 6〉을 살펴보면, 조사대상자들의 '逗号' 의미 기능 가운데 연속 구문 간 관계를 이어주는 기능에 대한 전체 평균 정답률은 0.66(SD=0.17)이고, 종속 구문 간 관계를 이어주는 기능에 대한 평균 정답률은 0.51(SD=0.26)으로 나타나고 있었다. 본고에서는 이러한 '逗号'의 두 의미 기능 사이에 평균적으로 통계적인 유의미한 차이가 있는가를 검증해 보기 위해 대응표본 T-검정을 실시하였다. 그 결과는 다음의 〈표 7〉과 같다.

〈표 7〉 '逗号'의 두 의미 기능 간 대응표본 T-검정 결과[8)]

분류	정답률 평균	표준편차	상관계수	t값	p값
종속	0.51	0.26	0.68**	-6.13	.000*
연속	0.67	0.17			

8) 〈표 7〉의 *표시는 p값의 유의 수준을 의미하며 그 유의 수준은 양측 검정 $p < .05$이다. 또한 두 의미 기능 간 상관계수는 0.68로 비교적 높은 상관 관계를 보이며, 그 유의 수준은 **표시에 해당하는 $p < .01$이다. 또한 t값(-6.13)이 마이너스로 나타난 이유는 본 검정에서 '종속 구문'의 정답률을 '대조표본'으로 삼고, '연속 구문'의 정답률을 '연구표본'으로 설정하였기 때문이다.

위의 〈표 7〉의 연구결과를 통해 알 수 있듯이, 종속 구문을 연결시켜 주는 '逗号'의 의미 기능과 연속 구문을 연결시켜 주는 '逗号'의 의미 기능의 정답률 사이에 p값이 0,000으로 통상적인 양측검정 유의수준 0.05보다 작은 값을 나타내어 두 표본 간 평균 정답률에 차이가 없다는 영가설을 기각하여 '逗号'의 두 의미 기능의 정답률 간에 통계적으로 유의미한 차이가 나타나 고급 수준의 한국 학생들은 종속 구문을 연결시켜 주는 '逗号'의 기능에 대해 훨씬 더 어려움을 겪고 있음을 알 수 있었다.

(4) 심층분석 연구 결과

이상의 연구 결과에서 우리는 '句号'와 '逗号' 각각의 주요 오류를 찾아내고, 이 중 본 조사대상자 즉 고급 수준의 한국인 학생들은 '逗号' 사용에 보다 많은 어려움을 겪고 있음을 알 수 있었다. 본 절에서는 각각의 변수들 즉 '句号'와 '逗号'의 사용상 오류들 간의 심층적 관계를 규명하기 위해 상관관계분석(Pearson Correlation)과 분산분석(analysis of variance : ANOVA)을 실시하였다.

먼저 상관관계 분석 결과를 살펴보면, 본 연구에서 사용된 전체 33가지 문항에 대한 상관관계 분석을 실시한 결과 아래 〈표 8〉과 같이 문항 들 간에 비교적 높은 상관관계를 보이는 문항들이 존재하는 것으로 나타났다.

〈표 8〉 각 문항들 간의 상관 관계 분석 결과[9]

문항	(3)	(18)	(23)	(27)	(30)	(32)
(2)	0.767** (0.000)					
(15)			0.561** (0.000)		0.649** (0.000)	

(16)		0.537** (0.000)		0.569** (0.000)		0.515** (0.000)

위의 〈표 8〉의 결과에 대해 구체적으로 살펴보면 먼저 상관관계가 가장 높게 나타나는 문항은 제 (2) 문항과 제 (3) 문항으로 그 상관계수가 0.767이었다. 즉 제 (2) 문항의 "都好像看到了你的笑臉"과 "听到了你的聲音" 사이에 '逗号'를 사용하여 문장 간 관계를 표시할 경우, 연속적으로 출현하는 제 (3) 문항의 "聞到了你做的飯菜的香味儿"도 역시 '逗号'를 사용하여 문장 간 관계를 연결시킬 수 있음을 의미한다고 볼 수 있다. 특히 이러한 (2)와 (3) 문항 모두 '逗号'의 연속 구문 무표기(無標記) 항목에 해당하는 용법으로서 이를 통해 조사대상자들은 문장 부호를 표시할 때 먼저 문장 간 의미 관계를 파악한 후 해당 문장 부호를 표시함을 유추해 볼 수 있었다. 이러한 본고의 해석을 뒷받침하기 위해 기타 비교적 높은 상관관계를 보인 문항들 간의 의미 간 관계를 살펴본 결과 위의 (2)와 (3) 문항과 마찬가지로, 제 (15) 문항과 (23) 문항 그리고 (30) 문항 모두 '逗号'의 종속 구문 의미 기능에 해당하는 것으로 나타났다. 본 상관관계의 연구 결과 흥미로운 점은 상관관계를 나타낸 항목 모두 '逗号'의 용법에 해당한다는 것이다. 즉 고급 수준의 한국 학생들에게 있어 '句号' 사용에 있어서는 큰 어려움을 겪고 있지 않지만, '逗号'의 경우는 문장 간 의미 관계를 먼저 파악한 후에 두 문장을 연결해야 한다는 점으로 인해, 이러한

9) 본 상관관계 분석은 양측 검정(Two-tailed) 수준을 채택하였다. 〈표 8〉의 숫자는 상관계수를 의미하며 본 결과는 문항들간의 상관계수가 0.5 이상의 항목만 선정하여 보고한 것이다. 괄호안의 숫자는 p값을 의미한다. p값은 0에 가까울수록 '상관이 없다'는 영가설을 기각하는 가능성이 커짐을 의미한다. **표시는 p값의 유의 수준으로 $p < 0.01$을 말한다.

독해 능력이 수반되어 있지 않을 경우는 해당 '逗号' 기능에 전반적인 오류를 나타낸다고 해석해 볼 수 있겠다.

이제는 조사대상자의 개인적 요인 즉 중국어를 배운 기간과 전체 문항의 정답률 간에 어떠한 관계가 있는가를 규명해 보고자 분산분석을 실시해 보았다.

본고에서 조사대상자들의 개인적 요인 중 중국어 학습 기간에 주목한 이유는 이미 관련 학자들에 의해 현재 중국어 교육에서 문장 부호 관련 교육은 전혀 이루어지지 않고 있으며 대부분 학습자 개인의 학습에 의해 이를 습득하는 것으로 나타나고 있다고 보고 되고 있는 점을 착안하여, 언어 기능 면에서는 이미 고급 수준에 도달한 본 조사대상자들이 얼마의 학습 시간이 지난 후 '句号'와 '逗号'의 용법을 습득하는지에 대해 살펴보고자 하였다. 이를 위해 SPSS 18.0의 독립 표본 T-검정(Independent-Samples T-test)을 실시하였는데, 연구 결과 학습 기간 6년을 기점으로 6년 이하의 대상자 집단과 6년 이상의 대상자 집단 간 평균 정답률에 통계적으로 유의미한 차이를 보이는 것으로 나타났다. 즉 아래의 〈표 9〉의 결과에서 보는 바와 같이 중국어 학습 기간이 6년 이상 되는 조사 대상자 집단이 6년 이상의 집단에 비해 높은 정답률을 보이고 있으며, 그 요인으로 이러한 중국어 학습 기간이 중요한 영향을 끼치고 있음을 알 수 있다.

〈표 9〉 학습 기간 6년을 기준으로 한 두 집단 간 T - 검정 결과[10]

집단	인원(명)	정답률 평균(점)	표준편차	T값	P값
6년 이하	23	20.78	3.99	2.117	.039*
6년 이상	33	23.15	4.21		

3. 소결

이상 우리는 고급 수준의 한국인 중국어 학습자들의 '句号'와 '逗号'의 의미 기능에 대한 오류를 살펴보고, 각각의 오류들 간의 심층적 관계 또한 규명해 보았다. 이제는 본 실험 연구 설계 단계에서 설정하였던 각각의 연구 문제에 대한 답안을 제시하면서 이상의 연구결과를 정리해 보고자 한다.

연구문제 (1) : 고급수준의 한국인 학생들은 '句号'와 '逗号'의 의미 기능에 대해 어떠한 오류를 나타내는가?

연구문제 (2) : 위의 오류들은 발생빈도 상 어떠한 차이를 나타내는가?

실험 연구 결과, 조사대상자들은 '句号' 용법에 대해서는 비교적 정확한 수준의 습득 실태를 보여주었으며, 이와는 상반되게 '逗号'의 의미 기능에 대해서는 높은 오답률을 높이며 습득에 어려움을 느끼는 것으로 나타났다. 특히 '逗号'의 용법 중에서도 연속 구문을 연결시키는 기능과 종속 구문을 연결시키는 기능 사이에 통계적으로 유의미한 차이를 보여 고급 수준의 한국 학생들은 '逗号'의 종속 구문 연결 기능 용법에 대해 보다 더 큰 어려움을 느끼는 것으로 나타났다.

---

10) 두 집단의 학습 기간에 따른 분포의 동질성을 파악하기 위한 Levene 검증 결과 (F=0.098, p=0.756) 6년 이하의 집단과 6년 이상의 집단 분산이 동질적이지 않은 것으로 나타났다. 그러므로 두 집단의 분산이 동질적이지 않을 때의 결과를 살펴보았을 때 p값이 0.039로 통상적인 양측검정 유의수준 .05 보다 작은 값을 나타내어 두 집단의 정답률에 차이가 없다는 영가설을 기각하여 두 집단의 평균 정답률은 통계적으로 유의미한 차이가 있는 것으로 나타났다.

연구문제 (3) : 위의 오류들은 어떠한 상관관계를 보이는가?

연구문제 (4) : 실험대상자들의 개인적 요소(중국어 학습 기간)와 오류 간에는 어떠한 관계를 보이는가?

먼저 상관관계분석 결과 '句号' 용법들 간에는 명확한 상관관계가 나타나지 않는 것으로 나타났다. 그러나 '逗号'의 경우는 동일한 의미 기능 간에 비교적 높은 상관관계가 존재하는 것으로 나타나 이를 통해 조사대상자들은 '逗号'를 사용할 경우 문장 간 연결 관계를 먼저 파악한 후 '逗号'를 표시하는 것으로 유추해 볼 수 있었다. 특히 '逗号'의 종속 구문의 '무표지' 형식 용법에 해당하는 문항들 간에 비교적 많은 상관관계들이 존재하였는데, 이를 통해 고급 수준의 한국 학생들이 연속 구문의 복문 구조 보다는 종속 구문의 복문 구조, 그 중에서도 '무표지' 형식에 대해 그 의미를 파악하는데 가장 큰 어려움을 겪는 것으로 유추해 볼 수 있다. 마지막으로 분산분석의 연구 결과, 비록 중국어 언어 기능이 고급 수준에 도달하였다 하더라도 학습 기간이 6년 정도 지나야 '句号'와 '逗号'의 용법을 어느 정도 습득할 수 있음을 알 수 있었다.

IV. 원인 분석

본장에서는 위의 연구 결과에 대한 원인 분석을 실시해 보고자 한다. 먼저 외부 요소적 측면에서 그 원인을 분석해 보도록 하자. 현재 중국어 문장 부호 교육 실정에 대해 살펴보면 첫째, 중국어 자체적으로 문장 부호 사용에 대한 기준의 모호함 ; 둘째, 중국어 교육 학계의 문장 부호 교육에 대한 인식 부족 등의 요인으로 인해 문장 부호 사용 관련 교육은 전혀 주목받지 못하고 있는 실정이다. 그렇기 때문에 문장 부호의 사용은 대부분 학습자 스스로 터득하는 방법에 의존하고 있으며, 연구 결과를 통해서 알 수 있듯이 최소 6년 정도의 시간이 지나야 중국어 문장 부호 사용에 대한 인식이 생겨나는 것으로 나타나고 있다.

다음으로 학습자 내부 요소적 측면에서 그 원인을 분석해 보면, 대부분의 외국어 오류 상황 분석 시 제일 우선적으로 고려되는 요소는 바로 모국어의 간섭 영향일 것이다. 중국어 문장 부호 사용 오류에 대한 원인 분석 역시 이러한 모국어의 간섭 영향을 배제할 수 없는데 특히 연구 결과 한국 학생들은 '逗号'에 해당하는 문장 부호를 '句号'로 잘못 표시하는 뚜렷한 경향을 보이고 있었는데 이는 학습자들의 모국어 즉 한국어의 문장 부호 사용 경향에 기이한 결과라 볼 수 있다. 즉 '한국어 작문 규칙'[11]에 따르면 "문장 작성 시 최대한 긴 문장의 사용을 자제하고, 단문을 위주로 명확한 관점을 표현한다"라고 서술되어 있고, 이러한 한국어의 작문 규칙의 영향으로 인해 한국인 학습자는 중국인에 비해 보다 빈번히 '句号'를 사용하는 경향을 보인다는 것이다. 이러한 분석을 뒷받침하기 위해 필자는 중국인 18명을 대상으로 동일한 분석 자료를 가지고 조사를 실시한 결과 중국인들의 평균 '句号' 사용 횟수는 12.5회(SD=2.48)로 본 조사대상자들의 16.5(SD=3.66)회에 비해 현저히 낮은 사용 횟수를 보여 한국 학생들이 '句号'를 사

11) 본 내용은 최윤곤(2013)의 〈한국어문장입문〉에서 발췌한 것이다.

용하여 문장의 길이를 최대한 짧게 하는 경향을 지니고 있음을 명확히 알 수 있었다. 이 외에도 한국어의 경우 중국어와 달리 종속 관계의 두 구문을 연결할 시 '逗号'와 같은 문장 부호를 사용하지 않는 규칙을 가지고 있기 때문에 이러한 영향으로 인해 한국 학생들이 '逗号'의 종속 구문 연결 기능에 더욱더 어려움을 겪는 것이라 분석해 볼 수 있다.

다음으로 학습자들의 오류 발생 시 주요한 원인으로 '지나친 일반화'를 들 수 있는데, 본 연구결과를 통해서도 이러한 '지나친 일반화'의 영향을 찾아볼 수 있었다. 즉 조사대상자들은 가정 구문을 표시해주는 "…的話"를 발견할 경우, 문장 간 의미 관계를 파악하기 앞서 먼저 이러한 표지에 기인하여 문장 간 관계를 정의하는 오류 경향을 보이고 있었다. 그러나 이러한 '지나친 일반화'의 경우는 문장 부호의 부적절한 사용 뿐만 아니라 전체 문장의 정확한 내용을 파악하는데도 부정적 영향을 미칠 수 있기 때문에 이를 통해 우리는 학습자들의 독해 능력을 향상시키기 위해서도 문장 부호의 정확한 사용에 관한 교육이 필요함을 엿볼 수 있다.

V. 결어 및 중국어 문장 부호 교육에 대한 제언

이상의 연구 내용을 토대로 우리는 중국어 고급 수준의 한국 학생들의 '句号'와 '逗号'의 의미 기능에 대한 오류를 분석하고, 그 원인에 대해서도 심층적으로 논의해 보았다. 필자는 본 연구 결과를 토대로 후속 연구에서 각기 다른 모국어 배경을 가진 학습자들을 대상으로 이러한 실험 연구를 전개해 나간다면, 보다 더 객관적이고 일반적인 중국어 학습자들의 문장 부호 사용 오류 경향을 파악할 수 있으리라 생각한다.

현재 중국어 교육 학계의 문장 부호 사용 관련 교육은 전무한 실정이나 필자는 본 연구를 통해 얻어진 결과를 토대로 문장 부호 사용 관련 교육에 대해 중요성을 인식하고 실효성 있는 교육이 진행되기 위해 몇 가지의 방안을 제시해 보고자 한다.

첫째, 문장 부호 사용 교육은 독해 수업과 함께 결합하여 실시하는 것이 더욱 바람직하다고 생각한다. 이는 위의 연구 결과에서도 이미 입증된 바와 같이 부적절한 문장 부호의 사용은 전체 문장 간 의미를 파악하는데도 중요한 영향을 미치기 때문에 독해 수업과 결합한 문장 부호 사용 교육은 학생들에게 그 중요성을 인식하게 하는데 더욱 더 효과적이라고 볼 수 있겠다. 이러한 교육 방법에 대해 信世昌(2002)은 연구를 통해 "篇章斷句"의 방법을 통한 독해 수업 방식을 제시하였는데 이러한 방식을 도입한 독해 수업의 진행을 통해 문장 부호 사용에 관한 교육을 실시하고 그 효과성을 검증하는 연구 또한 함께 병행되어야 한다고 본다.

둘째, 문장 부호의 사용은 상당 부분 모국어의 영향을 받을 수 밖에 없기 때문에 각기 다른 모국어 배경을 가진 학습자들을 대상으로 특화된 문장 부호 사용 교육이 이루어져야만 보다 더 정확한 문장 부호 사용이 실현될 것이라 생각한다.

마지막으로, 위의 연구결과에서 보는 바와 같이 '逗号'의 의미 기능별로 각기 다른 습득 상황을 보여 주고 있음을 통해 알 수 있듯이 본고에서는 고급 수준의 한국 학생들을 대상으로 그 사용상의 오류와 어려움을 분석했으나, 후속 연구에서는 초급 혹은 중급 학습자를 대상으로 그 분석 대상을 넓혀나가 각각의 다른 중국어 수준에서 중점적으로 다루어야 할 문장 부호 용법이 무엇인가에 대한 중점 교육 항목 및 교육 순서의 제정이 필요하다고 본다.

【参考文獻】

龔艷萍(2011), 逗号的英漢認知功能對比与翻譯,《湖州師范學院學報》第10期.

何先友, 陸愛桃(2003), 篇章閱讀理解中句子邊界對整体連貫性的影響,《心理發展与教育》第3期.

胡建剛, 周健(2003), 留學生標点符号書寫偏誤分析,《語言文字应用》第3期.

力 然(1986), 關于句号逗号的正确使用,《新聞愛好者》第05期.

劉一玲(1996), 關于標点符号用法的說明,《語文建設》第7期.

魯海濤(2010), 越南留學生漢語標点符号習得偏誤分析,《現代語文》第04期.

魯金華(1999), 標点符号超常規使用的修辭功能,《語文教學与研究》

馬明艷(2009), 韓國留學生標点符号使用偏誤分析,《云南師范大學學報》第4期.

彭聆齡, 劉松林(1993), 漢語句子理解中語義分析与句法分析的關系《心理學報》第2期.

齊曉峰(2008), 漢韓對应標点符号的語用差异,《語文學刊》第11期.

石彦霞, 杜曉梅(2013), 漢語標点符号系統与語言功能,《語文建設》第2期.

孫海平(2008), 日本留學生的漢語標点符号偏誤分析,《現代語文》第11期.

王 琼(2005), 標点符号中英對比, 武漢理工大學碩士學位論文.

吳碧宇(2010), 漢語句子話題鏈的認定及其意義研究, 中央民族大學博士學位論文.

夏語曼(2011), 中高級留學生標点符号使用情况研究, 華東師范大學碩士學位論文.

信世昌(2006), 篇章斷句之漢語閱讀策略教學,《對外漢語研究》.

趙博源(1999), 漢日語標点符号用法比較,《日語知識》第11期.

周　芸(2011),《現代漢語導論》, 北京：北京大學出版社.

周旭斌(2011), 教材如此斷句并未錯,《中學語文》第24期.

최윤곤(2013),《韓國語寫作入門한국어문장입문》, 박이정출판사.

인지문법의 관점으로 살펴본 한국 학생 양태 동사 누락 오류 양상과 교육적 제언*

I. 서론

문장을 통해 발현되는 핵심 사건에 대해 화자의 주관적 의지, 추측, 당위성 등의 관적 의미를 부여하는 기능을 가진 중국어 양태 동사(modality)[12)] 용법은 중국어를 배우는 초급 단계에서부터 다루어지는 필수 어법 항목이라 할 수 있다. 그러나 중국어 양태 동사는 그 수가 비슷한 기능을 지닌 영어의 조동사와 비교했을 때 현저히 많을 뿐 아니라 각각의 양태 동사도 다양한 의미 기능을 지니기 때문에 고급 단계에 이르러서도 완벽하게 습득하기 어려운 난점을 지닌 어법 항목 중 하나로 손꼽힌다. 그렇기 때문에 중국어 교육 학계에서는 양태 동사와 관련한 연구들이 다양하게 이루어지고 있는데, 그 유형을 살펴보면 (1) 특정 국적 학생의 양태 동사 오류 분석 연구; (2) 양태 동사 관

* 이 논문은 2014년 정부재원(교육부)으로 한국연구재단의 지원을 받아 연구되었음(NRF-2014039034).

1) '양태(modality)' 즉 중국어로는 '情態'란 李福印의 語義學槪論과 박경자(2001) 「응용언어학사전」에 의하면 "화자(話者)가 말하고자 하는 내용에 대해 갖는 태도나 기분을 의미하며, 이는 능력(can), 허가(may), 의도(will), 가능성(might) 그리고 의무(must) 등.

련 교수법 연구; (3) 두 언어 간 양태 동사 의미 기능 대비 연구로 나누어 볼 수 있다.[13] 이 중 특정 국적 학생의 양태 동사 오류 분석 연구는 중국어 교육 학계에서 가장 비중 있게 다루어지고 있는 연구분야라 볼 수 있다. 한국 학생을 대상으로 한 오류분석 연구는 중국과 국내에서 활발히 이루어지고 있는데 2010년부터 2015년까지 이루어진 연구 유형을 살펴보면 특정 양태 동사를 대상으로 양태 동사 간 사용상의 혼용에 대한 오류 분석이 주를 이루고 있음을 발견할 수 있다. 이는 대표적 오류 유형인 혼용, 대체, 첨가, 누락, 어순오류 가운데 혼용 오류가 가장 높은 비율로 관찰되기 때문에 이러한 오류 유형에 초점을 맞춘 연구가 많이 진행된 것이라 추측해 볼 수 있다.

그러나 본고에서는 기존의 연구에서 깊이 다루어지지 않은 양태 동사의 누락 오류에 연구 범위의 초점을 맞추고자 한다. 그 이유는 첫 번째, 李遐(2011)의 연구에 의하면 혼용 오류 다음으로 가장 높은 오류 비율을 보이는 것이 누락 오류이기 때문에 이에 대한 심도 깊은 연구가 필요하다고 느꼈기 때문이며, 두 번째, 양태 동사는 화자의 주관적 의미를 문장에 부여하는 기능이 강하기 때문에 사실 그 출현이 다른 동사 유형에 비해 수의성(隨意性)을 띤다고 볼 수 있다. 즉 예를 들어, "所以他不可能說漢語(그래서 그는 중국어를 말할 리가 없어요)"라는 문장만을 볼 때는 어떤 문법적 오류도 찾아볼 수 없다. 그러나 이 문장 앞에 '他'라는 문장 주어가 중국어를 배워 본적이 없다는 배경이 설정

13) 중국학술정보망(www.cnki.com.cn)에서 2010년부터 2015년까지 발표된 학술 논문 가운데 학습자 측면에서 양태 동사를 연구한 논문은 총 21편이었고, 이 중 (1) 유형은 총 15편으로 가장 많았고, (2) 유형은 3편 그리고 (3) 유형은 6편으로 조사되었다.

됐을 경우(他沒學過漢語)이 문장은 틀린 문장이 되고 "所以他不可能會說漢語(그래서 그는 중국어를 말할 줄 알 리가 없어요)"와 같이 문장에 양태 동사 '會'를 첨가해야만 정확한 표현이 될 수 있다.[14] 이러한 점에서 볼 때 중국어 양태 동사 누락 오류는 다른 오류 유형에 비해 판별하기 어렵다는 난점을 지니고 있다고 볼 수 있다. 그러나 위의 예에서 볼 수 있듯이 양태 동사의 존재 여부가 화자가 전달하고자 하는 의미의 정확성에 결정적인 영향을 미치기 때문에 이러한 양태 동사 누락 오류에 대한 분석은 중국어를 배우는 한국 학생의 중국어 의사소통 능력 신장에 큰 도움이 될 것이라 판단된다.

본고는 특히 이러한 양태 동사 누락 오류 양상을 분석하는데 있어 기존의 형식주의 문법의 관점에서 양태 동사의 여러 의미 항목을 나열하여 분석하는 방법에서 벗어나 인지문법에 근거하여 보다 더 체계적이고 보다 더 의미중심적인 분석을 통해 학습자에게 쉽게 이해될 수 있는 오류 양상을 도출해 내고 이러한 누락 오류를 경감할 수 있는 교육적 제언을 실시하였다.

14) 혹자는 이에 대해 '會'를 첨가하지 않았을 경우에도 '그(他)'가 중국어로 말하기를 극도로 싫어한다면 맞는 문장이 될 수 있다고도 볼 수 있으나 일반적인 상황을 가정했을 경우에는 '會'를 첨가하는 것이 정확한 표현이기 때문에 이를 예문으로 제시하였음을 밝혀둔다.

II. 관련 이론 및 문헌 고찰

본장에서는 인지 문법에 근거하여 중국어 양태 동사의 누락 오류 양상을 분석하기에 앞서 이론적 기초 작업으로서 인지문법에서 바라본 양태 동사의 의미 분류 체계 및 그 기능을 검토해 보고자 한다. 이는 인지적 관점에서 학생들이 어떠한 의미 기능의 양태 동사에 누락 양상을 보이는가를 먼저 명확히 판단한 후 그 결과를 토대로 원인을 분석하고 적절한 교육 방안을 도출하기 위함이다. 이를 위해 본고에서는 영어와 중국어의 인지 문법적 측면의 양태 동사 관련 이론 및 문헌고찰을 실시해 보았다.[15)]

1. 영어의 양태 동사에 대한 인지적 접근 방법

인지 문법에서는 영어의 양태 동사는 문법적 구성 요소가 아닌 특정의 의미기능을 수행하는 의미 표지로 간주한다(김종도, 1999: 258). 즉 문장에서 내포하는 사건에 대해 화자가 이에 대한 가능성, 필연성, 확신성 등을 근거로 본인의 주관적인 태도나 의견, 의심, 확신, 소망, 요청, 명령 등의 감정을 바로 이 양태 동사로 표현할 수 있다는 것이다. 그렇기 때문에 양태 동사의 의미는 활동 동사, 동작 동사 등과 같은

15) 본고에서 영어의 서법조동사의 인지문법 관련 문헌을 고찰한 이유는 영어도 중국어와 마찬가지로 서법(modality)을 '조동사'라는 품사를 가지고 표현하는 부분에서 일치하기 때문이며, 이러한 면으로 인해 이미 많은 연구자들에 의해 영어와 중국어의 서법조동사의 의미 기능 및 용법을 비교하는 논문이 활발히 이루어지고 있다.

통상적 의미의 동사들에 비해 그 의미가 모호하고 다의적이며 문법적으로도 문장 내에서 그 출현이 수의적일 수밖에 없는 특징을 가진다.

영어의 양태 동사는 기본적으로 다섯 개가 있다고 보는데 이는 may, can, shall, will, must이며 각각의 기본 법조 동사는 "과거시제" 형식을 가질 수 있는데 여기서 과거시제는 시간상의 위치 표지가 아닌 가능성 정도의 강약을 표현한다고 인지문법에서는 분석하고 있다. 이러한 측면에서 영어의 양태 동사를 중국어와 비교해 보면 의미적으로 모호하고 다의적이며, 그 출현이 수의성을 띤다는 공통점을 지니고 있지만 가능성 정도의 강약을 과거시제로 표현하는 것에 비해 중국어는 각기 다른 양태 동사로 표현한다는 점에서 차이점을 드러낸다고 볼 수 있다.

영어의 양태 동사는 크게 두 가지 의미 기능을 가지는데 이는 뿌리(혹은 의무(deontic)) 의미와 인식(epistemic) 의미로 나눌 수 있다. 인식 양태 동사는 그 의미가 지시된 과정 혹은 사건의 가능성을 나타내며, 뿌리 양태 동사는 추가로 그 과정의 실현에 기울여지는 어떤 잠재력 개념 즉 의무, 허가, 욕망, 능력 등의 의미를 지닌다. 그러나 이 중 뿌리 양태 동사의 의미 포함 범위가 비교적 포괄적이기 때문에 Bybee et al(1994)은 뿌리 양태 동사를 둘로 나누어 소망, 능력 등의 부류를 '동작주 지향적 양태(agent-oriented modality)'로, 화자가 청자에게 어떠한 조건을 직접 부과하는 '명령, 금지, 기원' 등의 부류를 '화자 지향적 양태(speaker-oriented modality)'로 세분하였다. 이 외에도 Sweetser(1984)는 양태 동사를 힘-동력의 기준에서 각각의 의미에 대해 정의 내렸는데 즉 양태 동사가 사회적 상호작용 영역이나 화자의 사고 영역에 적용 가능한 힘-동력 값을 가지고 있으며, 이 두 영역상의 차이가 바로 뿌리 의미와 인식 의미 사이의 대조를 설명해 준다고 보았다. 이러한 힘-동력 값은 may(잠재적으로 존재하는 장벽이 없음); must(강제적, 저항할 수 없는 힘); can(양성적 능력); will(목표를 향한 완성된 통로)로 표현된다고 보았다. Langacker(1991)는 Sweetser(1984)의 힘-동력 기준에 근거하여 양태 동사의 동적 진화 모형을 고안했는데 여기서 가장 중요한 개념은 세계 구조에 대한 우리의 생각에는 근본적으로 힘-동력적 국면이 있으며 이러한 세계 구조를 만들어 나갈 때 일부의 사건은 적절한 환경이 주어지면 내재적으로 혹은 관성적으로 발생하게 되어 있고 어떤 동력이 이 경향을 어떤 식으로든 방해하지 않으면 그 관성의 방향대로 일어나게 된다는 것이다. 이러한 힘-동력에 의해 우리는 '실상(reality)'을 만들어나가는데 이러한 실상은 미래를 향해서 지속적으로 변화되고 그 과정에서 영향을 미치는 동력의 세기에 따라 '잠재적 실상' 그리고 '투영된 실상'으로 구분할 수 있다고 보았다. 즉 '잠재적 실상'은 관성에 따라 실상이 미래 지향적으로 변해가는 것을 의미하며, '투영된 실상'은 실상의 미래 진행 과정에 화자가 상당한 자신을 가지고 투영될 때를 의미한다고 보았다. 예를 들어 아래 두 예문을 비교해서 살펴보도록 하자.

(1) If you weren't so stupid, you might learn something.

(네가 그렇게 어리석지만 않으면 너는 무엇인가를 배울 수 있을지 모른다.)

(2) If you weren't so stupid, you would learn something.

(네가 그렇게 어리석지만 않으면 무엇인가 배울텐데.)

위의 (1)의 문장에서는 화자가 might라는 양태 동사를 통해서 잠재적 실상을 투사하게 되며, (2)의 문장은 would를 통해서 투영된 실상을 투사하게 된다는 것이다. 즉 (1)의 문장에 비해 (2)의 문장에서 화자가 조금 더 큰 확신을 가지고 사건의 미래 실상을 투영하고 있다는 점이다. 이 외에 양태 동사 중 must의 경우는 현재시간 체계의 일부로 간주하는데 이는 사건의 즉각성과 화자와 사건 간의 거리가 매우 밀접함을 의미한다. 예를 들어 살펴보면:

(3) That will be Jack. (그건 잭일 것이다)

(4) That must be Jack. (그건 잭임이 분명하다)

위의 예문 (4)에서 화자는 must의 양태 동사를 통해 '그것은 잭이다'라는 사건에 대해 화자가 즉각적인 판단을 내리는 의미를 부여하게 된다. 반면 will은 '그것은 잭이다'라는 사건에 대해 'must'에 비해서는 어느 정도의 판단에 거리가 있음을 암시한다. 만약 '그것은 잭이다'라는 사건에 대해 위의 may 양태 동사를 사용한다면 "That may be the Jack(그건 잭일지도 모른다)"와 같이 will을 사용했을 때 보다 훨씬 더 약한 화자의 주관적인 확신을 표현하게 될 것이다.

이처럼 영어의 양태 동사는 화자의 주관적 확신 및 판단의 정도를 표현하는 주요 기제로 사용되며 양태 동사 별 의미적 분류를 위해 Langacker(1991)는 '동적 진화모형(dynamic evolutionary model)'을 고안해 냈다.

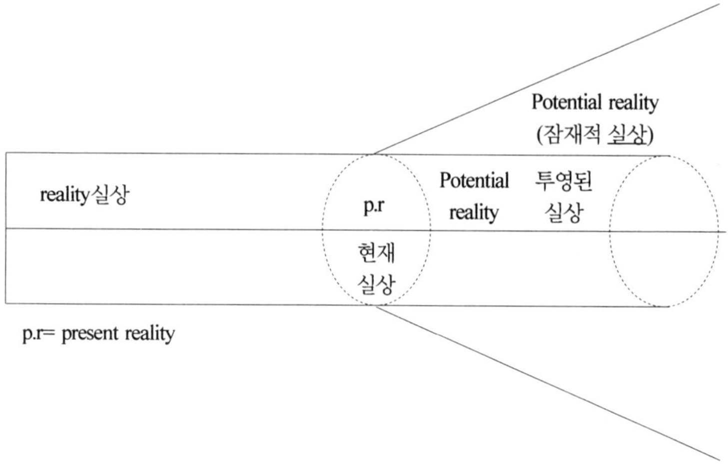

[그림 1] 동적 진화모형(dynamic evolutionary model)

Langacker(1991)는 영어에서 양태 동사를 통해 실상(reality)에 대한 화자의 주관성 정도 및 확신 정도를 표현한다고 보았다. 그의 모형에 따르면 현재 실상에 대한 화자의 주관성 정도는 must를 통해, 잠재적 실상은 may를 통해 그리고 투여된 실사은 'will'을 통해 표현된다고 설명했다. 본고에서는 위의 영어 양태 동사와 관련된 인지적 이론을 바탕으로 아래 〈표 1〉과 같이 의미 체계를 정리해 보았다.

〈표 1〉 영어 양태 동사의 인지적 의미 분류

힘 - 동력	화자의 사고영역	인식 양태	현재실상	즉각성(must)
			잠재실상	관성에 의한 미래변화(may)
			투영실상	확신에 의한 미래 변화(will)
	사회적 영역	의무 양태	화자지향적	명령(must), 허가(can), 기원(shall)
			동작주 지향적	소망(want to), 능력(can)

2. 중국어의 양태 동사에 대한 인지적 접근 방법

(1) 의미 분석 관련 문헌

중국어에서 양태(情態) 동사와 관련한 연구는 이미 많은 학자들에 의해 다양한 방면으로 이루어져 오고 있는 연구 분야이다. 각각의 양태 동사의 의미 항목을 상세히 정의한 呂叔湘([1980]1999)의 연구를 필두로 형식주의적 접근 방법에 의거하여 양태 동사 각각의 의미 항목을 분류하거나 의미가 유사하게 교차되는 양태 동사 예를 들어 '能', '會', '可以'의 세 양태 동사 간의 의미상 유사점과 차이점을 구분하는 연구 등이 주를 이루고 있다. 이러한 연구 경향에 대해 胡裕樹 范曉(1996)는「助動詞硏究綜述」에서 앞으로 중국어 양태 동사 연구 시 양태 동사구에 대한 화용 분석을 강화해야 할 것을 제시[16]하며 인지적 접근 방법을 응용한 중국어 양태 동사의 연구의 필요성을 강조하였다. 이에 중국어 양태 동사의 인지적 분석 분야의 대표적 학자인 彭利貞(2007)은 먼저 중국어에서 양태(情態)란 "화자가 문장 속에서 표현되는 명제에 대한 진실성 및 사건의 현실성에 대해 표출하는 주관적 태도"라고 정의하고 이러한 정의에 맞추어 중국어 각각의 양태 동사에 대해 인지적 분석 및 의미 체계를 분류하였다.[17] 특히 彭利貞(2007)은『現代漢語情態硏究』에서 중국어 양태 동사의 의미 분류 체계를 인지적 방법에 의거하여 아래의 〈표 2〉와 같이 정리하였다.

16) 원문은 다음과 같다: "替助動詞區分小類, 以及加强對助動詞句進行語用分析."
17) 所謂情態, 就是說話人對句子表達的命題的眞値或事件的現實性狀態所表現的主觀態度.

〈표 2〉 彭利貞(2007)의 중국어 양태 동사의 인지적 의미 분류

<table>
<tr><th>양태情态</th><th>의미</th><th>해당어</th><th>의미</th><th>해당어</th><th>의미</th><th>해당어</th></tr>
<tr><td rowspan="2">인식 양태
认识情态</td><td rowspan="2">[필연]</td><td>[추정]
必然、肯定、一定、准、得、要</td><td rowspan="2">[개연]</td><td rowspan="2">[추측]
会、应该
(应当、应、该、当)</td><td rowspan="2">[가능]</td><td rowspan="2">[추측]
可能, 能
(能够)</td></tr>
<tr><td>[가정] 要</td></tr>
<tr><td rowspan="2">도의양태
道义情态</td><td rowspan="2">[필요]</td><td>[명령]
必须、得</td><td rowspan="2">[의무]</td><td>[명령]
应该、要</td><td rowspan="2">[허락]</td><td>[허가]
能、可以、准、许</td></tr>
<tr><td>[보증]
肯定, 一定, 准</td><td>[승낙]
会</td><td>[승낙]
可以</td></tr>
<tr><td rowspan="3">동력 양태
动力情态</td><td colspan="2">[능력]: (장애물없음) 可以</td><td colspan="2">[능력] (항상성) 会</td><td colspan="2">[능력] (객관적) 能</td></tr>
<tr><td colspan="2">[염원] (강함) 要</td><td colspan="2">[염원] (피동) 肯</td><td colspan="2">[염원] (일반) 想, 愿意</td></tr>
<tr><td colspan="6">[용기] 敢</td></tr>
</table>

위의 彭利貞(2007)의 연구 결과를 〈표 1〉의 영어의 양태 동사에 대한 인지적 의미 분류 체계와 비교해 보면 먼저 인식 양태를 하나의 독립된 양태 체계로 분류한 것은 공통점으로 찾아 볼 수 있으나 彭利貞(2007)은 인식 양태에서 각각의 의미 항목을 나열했다면 Langacker(1991)의 분류 방법은 인식 양태에서 다양한 의미를 가지는 원인에 초점을 맞추어 '현재실상', '잠재적 실상', '투영된 실상'과 같이 체계적으로 인식 양태에서 화자의 주관성 정도의 차이를 설명했다는 장점을 지니고 있다고 볼 수 있겠다. 다음으로 彭利貞(2007)은 도의 양태와 동력 양태를 각각 하나의 독립된 양태 체계로 분류했다면 Bybee et al(1994)은 의무 양태에서 주관적 태도가 화자 지향적일 때는 彭利貞(2007)이 제시한 도의 양태의 의미인 [명령], [허가], [보증], [승낙] 등의 의미를 나타내고, 동작주(문장주어) 지향적일 때는 彭利貞

(2007)이 주장한 동력 양태인 [염원], [능력] 등의 의미를 나타낸다고 보아 논리적으로 두 양태의 차이점의 근원을 제시해 주고 있다고 본다. 하지만 彭利貞(2007)은 동력 양태에서 각각의 양태 동사의 의미 항목을 정의할 때, [능력] 의미에 대해서 '장애물이 없음', '항상성을 띤 능력' 그리고 '객관적인 능력'의 차이로 보다 더 체계적으로 의미를 분류하였음을 알 수 있다. 또한 [염원]의 의미도 그 주관성이 '강함', '피동' 혹은 '일반적'인지의 차이점에 따라 각각의 해당 양태 동사를 제시했다는 점에서는 각각의 양태 동사의 의미를 이해하는데 많은 도움이 된다고 볼 수 있다. 이러한 彭利貞(2007)의 연구 외에도 魯曉琨(2000)은 영어의 양태 동사에 대한 연구 결과를 바탕으로 중국어 양태 동사를 '양태 표현 동사'와 '비양태 표현 동사'로 분류하는 작업을 시도하였고, 于康(1996)은 연구를 통해 문장에서 표현되는 명제를 기준으로 양태 동사를 명제 내 성분과 명제 외 성분의 두 각도 측면에서 명제 내 성분에만 사용할 수 있는 양태 동사로 想, 愿意, 肯을, 명제외 성분에만 사용할 수 있는 양태 동사로 可能, 应该, 应当, 该, 配, 值得를, 마지막으로 명제 내외에 모두 사용가능한 能, 会, 可以, 要, 敢로 분류하기도 하였다. 이러한 연구 결과를 통해 현재 중국어학계에서 인지적 접근 방법을 사용하여 양태 동사에 대해 새로운 시각으로 의미를 분류을 살펴볼 수 있다.

(2) 오류 분석 관련 문헌

양태 동사의 오류 분석과 관련하여 중국 내에서는 특정 국적 학생을 대상으로 양태 동사의 사용상의 오류를 분석한 경우가 주를 이루고 있음을 관찰할 수 있는데[7] 이 중 한국 학생만을 대상으로 심도 깊게 연구를 진행한 연구로 중국학자로서는 王路(2011); 高佑京(2012) 등이 있다. 국내에서는 김재희(2013)의 연구를 대표적인 양태 동사의 오류 분석 연구로 들 수 있는데 김재희(2013)는 코퍼스 분석을 기반으로 대표적인 양태 동사에 대해 첨가, 누락, 대체, 혼용, 어순의 5가지 오류 현상을 상세히 기술하였다는 점에서 큰 의의가 있다고 볼 수 있다.

또한 양태 동사의 '누락' 오류에 대해 분석 시 코퍼스 자료 관찰을 통해 누락 오류가 두드러지게 나타나는 '能', '要', '會', '想', '可以', '應該' 그리고 '得'의 7가지 양태 동사를 추출하기도 했다. 그리고 누락 오류가 발생할 시 의미 항목을 구분하여 어떠한 의미 항목으로 쓰일 때 한국 학생들이 누락 오류를 자주 범하는가에 대한 통계적 자료를 제공했다는 점에서 본고에서 참고할 가치가 매우 높다고 생각한다. 그러나 김재희(2013)의 연구는 기존의 형식주의적 접근 방법에 근거하여 각각의 양태 동사의 의미 항목을 나열한 분석 방법을 사용했기 때문에 누락 오류의 발생 원인을 규명하는데 한계를 보이며 특히 분석 결과를 기반으로 학생들에게 실효성 있는 교육 방안을 도출하기 힘들다는 한계를 보이기도 한다. 이러한 점에서 볼 때 김홍매(2011)의 「현대중국어 양태 표현 동사 '能', '會', '要', '可以'의 오류 현상 연구」는 인지적 접근 방법을 통해 보다 더 심도 깊게 위의 4가지 중국어 양태 동사의 오류 현상을 다루었다는 점에서 큰 의의가 있다고 본다. 특히 김홍매(2011)는 연구를 통해 학생들이 '能/會' 혹은 '能/會'와 '要' 간의 용

18) 중국학술정보망인 www.cnki.com.cn의 검색결과 "오류"와 "양태 동사"를 키워드로 검색하면 총 1,300건의 논문이 검색되지만 이 중 실제로 양태 동사 오류 분석을 직접적으로 다룬 연구를 육안으로 관찰하면 약 150건 정도의 논문으로 축소됨을 발견할 수 있다.

법을 혼동하여 자주 오류를 일으키는 원인은 학습자들이 양태 동사에서 '양태'의 개념을 제대로 인식하고 있지 못하기 때문을 주요 원인으로 지적하고 있으며, 기존의 각각 양태 동사의 의미 항목을 나열하고 이를 외우는 방법에서 탈피하여 인식 양태, 의무 양태, 동적양태의 세부적 개념과 화용의 차이를 가르치는 것이 이러한 오류를 줄이는 근본적 교육적 방안임을 주장하였다. 본고 또한 김홍매(2011)의 연구결과를 바탕으로 기존 연구에서 심도 있게 다루어지지 않았던 양태동사의 누락 오류만을 연구 범위로 삼고 인지적 분석을 통한 보다 더 체계적인 원인 제시 및 실효성 있는 교육 방안을 제시해 보고자 한다.

3. 소결- 중국어 양태 동사의 인지문법적 의미 분석 기준

본 절에서는 위의 영어와 중국어의 양태 동사에 대한 인지문법적 의미 분석기준을 종합하여 본고에서 누락현상을 분석할 수 있는 고유의 의미 분석 기준을 만들었는데 이는 아래 〈표 3〉과 같다.

〈표 3〉 중국어 양태 동사의 인지적 의미 분류 체계

힘-동력	화자의 사고 영역	인식 양태	현재실상	즉각성(應該)
			잠재실상	관성에 의한 미래변화 (可能 / 能)
			투영실상	확신에 의한 미래 변화 (會)
	사회적 영역	의무 양태	화자 지향적	명령, 의무(應該 / 要), 허가 승낙(可以 / 能 / 會)
			동작주 지향적	소망, 염원(想/希望 / 愿意/要), 능력(能 / 會 / 可以)

위의 〈표 3〉을 살펴보면 위의 2.2.1에서 밝힌 바와 같이 전체 양태

동사의 의미 분석 틀은 영어의 양태 동사 체계를 사용했는데 이는 영어의 양태 동사 의미체계가 '힘-동력'이라는 하나의 개념에서 어떻게 양태 동사의 각각의 의미가 파생하는가를 인지적 관점에서 보다 더 체계적 분류하였기 때문이다. 그러나 이 중 영어의 의무 양태 중 '동작주 지향적' 양태 부분은 彭利貞(2007)이 제시한 '동력 양태' 의미 기준을 사용하도록 한다. 이는 두 양태가 동일한 개념이며 彭利貞(2007)이 각각의 해당 양태 동사에 대한 의미 분류를 보다 더 세밀히 제시했기 때문이다.

III. 양태 동사 누락 오류에 대한 인지 문법적 분석

1. 중국어 양태 동사 누락 오류 수집 과정

본장에서는 위의 2.3 소결에서 도출된 중국어 양태 동사의 인지적 의미 분석틀을 사용하여 코퍼스 분석을 통해 관찰되는 한국 학생들의 양태 동사 누락 오류에 대한 의미적 분석을 실시하고자 한다. 본고에서 사용한 코퍼스는 현재까지 가장 많은 수의 한국 학생들의 중간언어 자료를 수록하고 있는 북경어언대학의 HSK動態作文語料庫이다. 한국 학생들의 양태 동사 누락 오류 문장을 수집하기 위해 먼저 코퍼스에서 '한국'으로 코퍼스 내 대상자들의 국적을 제한한 후 '동사 누락(殘缺述語)' 유형을 수집한 결과 총 1,359개의 문장이 검색되었고 이 중 양태 동사를 누락한 경우를 모두 육안으로 검토한 결과 105개의 문장이 수집되었다.[19] 수집된 문장들에서 나타나는 누락 양태 동사

19) 필자가 육안으로 1,359개의 문장을 관찰한 결과 총 양태 동사 누락 문장은 140

및 그 누락 빈도는 아래 〈표 4〉와 같다.

〈표 4〉 양태 동사의 누락 오류 빈도

순위	누락 양태 동사	빈도(백분율)
1	應該	27(25)
2	會	25(23)
3	想	18(20)
4	能	14(13)
5	要	13(12)
6	可以	5(4)
7	希望(愿意)	3(3)
총계		105(100)

위의 결과를 살펴보면 먼저 다양한 양태 동사 가운데 누락 오류를 보이는 양태 동사는 총 7개의 양태 동사로 조사되었고, 이는 앞서 김재희(2013)의 연구에서 나타난 누락 오류의 대표적 양태 동사인 '能', '要', '會', '想', '可以', '應該', '得'와 거의 유사한 결과라고 볼 수 있다. 즉 한국 학생들이 이 7가지 양태 동사의 사용에 있어 누락 오류가 나타나는 원인과 그 대안에 대한 보다 더 심도 깊은 분석이 필요함을 느끼게 해주는 결과라 하겠다. 세부적으로 살펴보면 가장 높은 누락 오류를 보이는 양태 동사는 '應該'이며, '應該' 이외에도 '會'와 '想'도 비교적 높은 누락 오류를 보이는 양태 동사로 조사되었다. 다음으로는 '能'과 '要' 양태 동사가 비슷한 비율로 누락 오류를 보이는 양태 동사로 나타났으며, '可以'와 '希望(愿意)'은 누락 오류 비율이 매우 미미한

개로 조사되나 이 중 106번째 문장부터는 앞의 문장과 동일한 문장이 입력되어 있는 것으로 나타나기 때문에 양태 동사 누락 문장은 105개로 선정하였음을 향후 본 코퍼스를 이용하여 같은 기준으로 검색하려는 독자를 위해 밝혀둔다.

것으로 나타났다. 그러나 누락 오류 비율이 낮다 하더라도 위의 두 양태 동사의 누락 오류 또한 비중 있게 다루어져야 함은 코퍼스 상에서 나타나는 오류 문장에서는 한국 학생들의 사용 회피 현상이나 문장 주제에 따라 자주 사용하게 되는 표현 등이 다르게 나타나는 점은 반영되지 않는 한계가 있기 때문에 위의 7가지 양태 동사에 대한 심도 있는 인지적 의미 분석 및 원인 규명이 필요할 것이라 본다.

2. 양태 동사 별 누락 오류에 대한 인지적 의미 분석

(1) 應該의 누락 오류에 대한 인지적 의미 분석

먼저 위의 2.3에서 도출한 분석틀에 의하면 應該는 '화자의 사고 영역'에서 '실상(reality)'에 대해 판단할 때는 '인식 양태'의 의미를, '사회적 영역'에서 '실상(reality)'에 대해 판단할 때는 '의무 양태'중에서 '화자 지향적'인 주관성을 표현함을 볼 수 있다. 이러한 기준에 의하여 코퍼스 관찰을 통해 얻은 27개의 오류 문장을 살펴보면 전체 오류 문장이 모두 '의무 양태' 중 화자 지향적인 주관성을 나타내는 '명령[도의]'의 의미에 해당하는 것으로 나타났다.[20] 이는 한국 학생들이 이러한 화자지향적인 주관성 즉 [도의] 의미를 문장에 부여할 때 중국어 양태 동사 應該의 사용 용법을 제대로 인식하지 못함을 나타내는 결과라고 할 수 있다. 보다 세밀한 분석을 위해 각각의 문장에서 나타나는 주어의 종류를 특징별로 1인칭 대명사, 3인칭 대명사, 부모 자녀 가장과 같은

20) 김재희(2013)의 연구에서도 應該가 당위성 의미, 즉 의무 양태일때 누락 오류가 일어난다고 보았으나 1개 문장만을 해당 오류 문장으로 제시하고 있어 연구 결과에 대한 보다 심층적 분석이 필요함을 알 수 있다.

가족범위, 정부 사회 등과 같은 사회적 관계 범위 마지막으로 무표지와 같이 5가지 항목으로 세분해 보았고 그 결과는 아래 〈표 5〉와 같다.

〈표 5〉 應該 누락 오류 문장의 주어별 분류

주어	수	오류문장[21]
1인칭	2	我觉得我们首先(应该)认识双方的差别是一个很重要的条件 我们该想一想, 我们在家里跟父母相处的时候, (应该)谈谈什么话题呢
3인칭	4	其次, 他们(应该)寻找可以一起享受的爱好. 他们不仅听下一辈人的思想、观念, 而且(应该)理解他们的生活 所以他们也(应该)尊重, 并且听父母说教的 他们(应该)互相认识差异, 接受差异, 这样才能解决问题
부모/자녀/가장	8	还有父母(应该)跟孩子常常一起做事情, 比如一起去旅游或者一起运动等, 首先父母(应该)关心孩子, 支持孩子。 每天晚上, 吃饭后睡觉之前爸妈(应该)跟自己的子女先开始聊一会天儿 子女也(应该)很努力了解父母的心情是什么样的。 首先, 对父母来说, 父母(应该)努力了解孩子 忙得连饭也不吃的父母(应该)关心自己的孩子 孩子抱怨之前父母(应该)先改变想法 为了防止这些不良后果, 家长们(应)采取谈话的方法 所以父母和子女都(应该)主动对话
정부/사회/사회문제	8	首先, 我们的社会(应该)拓宽两代人积极开始对话与其他交流感情、意见的渠道 所以政府(应该)利用这种税收建立一个合理的文化中心 与此同时, 晚辈也(应该)做出努力了解长辈难以接受新知识和环境等问题 为了超越这种代沟, 长辈(应该)做出努力了解 既然有了代沟, 双方(应该)承认该现实 同时, 长者也(应该)尊重年轻人的个性和新的生活方式 所以双方都(应该)努力理解对方的想法和行为 后辈也(应该)每次设想"如果我当前辈的话, 怎样对待这些事情呢
무표지	3	我觉得, (应该)父母与子女之间需要互相理解 要努力去接触新的事物, 不要总在家待着, (应该)到外边看、听 而且(应该)关心地看他们的最近情况和健康状态

21) 코퍼스 상에서의 오류 문장에서는 양태 동사가 모두 빠져 있으나 본고에서는 독자의 이해를 위해 괄호 안에 누락된 양태 동사를 첨가시켜 보고하였다.

위의 〈표 5〉를 통해 알 수 있듯이 주로 문장 주어 즉 문장 속의 명제가 가족범위나 사회적 관계 범위와 관련 있을 때 화자는 양태 동사 應該를 사용하여 [도의]의 주관적 의미를 표현해야 하지만 이를 누락하는 경우가 빈번히 일어난다는 것을 발견하게 된다. 즉 한국 학생들은 작문 시 應該를 사용함으로써 가족범위나 사회적 관계 범위와 관련된 명제에 대해 자신의 판단 가치를 표현해야 하나 이러한 '화자 지향적' 의무 양태의 의미 기능을 제대로 인식하고 있지 못함을 알 수 있다.

(5) 還有父母[應該]跟孩子常常一起做事情, 比如一起去旅游或者一起運動等.

(부모는 (반드시) 자녀들과 같이 활동을 해야 한다. 예를 들어 여행을 가거나 운동을 하는 등의 활동이다)

위의 예문 (5)는 주어가 가족범위에 해당하는 오류 문장 중 하나이다. 학생들은 "父母跟孩子常常一起做事情, 比如一起去旅游或者一起運動等(부모는 아이들과 자주 함께 활동을 한다. 예를 들어 여행을 가거나 운동을 하는 등의 활동이다)"의 문장과 이 문장에 應該를 첨가한 문장 사이의 차이점을 제대로 인식하고 있지 못한다는 것인데 사실 "父母跟孩子常常一起做事情"라는 문장 자체만을 살펴보면 오류 문장이 아니다. 그러나 화자가 이 사실을 전달하는 것이 목적이 아니라 가치 판단의 기준을 '사회적 영역'에 두고 화자가 판단했을 때 부모가 아이들과 자주 함께 활동하는 것이 [도의]라고 생각하고 이를 전달하고자 할 때는 반드시 應該를 첨가해야 한다는 것이다. 그렇기 때문에 應該를 통하여 사회적 영역의 의무 양태를 화자가 표현하고 싶을 때 문장 주어는 〈표 5〉에서 보는 바와 같이 대부분 사회적 영역과 관련된 주어들이 올 수밖에 없음을 추측해 볼 수 있다.[22] 이러한 측면에서 살펴보면 應該의 누락 오류를 방지하기 위해서는 작문 시 사회적 영역과 관련된 사실을 기술할 경우 그 목적이 사실 기술에 있는 것이 아니라 자신의 판단에 있을 경우에는 한 번 더 應該를 사용했는지의 여부를 확인해 보도록 유도하는 것도 좋은 교육적 방법이라 생각된다.

(2) '會' 누락 오류에 대한 인지적 의미 분석

'會'의 누락 오류 분석을 위해 위의 2.3에서 도출된 중국어 양태 동사의 인지적 의미 분류표에서 '會'가 속하는 양태 의미가 무엇인지 먼저 살펴보도록 하자. '會'는 인식 양태 중 화자의 미래에 대한 확신 변화를 나타내는 '투영실상'의 양태 의미와 의무 양태 중 '화자 지향적'일 때는 [승낙]의 의미를 '동작주지향적'일 때는 [능력]의 의미를 나타낸다고 볼 수 있다. 코퍼스 분석을 통해 수집된 총 25개의 오류 문장에 대한 관찰 결과 단 한 문장에서 '동작주 지향적'일 때의 [능력]의미로 사용된 '會'가 누락됐음이 발견되었고 이는 아래 예문(6)의 문장이다.

(6) 她培養了這么出衆的儿子, 就可以把她当作賢妻良母的代表, 而且她[會]畫畫儿, 寫詩等.

(그녀는 이렇게 출중한 아들을 길러냈기에 가히 현모양처의 대표로 볼 수 있겠다. 또한 그녀는 그림을 그리고 시를 쓸 줄 알았다.)

---

22) 위의 〈표〉에 1인칭 주어로 분류가 되어 있으나 자세히 살펴보면 모두 我們이 주어이며, 여기서의 我們은 표면적인 '너와 나'의 의미가 아닌 '집단' 혹은 '단체'의 의미임을 알 수 있다.

彭利貞(2007)의 연구에 의하면 항상성을 지닌 [능력]을 '동작주(문장주어)'가 지니고 있을 때 바로 이 '會'를 사용한다고 밝히고 있다. 예문 (6)에서 보면 "她畵畵儿, 寫詩(그녀는 그림을 그리고 시를 쓴다)"는 사실을 기술하는 것에 초점이 있는 것이 아니라 '她'라는 동작주가 이러한 능력을 지니고 있음을 표현하는데 주목적이 있기 때문에 반드시 '會'를 사용해야 하지만 이를 누락한 것으로 볼 수 있다. '會'의 누락 오류 가운데 가장 두드러진 양상을 보이는 것은 인식 양태 중 '투영실상'을 표현하는 '會'의 용법을 사용할 때 학생들은 이를 자주 누락하는 것으로 나타났다. 인식 양태 가운데 '투영실상' 양태 의미를 통해 화자는 문장 속 명제에 대해 미래에 확실히 일어날 것을 예측하고 이에 대한 강한 확신을 가지고 있음을 표현한다. 코퍼스 분석에서 발견된 24개의 오류 문장에 대한 관찰 결과 가정문 표지가 있는 문장이 11개로 나타나 가정문 형태와 '會'의 양태 의미 간에 일정한 상관관계가 있음을 유추해 볼 수 있다. 아래 〈표 6〉은 투영실상의미를 반영하는 '會'를 누락한 문장에 대해 가정문표지 여부에 따라 분류한 결과이다.

〈표 6〉 '會' 누락 오류에 대한 가정문표지 유무별 분류

	수	오류 문장
가정문 표지가 있는 경우	11	如果貴公司錄取本人的話, 我(會)努力工作. 要不然我們的關系也(會)越來越不好 我相信, 再加上上述因素的話我在中國三年的學習肯定很有成果, (會)十全十美了. 如果我得了一种不治這症就(會)怎么樣? 不這樣做一定(會)遺憾 只固守自己的立場, 不努力理解對方的話, 世界上最親密的父子關系也(會)變 成跟敵人一樣的很不好的關系

		父母在外面忙着工作, 子女自認爲已經長大了, 再也不要听父母的話, 這种情 況繼續下去, 目前"代溝"問題(會)日益嚴重 如果听父母說話, 那么干什么事都(會)很順利. 這樣下去的話, "代溝"(會)越來越深 假如每天都听到的一个聲音, 一天听不見那么心里(會)有不完全的感覺 有机會再續讀書緣, (會)讓我深刻体會到, 多看, 多讀, 多講, 多寫是自己提 高文化的好方法
가정문 표지가 없는 경우	13	我看這个女人要挑死之路是她自己考慮后才(會)決定的 医生說一个星期以后它就(會)死 隨着社會的發展父母和子女之間(會)發生很多困難的事情 他(會)跟我談談關于我要做的那件事 父母与子女之間比兄弟之間更(會)發生很多不好的事情 朋友之間也(會)發生很多爭論, 還用說年紀有差异的父母和子女嗎 至少每星期一次給父母打電話, 父母(會)很高興地跟你聊天. 這樣一來, 我們可以跟朋友, 父母, 同事在一起工作, (將會)得到很大的收獲 父母和子女談話中, 双方往往(會)發現互相不了解的地方. 所以孩子們与父母之間的交流(會)變得很順利 兩代人一起活動, 生活時, 自然(會)發生 而這环境等方面的因素往往(會)創造人們的思想根源. 我認爲這樣的行爲不行, (會)影響我們國家的文明,

위의 〈표 6〉에서 보는 바와 같이 양태 동사 '會'는 주로 가정문 용법과 자주 사용됨을 알 수 있는데 이는 Langacker(1991)의 동적진화 모형에 의거하여 추론해 보면 '투영실상'이란 미래에 일어날 확률이 매우 높은 실상이기 때문에 그 범위가 여느 실상에 비해 좁게 설정되어 있음을 모형을 통해 알 수 있다. 즉 이러한 좁은 상의 범위 설정 기능을 가정문 용법이 담당하고 있는 것이라 하겠다. 그러나 학생들은

'會'가 미래에 일어날 확률이 매우 높음을 확신하는 화자의 주관성을 표시해 준다는 개념을 제대로 인식하고 있지 못하기 때문에 이러한 '會'의 누락오류가 발생하는 것이라 본다. 예를 들어 살펴보면

(7) 如果貴公司录取本人的話, 我[會]努力工作

(만약에 귀 회사에서 저를 뽑아 주신다면, 저는 (반드시) 열심히 일할 것입니다.)

위의 예문 (7)에서 '회사가 화자를 뽑는다(貴公司录取本人)'는 가정문 조건을 설정함으로써 앞으로 일어날 실상의 범위가 좁혀지게 되고, 이러한 조건이 충족될 경우 화자는 '열심히 일하다(努力工作)'라는 실상을 실현할 것을 확신하게 되기 때문에 반드시 양태 동사 '會'를 사용하여 화자의 이러한 주관성을 표현해야 한다. 위의 예문을 Langacker(1991)의 동적 진화모형에 응용해 보면 아래 [그림 2]와 같이 도식화 해 볼 수 있다.

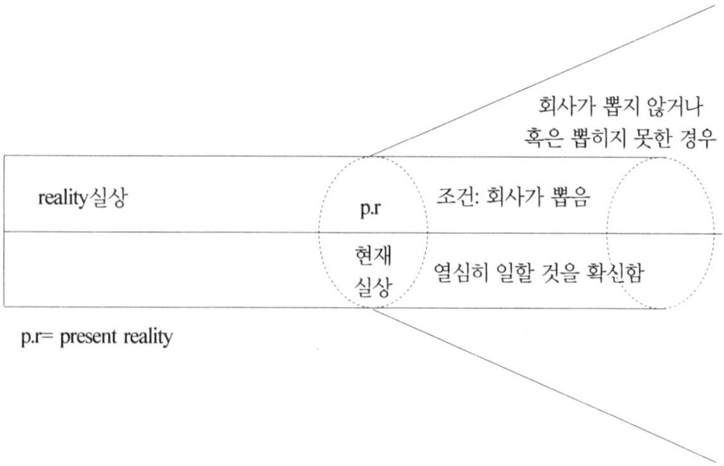

[그림 2] 會의 동적 진화모형

그렇기 때문에 '會'는 가정문을 통해 사실 및 조건의 범위를 설정했을 때나 혹은 위의 13개 문장의 가정문 표지가 없는 경우라도 화자가 사건 명제에 대해 확신을 가지고 있을 때는 반드시 '會'를 사용해야 함을 학생들에게 강조해야 할 필요성이 있겠다.

(8) 我認爲這樣的行爲不行, [會]影響我們國家的文明.

(나는 그러한 행동은 안 된다고 생각하며, (이는 분명) 국가의 문명에 영향을 미칠 것이다)

위의 예문 (8)은 가정문 표지가 없는 문장의 오류 문장이다. 그러나 화자는 '그러한 행동이 국가의 문명에 영향을 미칠 것이다'라는 명제에 높은 확신을 가지고 있기 때문에 반드시 '會'를 사용해야 하지만 학생들은 '會'의 이러한 양태 의미 기능을 제대로 인식하고 있지 못하기 때문에 비교적 높은 수의 누락 오류가 발생하는 것이라 추측해 볼 수 있다.

(3) 想의 누락 오류에 대한 인지적 의미 분석

양태 동사 '想'은 2.3의 의미 분석틀에 의하면 '의무 양태' 중 '동작주 지향적'일 때의 [소망]의 주관적 감정을 표현하는 기능을 담당한다고 볼 수 있으며, 彭利貞(2007)은 '想'이 일반적인 [염원]을 표현해 줄 수 있다고 보았다. 이러한 분석틀에 의거하여 살펴보면 '想'은 '문장주어가 소망하는 앞으로 일어날 미래사건'을 표현한다고 보겠다. 그렇기 때문에 먼저 코퍼스 분석을 통해 도출된 18개의 문장에 대해 문장주어의 인칭 별로 세분하여 보았고 그 결과는 아래 〈표 7〉과 같다.

〈표 7〉을 살펴보면 한국 학생들은 주어가 3인칭일 때 이러한 주어

의 [소망], [염원]을 나타내는 '想'을 자주 누락하는 것으로 나타났다. 주어가 1인칭일 때도 그 빈도가 비교적 높게 나타났는데 즉 학생들은 문장을 통해 표현되는 사건에 대한 동작주의 주관적 소망, 염원을 표현하는 '想'의 의미 기능을 제대로 인식하지 못함을 알 수 있다.

〈표 7〉 '想' 누락 오류에 대한 주어인칭별 분류

	수	오류 문장
1인칭	8	我因想体驗不同的工作經驗, 是以應聘(想)成爲貴公司的導游. 我對漢語更感興趣, 所以, 我(想)懇求我媽讓我到北京留學. 我(想)盡快和父母見面! 希望父母健康! 我也好想回家, 我也跟別的女孩子一樣, (想)跟媽媽聊天. 那時候眞的任何東西都覺得新鮮, 想多學習, (想)以后學好漢語 本人覺得不(想)讓別人麻煩 對我來說, (不想)讓重要的人爲我感到痛苦 我第一次听到"安樂死"的時候, (想)怎么可能這种非人道的事
2인칭	1	可是父親有時候, 告訴我, "要是(想)去旅行, 你應該學習"
3인칭	9	看到太太痛苦而(想)解放她的念頭 他本來不想妻子死, 而(想)讓她活下去 老百姓也全神貫注(想)怎么做才能富裕 人(想)要离開它, 可是它不要离開人 特別是自己(想)得到的目的和東西, 我們不容易得到, 掌握. 人面對挫折時, (想)避開現實. 但是畢竟每个人的心里都(想)讓別人抬水, 誰也不同意這个建議 他們就對感情方面來說肯定(想)安樂死. 不過"安樂死"的時候, 剩下來的人們(想)知道本人眞心愿意死還是被別人殺了是很難

예를 들어 살펴보면

(9) 我對漢語更感興趣, 所以, 我(想)懇求我媽讓我到北京留學.

(저는 중국어에 흥미가 있기 때문에 저는 엄마에게 나를 북경에 유학 보내달라고 조르고 싶습니다)

(10) 人面對挫折時, (想)避開現實.

(사람은 좌절에 대면할 때 현실을 회피하고 싶어한다)

예문 (9)의 경우 '중국에 흥미가 있는 것'은 현재 실상이며 '엄마에게 나를 북경에 유학 보내달라고 조르는 것(懇求我媽讓我到北京留學)'은 아직 일어나지 않은 미래 사건이며 주어인 '나'는 이에 대한 염원을 가지고 있기 때문에 반드시 '想'을 사용해야 하며, 예문 (10)의 경우도 '사람이 좌절에 대면하는 것'은 현재 실상이고 '현실을 회피하는 것(避開現實)'은 현재 실상 이후에 일어나는 미래 사건인 동시에 주어인 '사람'이 소망하는 바이기 때문에 '想'을 사용해야만 문맥상 정확한 의미를 표현할 수 있게 된다. 그렇기 때문에 학생들에게 이러한 '想'의 용법을 가르칠 때 문장 속에서 발현되는 명제가 미래 사건인지 아닌지의 여부와 주어의 염원 여부 측면을 강조한다면 누락의 오류도 줄일 수 있고 정확한 중국어 의사소통 능력도 신장될 수 있으리라 생각한다.

(4) '能'의 누락 오류에 대한 인지적 의미 분석

양태 동사 '能'과 관련된 기존 연구 가운데 인지적 측면에서 '能'의 핵심의미를 고찰한 연구로는 王偉(2000)의 연구가 있는데 그는 '能'의 핵심의미를 "외부 혹은 내재적 장애 극복을 가능하게 하는 조건을 갖추다(具備克服障碍或阻力的使能條件)."로 정의하였다. 이외에도 朱茜(2009) 또한 'S + 能 + VP' 구조에 대해 "S는 VP를 실현할 수 있는 조건을 구비하고 있다(S具備條件實現VP)."로 분석해, '能'의 핵심 의미는 [문장주어]와 [조건]과 관련이 있으며 양태 동사 가운데 '能'이 다른 양태 동사에 비해 비교적 객관적 성격의 양태 의미를 지니고 있음을 알 수 있게 해 준다. 이는 본고에서 도출한 '能'이 인식 양태 가운데 화자의 주관적 확신이 가장 적은 '잠재실상'을 표현하는 의미 기능을 가지고 있는 것과 '동작주 지향적'일 때 [능력]의 의미를 표현한다는 점과 일맥상통한다고 볼 수 있다. 이러한 관점에서 코퍼스 분석을 통해 수집된 14개의 오류 문장을 살펴보면 4개의 '동작주 지향적'일 때 [능력]의 의미를 누락한 경우와 10개의 '잠재실상'을 표현할 경우 '能'을 누락한 문장으로 나뉘는 것을 볼 수 있으며 각각의 오류 문장에 대한 분류 결과는 아래의 〈표 8〉과 같다.

〈표 8〉 能의 누락 오류에 대한 양태 의미별 분류

	수	오류 문장
동작 주지향	4	我已長大了, 這都是我母親辛辛苦苦地帮我, 所以我(才能)這樣 我們(能够)解決這个問題的話, 我國的未來將在世界上數一數二 這樣的情况下, 孩子對自己的家, 自己的父母不太(能)适應 時代變了, 在瞬息万變的時代里人赶不上時代潮流, 但年輕人(能)很快适應這 一种時代潮流并創造新的産物.
잠재 실상	10	一方面(能)保証身体健康, 一方面(能)跟好多朋友交往. 現在我這个時代, 有一項, 你干得好, 你就(能)成功. 只要互相理解, 就(能)解決"代溝"問題. 這樣父母与子女之間存在的問題是我們到處(能)看到, 听到的. 兩个人擁有這互相關心的想法, 自然(能)解決兩个人之間發生的所有的問題 那樣的話兩代人的代溝問題肯定(能)解決 社會在變化, 人怎么(能)一直一樣呢 爲什么現在(能)解決那時候的年輕人和老年人的對立 這樣很好, 自然(能)解決代溝問題. 我認爲只要常常對話, 就(能)縮小兩代人的"代溝".

먼저 '잠재실상'의 '能'을 누락한 경우의 예문을 살펴보도록 하자.

(11) 一方面(能)保証身体健康, 一方面(能)跟好多朋友交往.

(한편으로 신체 건강을 보장받을 수 있고, 다른 한편으로 많은 친구들과 교류할 수도 있다)

위의 예문 (11)의 문장주어는 문장 상에서는 생략되어 있으나 '우리가 운동하는 것'이라는 사실일 것이고 화자는 '운동'의 장점을 기술하고자 위의 문장을 만들었을 것을 추측해 볼 수 있다. 하지만 '운동'의 장점은 화자의 주관적 개입이 가장 적은 객관적 사실이기 때문에 '운동을 했을 경우 운동이 가져다주는 장점', 즉 '관성에 의해 일어나게 될 미래'를 표현하기 위해 '能'을 사용해야 하나 학생들은 이러한 '能'의 잠재실상을 표현하는 의미 기능을 잘 인식하고 있지 못하기 때문에 '잠재실상'의 '能'을 누락하는 것이라 유추해 볼 수 있다. 즉 객관적으로 화자의 의견을 제시하고자 할 때 '能'을 사용해야 하는 화용적 의미를 아직 제대로 인식하지 못하고 있기 때문이라 볼 수 있다.

(12) 時代變了, 在瞬息万變的時代里人赶不上時代潮流, 但年輕人(能)很快适應這一种時代潮流并創造新的産物.

(시대가 변했다, 순식간에 변하는 시대에 사람들은 시대의 조류를 따르지 못한다. 하지만 젊은 사람들은 빨리 이러한 시대조류에 적응할 수 있고 새로운 문물을 창조한다.)

위의 예문 (12)는 '동작주 지향적'일 때 [능력]의 의미를 나타내는 '能'을 누락한 경우의 문장이다. 즉 문장주어인 '젊은 사람들(年輕人)'이 '빨리 시대조류에 적응한다(很快适應這一种時代潮流)'라는 사실을 기술하는 것에 초점이 있는 것이 아니라 문장주어가 이러한 조건 및 능력을 구비하고 있음을 말하는 것에 초점이 맞춰져 있기 때문에 이러한 양태 의미를 지닌 '能'을 사용해야 하지만 학생들은 이러한 '能'의 의미에 대한 인식이 부족하기 때문에 누락 오류가 발생하는 것이라 볼 수 있다. 이에 대해 김홍매(2011) 또한 연구에서 학생들이 양태 동사 관련 많은 오류를 범하는 가장 근본적인 원인은 양태 동사의 '양태개념'이 제대로 확립되어 있지 못하기 때문이라고 주장했는데 이는 본고의 결과와도 일치되는 부분이라고 하겠다.

(5) '要'의 누락 오류에 대한 인지적 의미 분석

양태 동사 '要'와 관련된 기존 연구를 살펴보면 먼저 呂叔湘([1980] 1999)은 [염원]이 '要'의 기본 의미라고 보아 2.3에서 도출한 '동작주 지향적'일 때의 '要'의 양태의미와 동일하게 나타남을 알 수 있다. 그리고 '화자 지향적'일 때는 '要'는 [명령]의 의미를 나타냄을 본고의 의미 분석틀에서 살펴볼 수 있다.[23] 이러한 기준에 의거하여 코퍼스 분석을 통해 도출된 13개 문장을 양태의미별로 분류한 결과는 아래 〈표 9〉와 같다.

〈표 9〉 '要' 누락 오류에 대한 양태 의미 별 분류

	수	오류문장
		到了山頂往下看的時候, 他對我說以后你作什么事情都(要)這樣. 再之, 兩个人時, 任何事情都(要)好商量, 首先, 我想向你們道歉, 還(要)感謝你們的恩情. 最重要的是父母与子女之間(要)互相理解.

23) 기존의 중국어 양태 동사 '要'와 관련한 연구에서는 '要'가 [염원], 명령 외에 인식 양태 의미인 [필연]의 의미가 있다고 보는 견해가 많다. 그러나 인지적 관점에서의 핵심의 미를 분석한 애러튼(Alleton)(1994)의 연구 결과에 따르면 [+ 염원]이 '要'의 기본의미이고 '要'의 의무 양태는 그 다음이라고 분석한 결과에 따라 [염원], 명령 두 의미에 초점을 맞추어 '要'의 누락오류를 분석하고자 한다.

명령	11	父親總是說"你一定(要)听我的話". 一定注意的是對話的時候, 一定(要)尊重對方的看法和意見 所以我們都(要)努力試着解決, 這樣才會保持良好的關系 在和孩子們談問題的時候絶不能采取高壓的手段, (要)用和平的手段大家來商量. 所以我現在想如果吃什么東西(要)好一点的, 所以說先考慮質量 閱讀不一定要知道每个字的意思, 但(要)大体上掌握文章的含意. 所以, 医學上的需要, 医生發出張証明, 病人也同意, 還(要)几个親友也同意 才能把安樂死合法化
염원	2	朋友們說"安樂死"是更好的辦法, 否則狗終究自己(要)死 我從報刊上知道貴公司(要)招聘一些職員

위의 〈표 9〉에서 보는 바와 같이 양태 동사 '要'의 누락 오류는 대부분 '要'가 '화자 지향적' 양태 의미인 [명령]의 의미를 지닐 때 나타나는 것을 알 수 있다. 이는 '要'의 기본 의미인 [염원]의 의미에 대해서는 학생들이 비교적 정확하게 인지하고 있는 반면 '要'의 또 다른 양태의미인 사회적 영역에서 판단할 때 '화자'가 사건 명제에 대해 도의적 판단 혹은 명령을 내리는 '화자 지향적' 의무 양태 의미에 대해서는 정확히 인식하고 있지 못하기 때문이라 추측해 볼 수 있다.

(13) 最重要的是父母与子女之間(要)互相理解.

(가장 중요한 것은 부모와 자녀 간에 반드시 서로 이해해야 한다는 것이다.)

위의 예문 (13)과 같이 화자는 '부모와 자녀 간에 서로 이해하는 것(父母与子女之間(要)互相理解)'이라는 사건 명제에 대해 사회적 관념에서 보았을 때 도의적인 판단을 내리는 것이기 때문에 '要'를 사용해야 하지만 실제 사용상에서는 이러한 사건 명제를 기술하고 있는 단계에서 머물러 있음을 알 수 있다. 특히 이러한 [명령]의 의미의 양태 동사 누락 오류에 대해서는 위에서 분석한 '應該'와 '要'가 사용상 어떠한 차이가 있는지에 대해서는 보다 더 심도 깊은 분석이 필요할 것이라 본다. [염원]의 의미의 '要'를 누락한 경우에도 "我從報刊上知道貴公司(要)招聘一些職員(나는 신문에서 귀 회사가 직원을 몇 명 채용하려고 한다는 것을 알았습니다)"와 같이 '회사'인 동작주가 앞으로 직원을 채용하겠다는 의지 및 염원을 표현하는 의미 기능인 '要'을 첨가해야 하지만 학생들은 이러한 '要'의 양태 의미의 기능을 제대로 인식하고 있지 못하는 것으로 나타났다.

(6) 可以 / 希望(愿意)의 누락 오류에 대한 인지적 의미 분석

양태 동사 可以에 대해 魯曉琨(2000)은 可以가 '허용'을 나타내는 중심 의미(表示容許范圍)를 가지고 있다고 밝혔다. 이러한 '허용'의미가 '화자 지향적'일 때는 [허가]의 의미로, '동작주 지향적'일 때는 [능력]의 의미로 나타난다고 볼 수 있다. 可以 누락 오류에 대한 코퍼스 분석 결과 5개의 오류 문장 모두 [허가]의 의미를 누락한 것으로 나타났으며, 그 결과는 아래 〈표 10〉과 같다.

〈표 10〉 可以의 [허가] 양태 의미 누락 문장

	수	오류문장
허가	5	代溝問題決不是(可以)完全解決的 這樣, 兩代人(可以)慢慢互相了解 而且(可以)建立良好的家庭. 只要不離開大原則, (就可以) 上一代和下一代之間有對話的机會的話, 肯定代溝的問題(可以)很快地解決

즉 학생들은 "上一代和下一代之間有對話的机會的話, 肯定代溝的問題(可以)很快地解決(윗세대와 아래세대가 서로 대화할 수 있는 기회가 생긴다면 세대격차 문제는 빨리 해결될 수 있다)"와 같이 '화자'의 입장에서 자신의 견해를 표현할 때 可以을 사용해야 하는 의미 기능을 정확히 인지하고 있지 못함을 볼 수 있다. 마지막으로 希望(愿意)의 양태 동사를 누락한 경우는 총 3개의 문장이 관찰되었는데 "所以我(希望)在有一定的規定下能支持"安樂死"制度(그래서 나는 일정한 규정 하에 안락사 제도가 인정되기를 희망한다)"와 같이 자신의 바람, 의지를 표현하는 希望의 양태 의미 기능을 누락한 것으로 나타났다.

IV. 양태 동사 누락 오류 해결을 위한 교육적 제언

우리는 위의 3장에서 '應該', '會', '想', '能', '要', '可以', 그리고 '希望(愿意)'의 7가지 양태 동사의 누락 오류에 대한 인지적 의미 분석을 실시했다. 이러한 분석을 통해 기존에 각각 양태 동사의 의미 항목을 나열하고 설명하는 방식의 교육접근 방법보다는 '양태'라는 기본 개념에서 출발하여 자신이 전달하고자 하는 의미를 정확히 표현하기 위해 각각 양태 동사만의 고유 의미 기능을 제대로 이해하는 것이 효과적일 것임을 유추해 볼 수 있다. 이를 위해 본고에서는 한국 학생들이 작문 시 위의 양태 동사의 누락 오류를 해결하기 위한 교육적 방안으로 '양태 의미 구분을 위한 6단계별 확인 절차'를 제안하고자 한다.

(1) 나의 문장이 사실 기술이 목적인지 나의 생각을 표현하는 것이

목적인지 확인한다.

(2) 문장 명제가 '나의 추측', '나의 판단', '능력', '소망'의 네 가지 항목 가운데 어디에 속하는지 판단한다.

(3) '나의 추측'일 경우 나의 확신이 세기에 따라 '應該' → '會' → '能' 중 하나를 선택한다.

(4) '나의 판단'일 경우 '사회적 영역'이 개입하는 정도에 따라 '사회적 영역'의 개입이 가장 강한 '應該', 중간 정도인 '要', 마지막으로 '나의 주관적 판단'이 가장 강한 '可以' 순으로 선택한다.

(5) '능력'일 경우 항상성이 있는 능력일 때는 '會'를 객관적 능력일 때는 '能'을 선택한다.

(6) '소망'일 경우 '소망 정도'가 강하면 '要'를 일반적인 '소망'일 경우는 '想'이나 '希望(愿意)'을 선택한다.

학생들은 위와 같은 6단계별로 자신의 작문 문장에 대해 필요한 양태 동사가 무엇인지 확인한다면 누락 오류도 경감할 수 있을 뿐만 아니라 양태 동사의 의미기능에 대해 보다 더 체계적으로 인식하여 의미가 유사한 양태 동사 간의 혼용 오류도 경감할 수 있는 효과를 가져 올 수 있으리라 생각한다. 이러한 단계별 누락 양태 동사 확인 절차를 그림으로 정리한 것이 바로 아래의 [그림 3]이다.

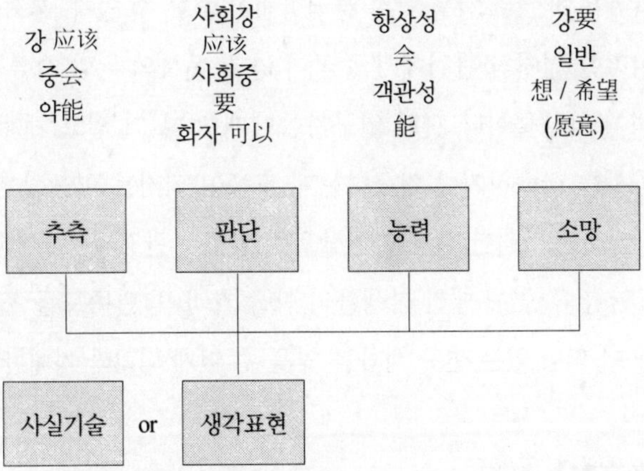

〈그림 3〉 양태 의미 구분을 위한 단계별 확인 절차 도표

V. 맺음말

본고는 인지문법이라는 새로운 시각에서 중국어 양태 동사의 누락 오류의 양상을 분석하여 이러한 결과를 바탕으로 보다 더 학생들에게 쉽고 체계적으로 양태 동사의 용법을 이해하도록 하여 누락 오류를 경감하고자 하는데 주목적을 두었다. 그러나 인지문법이라는 분석틀 자체가 매우 주관서이 강하기 때문에 본고에서 시도한 분석 결과가 다소 모호하거나 이론적 배경이 충분하지 못할 수 있는 위험성도 배제할 수 없다. 또한 교육 방안을 보다 더 심도 깊게 다루지 못한 점도 본고의 아쉬운 점이라 하겠다. 하지만 인지문법은 기존의 양태 동사 관련 연구에서 보여주는 "A 양태 동사의 의미는 [a], [b], [c]이다"와 같은 설명 방식에서 벗어나 "왜 양태 동사 A는 [a], [b], [c]라는 의미를

갖게 되었을까"에 초점을 맞춘 분석방법이라 할 수 있다. 본고에서 시도한 이러한 인지적 관점에서 중국어 양태 동사의 누락 오류를 설명한 분석이 학생들이나 관련 연구자들에게 보다 더 쉽고 체계적으로 양태 동사를 학습하거나 연구하는데 도움이 되기를 희망해 본다. 후속 연구에서는 이러한 결과를 바탕으로 인지적 관점에서 출발한 교수법을 고안한 후 이에 대한 학생들의 학습 효과 및 만족도를 조사한다면 보다 더 의미 있는 연구 성과를 얻을 수 있게 되리라 기대한다.

【参考文獻】

김종도(1999), 『인지문법의토대Ⅱ』, 서울: 도서출판 박이정.

박경자 외(2001), 『응용언어학사전』, 경진문화사.

김재희(2013), 『한국인 중국어 학습자의 조동사 사용상의 오류 연구』, 한국외국어대학교 교육대학원 석사학위논문.

김홍매(2011), 『현대중국어 양태 표현 동사 '能', '會', '要', '可以'의 오류 현상 연구』, 연세대학교 중어중문학과 석사학위논문.

高佑京(2012), 《助動詞"會"漢韓語對比以及偏誤分析》, 華東師范大學碩士學位論文.

胡裕樹 范曉(1996), 《動詞研究綜述》, 山西: 山西高校聯合出版社.

李福印(2007), 《語義學概論》, 北京: 北京大學出版社.

李遐(2011), 〈認知語言學視角下的新疆少數民族學生漢語能愿動詞習得〉, 《民族翻譯》 第4期.

呂叔湘([1980]1999), 《現代漢語八百詞》, 北京: 商務印書館.

彭利貞(2007), 《現代漢語情態研究》, 北京: 中國社會科學出版社.

王路(2011), 《中級水平韓國學生漢語能愿動詞習得順序考察》, 吉林大學碩士學位論文.

王偉(2000), 〈情態動詞"能"在交際過程中的義項呈現〉, 《中國語文》 第3期.

于康(1996), 〈命題內成分與命題外成分〉, 《世界漢語教學》 第1期, 26-33.
朱茜(2009), 《構式語法理論框架下"能"的多義研究》, 上海外國語大學碩士學位論文.
Alleton(1994), Some Remarks about the Epistemic Values of Auxiliary Verbs.
YINGGAI and YAO in Mandarin Chinese, Inderdisciplinary Studies on Language and Language Change. Taipei: Pyramid Press.
바이비 외 3(Bybee et. al.)(1994), The Evolution of Grammar: Tense, Aspect, and Modality in the Language of the World, The University of Chicago Press.
Ronald W. Langacker(1991), Foundation of cognitive grammarⅡ, Stanford University Press.
Sweetser, Eve E.(1984), Root and Epistemic Modals: Causality of Two Words, BLS8 484-507.

한국 학생의 중국어 어휘 의미망 연결 방식 탐색 및 교육적 제언

I. 서론

외국어 교육 가운데 어휘 교육은 학습자들의 '외국어 의사소통 능력신장'의 최종 목표를 이르게 하는데 가장 핵심적인 역할을 담당한다. 즉 주어진 상황에서 메시지를 전달하고 이해하며 그 의미를 협상하는 능력을 의미하는 '의사소통능력(communicative competence)'에 있어 '의미 전달'은 핵심 요소이며 이러한 의미 전달에 가장 중요한 역할을 담당하는 어휘를 학습자들이 보다 효과적으로 학습하고 자율적으로 활용할 수 있는 능력을 키우는 것이 바로 외국어 교육의 성패를 좌우하기 때문이다. 중국어 교육에 있어서도 이러한 어휘 교육은 그 중요성이 강조될 수밖에 없는데 이는 학습자들이 방대한 중국어 어휘량의 부담감을 떨쳐내고 효과적인 어휘 습득이 이루어졌을 때 비로소 '중국어 의사소통 능력 구비'라는 중국어 교육의 최종 목표에 다다를 수 있기 때문이다. 그러나 실제 교육 현실을 살펴보면 어휘 교육의 중요성이 공인되고 있는 것에 반해 어휘 교육에 관한 구체적인 연구 결과나 학습 자료들은 충분치 못한 실정이다.[1] 그렇기 때문에 학습자들은

1) 이에 대해 李如龍 · 楊吉春(2004)은 현재 중국어교육이 어휘중심의 교육보다는

개인적 차원에서 몇 가지 학습법을 우연적으로 선택함으로써 스스로 어휘량을 늘리거나 일단 암기한 어휘를 장기 기억하도록 임의적인 방법으로 어휘 학습을 실행해 나간다. 그러나 현재 외국어 교육학계의 어휘 학습 및 지도와 관련된 연구를 살펴보면 이미 그 효과성을 입증된 전략들이 존재하며 이러한 전략들을 바탕으로 중국어 학습자들의 어휘 지도를 실시한다면 충분히 긍정적인 결과를 도출할 수 있을 것이다. 이러한 어휘 학습 전략 중 하나로 의미망 학습 전략을 들 수 있다. '의미망(semantic mapping)'이란 주제가 되는 개념을 중심으로 관련된 어휘를 범주화하고 도식화하는 활동을 뜻한다.[2] 필자는 이러한 의미망전략이 중국어 어휘 학습 및 지도에 있어 상당한 응용 가치가 있다고 생각한다. 이는 첫째, 중국어 어휘량 자체가 방대하기 때문에 단순한 암기 전략으로 어휘를 암기하는 것보다 의미망전략을 사용한다면 암기에 들이는 시간적인 면에서나 장기기억으로 전환되는 어휘량 측면에서 모두 고려했을 때 그 효과가 클 것이라 판단되기 때문이다. 둘째, 학습자들의 기존 경험과 인지체계를 최대한 활용하여 어휘량을 증가시킨다는 점에서 의미망전략은 학습자 중심의 자기 주도적 학습을 강조하는 현 교육 이념과 부합되며 학습자들의 흥미와 참여를 최대한 이끌어낼 수 있는 효과를 가져 올 수 있다고 생각한다. 본고에서는 이러한 의미망전략을 실제 중국어 어휘 지도에 적용하기

어법위주의 교육으로 치우치고 있기 때문이라 그 원인을 분석하고 의미 및 용법위주의 어휘교육을 실시해야 함을 강조했다.

2) Johnson & Pearson(1984)에 의해 구체적으로 제시된 의미망 전략은 어휘 지도 및 학습을 실시할 경우 어휘량 확장에 도움이 될 뿐만 아니라 학습자들의 적극적인 참여와 흥미를 유도할 수 있기 때문에 확장된 어휘량을 장기 기억하는데도 효과가 있음이 입증된 전략이라 할 수 있다(양지연(2007) 재인용).

위한 연구의 일환으로 먼저 한국 학생들의 중국어 어휘에 대한 의미망 연결 방식 사용 현황 및 그 특징을 분석해 보고자 한다. 이를 위해 중국어 전공 학과 학생 45명을 대상으로 설문조사를 실시하였고 수집된 조사 결과에 대해 사회 과학 자료 분석 통계 프로그램인 SPSS 18.0(Statistical Package for Social Science 18.0)을 활용하여 분석을 실시하였다. 그리고 이러한 분석 결과에 근거하여 효과적인 중국어 어휘 지도를 위한 의미망전략 학습 방법에 대해 교육적 제안을 제시해 보았다.

II. 선행 연구 고찰

1. 중국어 어휘 교육 현황 및 관련 문헌 고찰

중국어 교육 가운데 어휘교육이 차지하는 위치 및 현황 파악을 위해 먼저 대학의 전공 학과개설 교과 과정 측면을 살펴보면, 姜歐(2008)은 중국내 개설된 대외한어 교육 과정 중 어휘 교육만을 중점적으로 진행하는 수업은 아직까지 개설되지 않았다고 보고하고 있다. 국내의 상황은 차성만(2012)의 연구에서 국내 117개의 대학 중국어 전공 관련 학과의 언어 및 어학 영역의 교과목을 살펴본 결과 중국 내와 마찬가지로 어휘 지도만을 중점적으로 실시하는 교과목은 개설되지 않은 것으로 나타나고 있다. 이는 학습자들의 어휘 습득이 외국어 의사소통 능력 향상에 매우 중요하다고 인식되는 있는 반면 실제 교육 현실에서는 충분히 이러한 인식이 반영되고 있지 못한 결과라 하겠다. 다음으로 어휘교육과 관련한 현황 및 연구 추세를 요약해 보면 먼저 기존의 중국어 '어휘' 교육의 출발점을 '단어(詞本位)' 위주 중심 교육으로 실시하던 것에서 현재는 중국어 어휘의 고유 특성을 살린 '한자(字本位) 중심 교육' 즉 형태소교수법(語素教學法)을 채택할 것을 강조하는 추세로 발전하고 있다.[3] 다음은 '어휘'의 원활한 사용을 강조하는 상황 중심 의미 중심의 어휘 교육에 대한 인식이 높아지고 있는 가운데 이에 대한 연구가 활발히 이루어지고 있다.[4] 마지막으로는 학습자의 관점에서 인지주의에 입각하여 학습자의 경험 및 심리를 사용한 어휘 교육을 강조하는 연구 방향으로 발전하고 있으며 의미망 전략을 활용한 어휘 학습 및 지도법 또한 이러한 어휘교육의 발전을 반영한 연구의 결과물이라 하겠다.[5]

2. 어휘 의미망 탐색 및 의미망 전략 관련 문헌 고찰

심리언어학의 발전과 함께 외국어 교육학계 특히 영어교육계는 학습자들이 효과적으로 어휘량을 늘려가고 장기 기억할 수 있는 어휘 학습 전략에 큰 관심을 갖기 시작했다. 이러한 관심의 일환으로 먼저 학습자를 주요 연구 대상으로 삼고 습득 어휘의 확장 기제를 분석하는

3) 姜歐(2008)은 대외한어학계의 어휘교육 관련 연구 개괄을 통해 李開(2002) 등 여러 학자가 주장한 형태소교수법(語素教學法)의 방향으로 어휘 교육을 발전시켜 나가야 함을 주장하였다.

4) 陸華, 李業才(2007)는 《對外漢語詞匯教學的瓶頸与突破》의 연구에서 상황중심의 어휘교육(語境詞匯)을 강조하였다.

5) 趙毅(2011)는 현재 영어 교육학계에서 인지심리학적 측면에 입각한 학습자의 경험과 심리를 활용한 어휘교육 관련 연구가 활발히 이루어지고 있으나 중국어 교육의 경우는 초기 단계에 머물러 있음을 언급하며 향후 중국어 어휘 교육이 이러한 연구 분야에 주력해야 함을 주장하였다.

연구가 진행되었는데 다시 말해 이는 학습자들의 머릿속에 저장되어 있는 심성어휘집(mental lexicon)이 어떻게 조직되고 발전되어 가는가를 분석하는 언어처리(language processing) 연구 분야로 나타나기 시작했다. 이는 인지심리학자인 D.J. Herrmann(1979) 및 여러 심리학자가 실험을 통해 학습자[6]들의 심성어휘집 속 어휘 즉 각각의 의미개념들은 서로가 연관성을 지닌다는 연구 결과에 기인한 것이라 하겠다. 즉 이 연관성은 반의어 관계, 동의어 관계, 부분-전체 관계, 실례(實例)관계로 나타난다는 연구 결과[7]를 기반으로 외국어 학습자들의 어휘 습득 과정 중 의미개념 간 조직 관계를 탐색하는 연구로 나타나고 있다. 趙毅(2011)는 중국어를 학습하는 영미권 학생과 아시아권 학생들의 심성어휘집의 연결 방식이 모국어 화자와 어떻게 다르게 나타나는가를 탐색하기 위해 실험 연구를 실시했다. 특히 그는 연구 중 중국어 학습자들의 중국어 어휘 의미망 연결 방식으로 5가지의 의미 관계를 제시하였는데 이는 (1) 반의(反義) 관계, (2) 동의(同義)관계, (3) 유추(類比)관계, (4) 종류(种類)관계 그리고 (5) 연상(聯想) 관계로 나타나며 이러한 의미망 연결 방식에 근거한 어휘 교육 실행을 강조하기도 하였다.[8] 위에서 제시한 의미 관

6) 여기에서 학습자는 모국어 학습자와 외국어 학습자 모두를 통칭한다.

7) 王知津 등(2013) 재인용.

8) 필자는 趙毅(2011)가 구분한 본 결과가 의미망을 구성하는 개념 간의 관계를 '소속관계', '동등관계', '상관관계'로 분류한 戴維民(2008)의 주장과도 부합된다고 본다. 즉 趙毅(2011)가 제시한 유추관계와 종류관계는 '소속관계'로 포함될 수 있으며 '동등관계'는 동의관계와 같은 개념으로 사용될 수 있다. 마지막으로 상관관계에 연상관계와 반의관계가 포함될 수 있다. 그렇기 때문에 이러한 5가지의 의미망 연결방식은 중국어 뿐만 아니라 다른 외국어 영역에서도 적용될 수 있으며 沈吉穎(2015)도 영어 어휘의 효과적 학습을 위해 위의 5가지 의미망 연결 방식을 활용한 학습 전략을 사용할 것을 제시하였다.

계의 이해를 돕기 위해 예를 들어 설명하면, (1) 반의관계는 '춥다(冷)-덥다(熱)'의 반대말 의미 개념 간 연결방식을 뜻하며 (2) 동의관계는 '기쁘다'의 유사개념인 高興과 快樂와의 의미 개념 간 연결 방식을 의미한다. (3) 유추관계는 '店'이 들어가는 유사 단어 간 연결 관계로 商店과 書店의 의미 개념 간 연결 방식을 나타낸다. (4) 종류관계는 '계절'의 4가지 종류인 春-夏-秋-冬의 네 가지 의미 개념 간 연결 방식을 뜻하며 마지막으로 (5) 연상관계는 '아름답다'의 의미인 '漂亮'을 생각하면 떠오르는 단어가 장미(玫瑰)일 경우 漂亮과 玫瑰 간의 의미 개념 연결방식을 의미한다고 하겠다. 그리고 이러한 분석 결과에 근거하여 학습자들의 어휘 학습 효과를 극대화할 수 있는 인지 주의적 관점의 학습법들 즉 학습자가 인지한 개념 중심의 어휘지도법들이 개발되었는데 이러한 학습법 및 지도법 중 하나가 바로 '의미망 전략'이라고 볼 수 있다.[9] 즉 확장되는 단어 및 개념들 간의 의미 연관성을 도식화 혹은 범주화하는 학습법으로서 이러한 어휘 학습 과정을 통해 학생들은 자신들의 스키마(Schema)를 활성화함으로써 획득한 지식을 한 단계 강화시킬 수 있으며 이는 유의미학습전략[10] 중 하나라 볼 수 있다. 중국어 교육 학계에서도 '의미망 전략'을 어휘 지도에 활용하기 위해 '마인드맵'이라는 의미망 전략 방법을 사용한 어휘 지도방안이 제시되기도 했다.[11] 그러나 학습자 중심의 인지 주의적 관점의 어휘 지도를 실제 활용하기

9) 인지 주의적 관점의 어휘 학습법은 크게 3가지로 나뉘며 이는 (1) 의미망전략학습법, (2) 의미구조그리기, (3) 의미자질분석하기로 분류된다.

10) 유의미학습(meaningful reception learning)이란 새로이 배워야 할 내용들은 학습자가 이미 가지고 있는 기존의 인지구조와 관련지어질 때 학습자에게 새로운 의미를 부여하게 되어 학습이 유의미하게 된다는 것으로 오수벨(D.P. Ausubel)이 사용한 개념이다(네이버 지식백과 정의 참조).

위한 교수 설계를 실시했다는 점에서는 매우 큰 의의가 있으나 학습자를 연구의 주 대상으로 삼고 한국 학생의 의미망 연결 방식에 대해 심층적 분석을 실시한 연구는 아직 이루어지지 않고 있어 본고에서는 이러한 모든 선행 연구의 결과를 기반으로 실제 조사 연구를 통한 객관적인 자료 분석 및 이에 근거한 결과를 제시해 보고자 한다.

III. 조사 연구 설계 및 분석

우리는 위의 문헌 연구 고찰을 통해 현재 중국어교육학계 뿐만 아니라 외국어교육학계 전반에서 어휘교육을 강조하고 있음을 살펴볼 수 있었다. 그리고 이러한 추세와 함께 학습자 중심의 교육 이념을 강조하는 인지 주의적 관점에 근거한 연구 경향의 결과로 학습자들의 의미망 연결 방식 탐색 및 이를 활용한 교수법 개발 연구 등이 활발히 이루어지고 있음도 살펴보았다. 본고는 이러한 연구 결과를 기반으로 한국 학생들의 어휘 의미망 연결 방식을 보다 객관적이고 과학적인 방법으로 분석해 보고자 조사 연구를 실시하였다.

1. 연구설계

(1) 연구 목적 및 연구문제 설정

본 연구의 목적은 한국 학생들의 중국어 심성어휘집을 구성하고 있는 어휘들 간에 의미적으로 어떠한 유기적 관계를 형성 하는가 즉

---

11) 김희숙(2005); 조희진(2009); 최재선(2012) 등의 연구 결과 참조.

한국 학생들의 중국어 어휘 의미망 연결 방식을 탐색하는 것이라 하겠다. 또한 이러한 연구 결과를 바탕으로 한국 학생들의 중국어 어휘 확장 및 어휘의 장기 기억능력을 제고할 수 있는 교육적 방안을 마련하는 것도 본 연구의 주요한 목적이라 할 수 있다. 이러한 본고의 목적에 이르기 위해 조사 연구를 통해 고찰해 보고자 하는 주요 연구 문제는 아래와 같다.

1. 한국 학생의 심성어휘집을 구성하는 어휘로서 명사형을 선호하는가? 동사형을 선호하는가?

- 이러한 연구 문제 고찰을 통해 한국 학생의 심성어휘집의 품사적 측면에서의 선호 경향을 살펴볼 수 있으며 그 분석 결과는 한국 학생에게 특성화된 어휘 교육을 실시하는데 중요한 기초자료가 될 수 있다.

2. 한국 학생의 어휘 의미망 연결 방식 양상은 어떻게 나타나는가?

- 위의 2.2의 문헌 고찰을 통해 도출된 5가지 의미망 연결 방식 즉 (1) 반의(反義) 관계, (2) 동의(同義)관계, (3) 유추(類比)관계, (4) 종류(种類) 관계 그리고 (5) 연상(聯想) 관계 각각의 연결 방식에 대한 한국 학생의 사용 정도 및 선호 경향을 분석하고자 한다.

3. 각 의미망 연결 방식 간에 상관관계가 존재하는가? 존재한다면 상관관계는 어떠한 의미를 지니는가?

- 이는 조사 결과에 대한 심층 분석의 일환으로 각각의 의미망 연결 방식 간에 존재하는 상관관계를 통계 프로그램을 통해 분석하고 그 결과를 바탕으로 보다 객관적이고 효과적인 중국어 어휘 의미망 전략을 수립하고자 한다.

4. 중국어 수준 별로 의미망 연결 방식에 차이를 보이는가?

- 중국어 수준 별로 나타나는 의미망 연결 방식의 차이는 향후 학생들의 어휘 교육에 있어 방향과 목표를 잡는데 중요한 근거가 될 수 있다. 그렇기 때문에 본고는 수집된 데이터에 대해 통계 프로그램을 활용하여 중국어 수준 별로 나타나는 의미망 연결 방식 중 유의미한 차이를 보이는 연결 방식을 탐색하고자 한다.

5. 위의 분석 결과를 토대로 한국 학생의 효과적인 의미망 전략 학습 수립을 위해 어떠한 교육적 방안을 제시할 수 있는가?

- 중국어 어휘의 고유 특성을 살린 의미망 전략 및 의미망을 활용한 교수방법을 제시하여 어휘 교육의 효과성을 제고하고자 한다.

(2) 조사 절차 및 분석방법

본고의 조사 연구를 위해 먼저 설문조사를 위한 설문지 작성을 실시하였고 구체적인 설문 문항은 아래 〈표 1〉과 같다.

〈표 1〉 중국어 어휘 의미망 연결 방식 탐색을 위한 설문 조사 문항

범주	설문 항목
조사대상자의 일반적 사항	성별, 나이, HSK자격증 여부 및 급수
어휘 의미망 연결방식 탐색 문항	冬天 (겨울)
	魚 (물고기)
	火車 (기차)
	飯店 (호텔)
	決定 (결정하다)
	變 (변하다)
	告訴 (알리다)
	停 (멈추다)

	慢 (느리다)
	年輕 (젊다)
	亮 (밝다)
	熱 (덥다)

위의 설문 문항 가운데 어휘 의미망 연결 방식을 탐색하기 위해 선정된 어휘들은 趙毅(2011)가 실시했던 연구[12)]에서 사용된 어휘 가운데 명사, 동사, 형용사[13)] 중 각각 4가지 단어를 선택하였고 이 단어들은 모두 신HSK 3급 이하 혹은 구HSK 甲級에 해당하는 단어들이다.

다음으로 본 조사를 위해 수도권 소재 대학 중국어과 학생 45명을 대상으로 2015년 10월부터 2015년 11월 10일까지 위의 설문지를 배부하였고 유효한 답안으로 회수된 설문지는 총 40부로 약 89%의 회수율을 보였다. 구체적인 조사 방법은 조사 대상자들에게 20분의 시간을 주고 문항에 있는 단어를 보면 생각나는 단어를 모두 기재하게 하였고, 한 단어 당 최대 10개까지 쓸 수 있도록 제한하였다. 또한 단어는 생각나지만 한자를 모를 경우에는 병음으로도 쓸 수 있도록 허용하였다.[14)]

12) 趙毅(2011)는 중국어 학습자들의 어휘 의미망 연결 방식을 탐색한 연구를 실시하였으나 그는 연구에서 중국어 모국어자, 영미권 학습자 그리고 아시아권 학습자의 세 부류로 나누어 집단 간 의미망 연결 방식의 차이를 주요 쟁점으로 다루었다. 그렇기 때문에 본고는 조사의 객관성 확보를 위해 선행 연구에서 실시했던 어휘 리스트를 응용하여 한국 학생만을 대상으로 한 어휘 의미망 연결 방식 탐색 및 조사 연구를 실시하고자 한다.

13) 이는 어휘 의미망 연결 방식을 구성하기 위해서는 실제 구체적 의미를 지니고 있는 실사(實詞) 위주로 조사해야 하기 때문에 실사(實詞)에 해당하는 명사, 동사, 형용사만을 위주로 선정하였다.

14) 본고는 학생들의 머릿속에 저장되어 있는 심성어휘집의 연결 관계를 알아보려

이러한 절차를 통해 수집된 데이터 분석을 위해 본고는 SPSS 18.0 통계 프로그램을 사용하였으며 조사 결과에 대해 개요적 분석(descriptive anlaysis)과 상관관계 분석(Correlation Analysis) 그리고 각각의 변수들의 통계적 유의미한 차이를 분석하는 분산분석(Independent-Samples T-test)을 실시하였다.

2. 조사 결과

(1) 설문 문항에 대한 개요적 조사 결과

먼저 본 조사 연구에 참가한 대상자의 일반적 특성을 살펴보면, 남학생이 10명, 여학생이 30명이었으며 HSK 자격증 여부 및 급수에 대한 설문결과 아직 자격증이 없는 학생이 8명, HSK 3급 소지자가 2명, 4급 소지자 19명, 5급과 6급 소지자가 각각 5명과 6명으로 나타나 조사 대상자 집단의 중국어 수준을 평균적으로 살펴보았을 때 중급 수준에 해당한다고 볼 수 있다. 또한 조사 대상자들의 중국어 학습 기간도 어휘 의미망 연결 방식을 탐색하는데 있어 중요하다고 볼 수 있는데 가장 짧게는 10개월에서 최대 10년까지 학습 기간에 대한 응답을 보였으며 전체 조사 대상자들의 학습기간은 평균적으로 34개월(SD=30.8)로 나타나 어휘 의미망 연결 방식을 탐색하는 조사대상자로서 적합한 집단인 것으로 나타났다.

하는 연구이기 때문에 우선 단어가 떠올랐다면 한자로 쓸 수 있는가의 여부는 통제 변수로 제한하기 위해 병음 처리도 가능하도록 유도하였다.

〈표 2〉 조사 대상자들의 일반적 특성

항목	평균(M)	표준 편차(SD)
중국어 학습 기간(개월)	34.32	30.83
HSK 자격증 등급(급)	3.30	2.06
HSK 자격증 별 학생수	빈도(명)	백분율(%)
없음	8	20
3급	2	5
4급	19	47.5
5급	5	12.5
6급	6	15
합계	40	100

다음으로 선정된 12개의 단어에 대한 조사 대상자들의 어휘 확장 능력 수준 및 의미망 연결 방식 사용 양상에 대한 개요적 결과를 살펴보도록 하겠다.

〈표 3〉 조사 단어에 대한 조사대상자들의 개요적 결과

항목		평균(M)	표준 편차(SD)
총 기재 단어수		60.31	35.09
품사별 총 기재 단어 수	명사형	44.50	26.63
	동사형	15.00	12.43
연결방식 별 기재 단어 수	연상관계	49.05	29.94
	유추관계	7.53	9.65
	연상관계	49.05	29.94
	유추관계	7.53	9.65
	반의관계	1.68	1.66
	종류관계	1.32	2.04
	동의관계	1.05	0.96

위의 〈표 3〉를 통해 알 수 있듯이 20분간 조사 대상자들은 평균적

으로 60개(SD=35.09)의 단어를 기재한 것으로 알 수 있는데 이는 한 단어를 생각할 때 약 20초 정도의 시간이 걸리는 것으로서 모국어 화자가 단어를 듣고 이와 관련된 단어를 연상하는 시간이 0.03초[15]인 사실에 근거했을 때 조사대상자 즉 한국 학생들의 심성어휘집에 저장되어 있는 단어들의 의미 간 유기적 관계 형성 정도가 매우 약하다는 사실을 유추해 볼 수 있다.[16] 또한 조사대상자들의 기재 단어 품사 형태를 '명사형'과 '동사형'으로 나누어 살펴본 결과 명사형 단어로 약 44(SD=26.63)개의 단어를 기재했고 동사형 단어로는 약 15개(SD=12.43)의 단어를 기재하여 명사형 어휘를 더 선호하는 것으로 나타났다. 이는 趙毅(2011)의 연구에서도 언급되어 있는 결과로 모국어 화자와 영미권 학습자 그리고 아시아권 학습자 가운데 아시아권 학습자들의 명사형 어휘의 선호 경향이 매우 뚜렷이 나타나며 특히 동사형 어휘의 확장 능력이 취약함을 강조한 것과 상응한 결과라 하겠다. 이제 연결방식 별 기재 단어수를 살펴보면 5가지의 의미 관계 가운데 대부분의 조사대상자들은 연상관계에 의거한 의미 확장을 가장 적극적으로 사용한 것으로 나타났다. 즉 평균 60개의 단어를 기재했을 경우 이 중 49개의 단어를 연상관계에 근거하여 기재한 것이라 해석할 수 있다. 이와 함께 한자의 특성인 형태소(語素)별로 단어를 유추하여 의미 관계를 형성하는 유추관계에 의거한 의미 확장도 평균 7개 정도의 단어를 기재함으로써 조사 대상자들의 유효한 의미망 연결 방식이라는 결과를

15) http: //toefl.xdf.cn/201510/10359686.html 의 문서에서 발췌함. 원문: "以英語爲母語的人在听到一个單詞之后的反應速度是0.03秒".

16) 이는 단어의 의미 간 유기적 관계 형성 정도가 긴밀하게 이루어져 있다면 반응 속도에 있어서 모국어 화자와 비슷한 속도를 유지할 수 있기 때문이다.

얻을 수 있었다. 그러나 문제로 지적될 수 있는 것은 위의 두 가지 의미 관계를 제외한 반의관계, 동의관계, 종류관계는 모두 평균 2개 이하로 나타났다는 것이다. 이는 한국 학생들의 의미 확장 및 의미망 연결에 있어 유기적이고 논리적인 구조 관계가 형성되어 있지 못함을 극명히 보여 주는 결과이며 향후 중국어 어휘 교육 관련 방안을 제시함에 있어 반드시 고려해야 할 요소라 하겠다. 마지막으로 12개 제시 단어별 조사 대상자들의 기재 단어수를 살펴보면 아래 〈표 4〉와 같다.

〈표 4〉 제시 단어별 조사 대상자들의 기재 단어수

품사 구분	제시 단어	평균 (개)	표준편차 (개)
명사형	冬天겨울	7.50	2.67
	飯店호텔	6.47	4.00
	火車기차	6.13	3.43
동사형	變변하다	5.61	3.87
명사형	魚물고기	5.53	3.26
동사형	告訴알리다	4.63	3.57
형용사형	熱덥다	4.39	3.67
동사형	決定결정	4.34	4.05
형용사형	慢느리다	4.13	3.47
	年輕젊다	4.05	3.16
동사형	停멈추다	3.97	3.53
형용사형	亮밝다	3.55	3.30
명사형 단어		25.63	11.51
동사형 단어		18.55	13.69
형용사형 단어		16.13	12.62

위의 〈표 4〉에서 보는 바와 같이 어휘 확장이 가장 활발한 단어는 冬天(겨울)-飯店(호텔)-火車(기차) 순으로 나타나 조사 대상자들의 심성 어휘집 중 명사 형태의 단어에 대해 보다 빠르고 원활하게 반응함을

알 수 있다. 동사 단어 가운데는 變(변하다)의 어휘 확장이 가장 원활히 이루어졌으며, 형용사 단어 가운데는 熱(덥다)의 어휘 확장이 가장 원활히 이루어지는 것으로 나타났다. 제시 단어를 품사별로 분류하여 총 기재 단어수를 살펴본 결과 명사형 단어의 평균 기재 단어 수는 25개(SD=11.51)로 가장 높았으며 다음은 동사형 단어(평균 18.5개 / SD=13.69) - 형용사형 단어(평균 16.13개 / SD=12.62) 순의 결과를 보였다.

(2) 의미 관계 별 조사 결과

이제는 조사대상자들이 기재한 단어에 대해 각 의미 관계별로 사용 현황을 알아보고 조사대상자들의 의미망 연결 방식의 특성 및 양상을 살펴보고자 한다. 이를 위해 먼저 사용 빈도가 가장 높게 나타나는 연상관계와 그 외의 의미관계들로 나누어 조사 결과를 분석하였다.

① 연상관계 사용 현황 및 결과

위의 개요적 조사 결과에서 볼 수 있듯이 조사 대상자들이 12개의 제시된 단어에 대해 어휘 확장 및 의미 간 연결을 시도할 때 가장 많이 사용한 의미 관계가 바로 연상관계라 할 수 있다. 먼저 각 단어별로 연상관계의 사용 정도를 조사한 결과는 아래 〈표 5〉과 같다.

첫째, 아래의 〈표 5〉의 결과를 살펴보면 먼저 연상관계를 가장 많이 사용한 단어는 '冬天(겨울)'이며 특히 이 단어에 대해 조사대상자들은 연상 관계만을 사용하여 단어를 기재했음을 볼 수 있다. 둘째, 연상 관계의 사용 빈도 순위도 위의 〈표 4〉의 총 기재 단어수가 가장 많은 冬天(겨울)-飯店(호텔)-火車(기차)의 순서와 동일하게 나타나고 있다. 이러한 결과는 조사대상자 즉 한국 학생들은 어휘의 의미 확장 시 연상관계에 의거한 반응 속도가 가장 빠름을 보여주는 결과라 하겠다. 마지막으로 전체 기재 단어 가운데 연상 관계 이외의 다른 의미 관계도 사용한 단어로는 명사 단어인 '魚(물고기)'와 형용사 단어인 '慢(느리다)'로 나타났다. 이에 대해서 조사대상자들은 '魚'와 '慢'의 단어를 인식할 때 '물고기'와 '느리다'의 의미 자체의 인식보다는 단음자로서 인식하는 경향이 뚜렷하기 때문에 나타나는 현상임을 유추해 볼 수 있다.[17]

〈표 5〉 단어별 연상관계 사용 정도

제시 단어	평균[18]	표준편차
冬天 (겨울)	7.50 / 7.50	2.66
飯店 (호텔)	5.78 / 6.47	3.35
火車 (기차)	5.42 / 6.13	3.46
變 (변하다)	4.97 / 5.61	3.85
告訴 (알리다)	4.29 / 4.63	3.59
決定 (결정하다)	3.66 / 4.34	3.63
年輕 (젊다)	3.37 /4.05	3.27
魚 (물고기)	3.29 / 5.53	2.66
熱 (덥다)	3.24 / 4.39	3.37
停 (멈추다)	2.82 / 3.97	3.19
慢 (느리다)	2.39 / 4.13	2.87
亮 (밝다)	2.32 / 3.55	2.44

위의 각 제시 단어에 대해 조사대상자들이 연상 관계를 사용하여

17) 제시 단어 가운데 '물고기'와 '느리다' 외의 다른 단음자 단어도 있었으나 유독 이 두 단어에 있어 연상 관계 이외의 의미 관계도 사용했다는 점은 조사대상자들이 이 두 단어를 한국어의 '물고기'와 '느리다'로 인식하기보다는 형태소로서의 魚 / 慢으로 인식한 경우가 많았기 때문이다.

18) 평균 항목의 숫자는 '연상관계 사용 단어 평균 개수 / 총 기재 단어 평균 개수'를 의미한다.

기재한 구체적인 단어를 수집하였는데 이는 아래의 〈표 6〉과 같으며 괄호 안의 숫자는 총 기재 단어 수를 의미한다.

〈표 6〉 연상관계를 사용하여 기재된 구체적 단어들

제시단어	기재 단어
冬天(60)	雪, 雪人, 下雪, 滑雪, 滑倒, 滑冰, 圣诞节, 12月, 教堂, 礼物, 圣诞老人, 寒假, 春节 季节 四季 春天, 旅行, 冰钩, 宴会, 温泉, 桔子, 饺子, 火锅, 面条, 冰淇淋, 感冒, 咳嗽, 红色, 百, 大衣, 手套, 大衣, 内衣, 羽绒服, 围巾, 帽子, 耳套, 棉袄, 暖气, 冰箱, 妈妈, 男朋友, 天气, 风, 俄罗斯, 日本, 自然, 山, 睡觉, 念, 漂亮, 寂寞, 休息, 浪漫, 厚, 冷, 寒冷, 冻, 冰凉, 刮
飯店(59)	早饭, 酒, 饭, 自助餐, 糖, 菜, 韩食, 中食, 晚会, 景色, 夜景, 游泳场, 咖啡厅, 旅游区, 门口, 游客, 爱人, 客人, 外国人, 老板, 人, 经理, 小姐, 服务员, 客房服务, 押金, 住宿手续, 登记入住, 房卡, 服务台, 预订, 退房, 经营, 睡觉, 结婚, 婚礼, 运动, 吃饭, 聊天, 桌子, 双人床, 单间, 标准间, 号码, 客房, 电话, 钱, 出租车, 贵, 高, 漂亮, 大, 安静, 便利, 热情, 舒服, 休息, 干净
火車(69)	交通, 铁道, 路线, 速度, 事故, 时间, 声音, 旅行, 风景, 旅游, 海, 故乡, 石头, 拉面, 零食, 鸡蛋, 菜, 咖啡, 桔子, 汽水, 行李, 卧铺, 硬座, 脚臭, 家人, 朋友, 男朋友, 小偷, 工作人员, 司机, 孩子, 儿童, 父母, 预订, 签证, 钱, 秋天, 节日, 冬天, 早晨, 浪漫, 回忆, 欣赏, 等, 赶上, 长, 快, 远, 方便, 坐, 热闹, 热, 凉快, 传统, 躺, 出发, 乘, 高兴, 便宜, 跑, 人山人海, 烟, 煤炭, 电, 误点, 首尔, 北京, 上海, 釜山
變(65)	人, 爱人, 男朋友, 我, 美女, 时尚, 发型, 款式, 服装, 外貌, 长相, 皮肤, 脸, 鼻子, 整容, 双眼皮手术, 隆鼻术, 体重, 衣服, 性格, 个子, 爱好, 嗓子, 声音, 年龄, 心, 关系, 心情, 爱情, 能力, 水平, 颜色, 模样, 魔术, 东西, 手机, 学校, 家, 天气, 水, 枫树, 冰, 环境, 历史, 文化, 时代, 传统, 艺术, 社会, 季节, 情况, 方案, 好, 不好, 生活, 想, 打扮, 减肥, 短, 长, 快, 送, 来, 分手, 离婚
告訴(63)	公司, 老师, 父母, 妈妈, 朋友, 对方, 学生, 邻居, 国民, 大家, 警察, 事情, 内容, 秘密, 方法, 成绩, 结婚, 真相, 地址, 好事, 坏事, 名字, 家, 知识, 看法, 想法, 情况, 消息, 报纸, 文化, 文化遗产, 主意, 交通事故, 作业, 广告, 成功, 天气, 菜单, 电话, 电子邮件, 快, 聊天, 传言, 买 , 定, 说, 悄悄地, 仔细地, 麻烦, 紧张, 分手, 怎么去, 发短信, 写信, 纪念, 感觉, 清楚, 提前, 找工作, 辞职, 高兴, 宣传, 不需要

決定(49)	爸爸, 妈妈, 爱人, 自己, 朋友, 好处, 坏处, 心情, 未来, 以前, 时间, 前途, 目标, 人生, 性格, 方向, 日期, 态度, 意见, 作业, 因素, 梦, 价格, 衣服, 旅游, 学校, 职业, 大学, 工作, 东西, 菜, 会议, 想, 重要, 麻烦, 催, 必须, 慎重, 深思, 结婚, 考虑, 查, 反对, 赞成, 了解, 讨论, 犹豫, 留学, 对话
年輕(59)	孩子, 妈妈, 学生, 人, 我, 大学生, 女人, 儿童, 夫妇, 姑娘, 工人, 干部, 小伙子, 高中生, 学习教育, 旅行, 机会, 时装, 财产, 思想, 恋爱, 岁, 时节, 时期, 未来, 现在, 年龄, 花, 青春, 身体, 头脑, 皮肤, 心情, 头发, 嗓子, 手, 脸, 石榴, 校服, 辛苦, 美丽, 取乐, 有活力, 开朗, 漂亮, 熬夜, 开心, 活泼, 帅, 显得, 健康, 刚强, 热情, 找工作, 没钱, 自信, 茫然, 幸福, 运动
魚(30)	釜山, 日本, 水, 江, 海, 泊, 大海, 河, 远海, 东海, 电影, 船, 颜色, 眼睛, 钓钩, 游泳, 水族馆, 海产品, 种类, 肉, 市场, 水上市场, 中年人, 好吃, 快, 漂亮, 大, 小, 凉, 新鲜
熱(46)	海边, 非洲, 海, 游泳, 南方, 夏威夷, 火, 雨, 水, 夏天, 天气, 暑假, 空气, 气温, 伏天, 气候, 夏季, 初夏, 晚夏, 避暑, 汗, 红色, 短袖, 短裤, 裙子, 夏服, 冰淇淋, 西瓜, 水果, 火锅, 冰, 汤, 冷面, 啤酒, 电扇, 冰箱, 空调, 手机, 家, 房间, 年轻, 休息, 生气, 恼火, 生病
停(38)	车, 自行车, 公交车, 出租车, 火车, 地铁, 汽车, 海盗船, 飞机, 爱情, 事, 电, 手表, 钟表, 动作, 路, 时间, 行动, 红绿灯, 距离, 人生, 交通, 会议, 雨, 雪, 风, 脚, 个子, 学习, 休息, 睡觉, 快, 慢, 怀, 说, 思考, 聊天, 去
慢(28)	中国, 中国人, 老人, 爷爷, 爸爸, 乌龟, 速度, 动作, 兔子, 时间, 性格, 反应, 变化, 邮件, 学习, 发展, 跑, 闷, 不忙, 说, 堵车, 走路, 着急, 重, 想, 爬山, 起飞, 写字
亮(22)	月, 日, 白天, 太阳, 早上, 光, 星星, 春天, 天气, 晴天, 风景, 友谊, 人生, 性格, 气氛, 灯, 日光灯, 闪光灯, 黄色, 加油, 好, 干净

위의 〈표 6〉에 대해 먼저 조사대상자들이 기재한 단어를 의미적으로 분류했을 때 가장 다양한 단어를 기재한 단어는 '火車(기차)'로서 총 69개의 단어를 추출할 수 있었고 연상 단어가 가장 적은 단어는 '亮(밝다)'로 총 22개의 단어를 추출하였다. 이는 40명의 조사대상자들을 감안했을 때는 대부분의 학생들의 기재 단어가 유사한 의미 패턴을 보임을 유추해 볼 수 있다. 그렇다면 조사대상자 즉 한국 학생들

의 어휘 의미망이 의미적으로 어떠한 패턴을 가지는가를 분석하기 위해 12개의 제시 단어를 품사별로 나누어 기재 단어들 간의 의미 항목을 구분하여 도식화해 보았다.

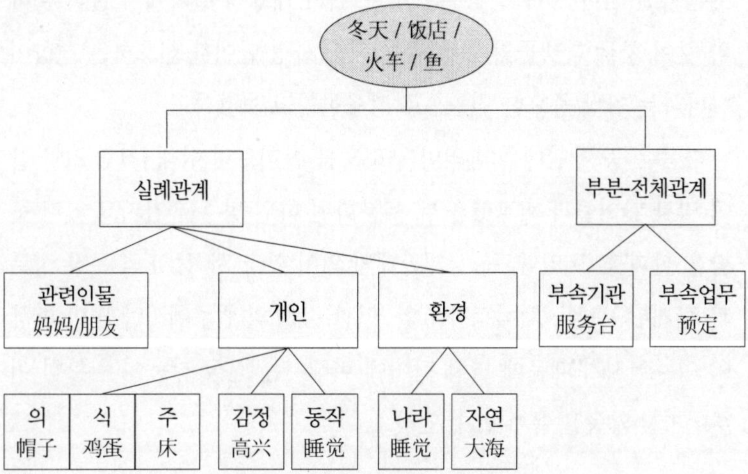

[그림 1] 명사형 단어의 기재 단어에 대한 의미 항목 분류

먼저 위의 [그림 1]은 명사 단어의 의미 항목 도식이다. 연상관계는 단어들 간의 특정한 상관관계에 의거한 의미관계라 할 수 있는데 이는 구체적으로 실례관계와 부분-전체 관계로 세분할 수 있다.[19] 이러한 의미 구조에 따라 명사 단어들은 실례관계에서 '관련인물' - '개인'

19) 본 기준은 D.J. Herrmann(1979)가 밝힌 심성어휘집의 4가지 의미 개념 간 관계 중 동의관계와 반의관계를 제외한 관계를 연상관계로 포함시킨 기준이다. 이는 趙毅(2011)의 연구에서 연상관계로 정의된 조합(組合)관계와 집합(聚合)관계와 상응되는 관계로 '조합관계'는 '실례관계'와, '집합관계'는 '부분-전체관계'와 유사한 개념이라 하겠다.

- '환경'의 다양한 하위범주로 나뉘어 연상 관계의 의미를 보다 넓게 확장시키는 것을 살펴볼 수 있으며 부분-전체 관계에서는 '부속기관'과 '부속업무'의 하위범주 하에 의미를 확장시킴을 알 수 있다. 이러한 세분화된 의미 항목의 범주는 바로 위의 개요적 결과에서 살펴본 바와 같이 한국 학생들의 의미 확장 시 명사형 단어를 선호하는 경향이 나타나는 가장 중요한 원인으로 작용한다고 보겠다.

다음은 동사 단어들의 의미 구조도를 살펴보면 아래 [그림 2]와 같이 명사 단어들과 비교했을 때 세분화된 하위 범주를 가지고 있지 못함을 살펴볼 수 있다. 즉 실례관계의 의미 확장 시 '동사'의 문장 성분과 관계된 '주체', '객체(목적어)'와 '연관 감정'의 범주에서만 의미 확장이 이루어지기 때문에 명사 단어에 비해서는 연상 작용이 원활히 이루어지지 않음을 유추할 수 있다.

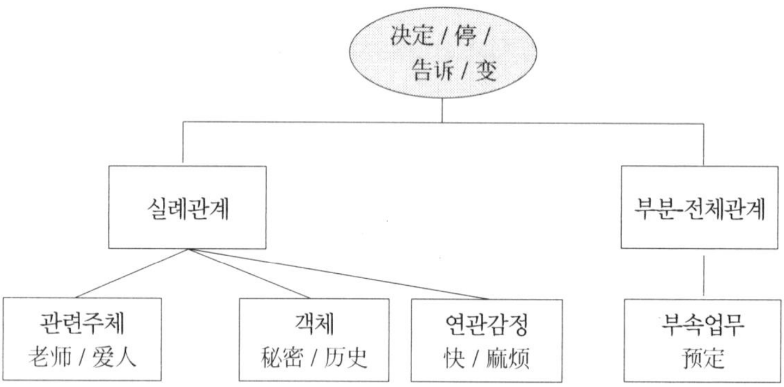

[그림 2] 동사형 단어의 기재 단어에 대한 의미 항목 분류

형용사 단어의 경우는 아래 [그림 3]과 같이 '형용사'의 문장 성분과 관계된 '주체'와 특별히 '자연'과 관련된 실례관계들의 단어 위주로 의

미 확장이 이루어진 것으로 나타났다. 그러나 형용사 단어 역시 동사 단어와 마찬가지로 하위 의미 범주가 명사 단어에 비해 세분화되어 있지 않아 어휘 확장에 어려움이 있음을 살펴볼 수 있다.

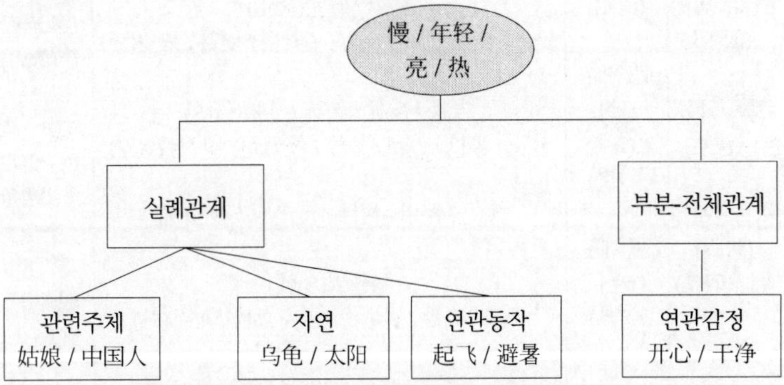

[그림 3] 형용사형 단어의 기재 단어에 대한 의미 항목 분류

② 기타 의미관계 사용 현황 및 결과

위의 〈표 1〉의 결과에서도 알 수 있듯이 본 설문 결과 조사대상자들은 연상관계를 제외한 기타 의미관계에서는 의미 확장을 실시할 때 그 사용 정도가 매우 미미한 것으로 나타났다. 즉 조사대상자들은 평균 60개 정도의 단어를 기재할 때 연상관계를 사용하여 약 44개의 단어를 기재한 반면 유추관계를 사용한 경우는 약 7개 가량(평균: 7.53개 / SD= 9.65)의 단어를 기재하였고 이외의 반의관계, 동의관계, 종류관계는 모두 평균 1개 정도의 단어만을 기재한 것으로 나타났다. 그렇기 때문에 본 절에서는 기타 의미 관계의 사용 현황 및 결과 제시를 위해 각 의미관계별 기재 단어의 구체적 사례를 통해 분석해 보고자 한다.

〈표 7〉 기타 의미관계 사용 현황 및 결과[20]

동의관계	반의관계	유추관계	종류관계
酒店 / 賓館(飯店) 判斷 / 下決心(決定) 報告 / 通知(告訴) 遲 / 晩(慢)	放弃(決定) 跑 / 走(停) 老(年輕) 快(慢) 黑 / 暗(亮) 冷(熱)	魚缸 / 魚丸 / 魚刺 / 魚漿 / 魚類 / 魚餅 / 魚餌 / 生魚片(魚) 客車 / 列車 / 堵車(火車) 約定 / 肯定(決定) 變化 / 變成 / 改變 / 變身 / 變型 / 變質 / 變得(變) 告狀 / 投訴 / 起訴 / 告白(告訴) 停止 / 停机 / 停留 / 暫停 / 停火 / 停頓 / 停滯(停) 慢走 / 慢用 / 慢性 / 漫漫地 / 緩慢(慢) 年輕人(年輕) 熱鬧 / 炎熱 / 熱心 / 熱狗 / 熱情 / 熱烈(熱) 發亮 / 洪亮 / 照亮 / 明亮 / 亮麗 / 響亮(亮)	旅館 / 五星際酒店 / 新羅飯店(飯店) 鯊魚 / 章魚 / 青花魚 / 帶魚 / 金魚 / 美人魚 / 觀賞魚 / 鯉魚(魚)

위의 〈표 7〉를 통해 먼저 유추관계 의미 연결망 방식을 사용한 의미 확장 결과를 살펴보면 가장 주목해 볼만한 점은 동사형 단어로 제시되었던 '決定', '變', '告訴', '停'과 형용사 단어로 제시되었던 '慢', '年輕', '熱', '亮'의 총 8가지 단어 모두에서 유추관계에 의한 단어 확장이 이루어졌다는 것이다. 그러나 가장 원활하고 가장 많은 수로 의미 확장이 이루어졌던 명사형 단어에서는 '魚'와 '火車'만이 유추관계에 의한 의미 확장이 이루어졌다. 이러한 결과를 통해 우리는 한국 학생들의 경우 동사형 단어의 의미 확장이 명사형 단어에 비해 원활하지 못하다는 어휘 학습의 한계를 개선하기 위해 동사와 형용사와 같은 술어 형태의 단어일 경우 한자의 고유 특성을 살린 유추

20) 〈표 7〉에서 나열된 단어들은 조사대상자들의 각 의미관계 별 기재 단어를 뜻하며, 괄호안의 단어는 각 기재 단어에 대한 제시단어를 의미한다.

관계에 의한 의미 확장을 보다 원활하게 진행할 수 있도록 이에 대한 집중적 지도를 실시하는 것이 보다 더 효과적임을 추측해 볼 수 있다.

다음은 '동의관계'와 '반의관계'를 사용한 의미 확장 결과를 살펴보면 위의 유추관계와 유사하게 동사형 단어 '決定', '告訴', '停'의 3가지 단어에서 동의관계와 반의관계를 사용한 것으로 나타났다. 그리고 '반의관계'의 경우에서는 '慢', '年輕', '熱', '亮'의 네 가지 형용사 단어 모두에서 반의관계에 의한 의미 확장이 이루어졌음을 알 수 있다. 즉 한국 학생들의 중국어 어휘 학습 시 의미 간의 논리적 구조를 형성해 줄 수 있는 '동의관계'와 '반의관계' 또한 '유추관계'와 마찬가지로 주로 동사나 형용사와 같은 술어형태의 단어일 경우 의미 연결망 방식의 하나로서 채택이 된다는 점이다. 즉 명사형 단어의 경우는 비록 연상관계에 의해서 많은 수의 단어들이 확장될 수는 있지만 그 논리적 구조가 술어형태의 단어들에 비해서는 단순하며 개인적 경험에 의거한 산발적 형태임을 살펴볼 수 있다.

마지막으로 종류관계의 경우는 飯店과 魚의 명사형 단어들에서 의미 확장이 이루어졌다. 물론 이러한 명사형 단어들의 종류관계를 통한 의미 확장도 중요하겠지만 술어형 단어들의 경우도 충분히 종류관계에 의한 의미 확장이 이루어질 수 있음을 고려해 볼 필요가 있다. 예를 들어 '告訴'는 의미적으로 살펴볼 때 의미행위 관련 동사로 볼 수 있는데 이러한 의미행위 관련 동사를 하나의 종류로 분류하여 의미 확장을 진행한다면 학생들의 중국어 어휘 의미 연결망 방식은 보다 더 정교화 되고 구조화될 수 있으리라 생각한다.

이제는 위에서 살펴본 다섯 가지 의미 관계 간 상관관계와 이러한 의미 관계들이 조사대상자의 중국어 수준에 따라 어떠한 차이가 나타나느냐에 대해서도 논할 필요가 있는데 이에 대해서는 아래의 심층분석 단계에서 구체적으로 살펴보도록 하겠다.

(3) 심층분석 결과

① 의미관계 간 상관관계 분석

먼저 연상관계, 유추관계, 동의관계, 반의관계 그리고 종류관계의 5가지의 의미관계 간에서 어떠한 상관관계가 존재하는가를 살펴보기 위해 상관관계분석(Pearson Correlation)을 실시하였다. 먼저 분석 전 선택된 총 12개 단어들과 각각의 단어들의 기재 단어에서 나타나는 5가지 의미 관계를 계산해 보면 총 60개의 상관관계 항목이 추출된다. 이러한 60개 항목 간에 나타나는 상관관계 중에서 제시 단어가 같은 품사이면서 동일한 의미관계를 나타나는 항목 간에 나타나는 상관관계는 제외시켰다.[21] 이러한 조건에 의거하여 항목들 간에 비교적 높은 상관관계를 보이는 의미관계들을 분류하였고 그 결과는 아래 〈표 8〉과 같다.

21) 즉 예를 들어 '飯店'의 제시단어에서 연상관계를 사용한 단어수의 항목과 '火車'의 제시단어에서 연상관계를 사용한 단어수의 항목의 상관관계를 살펴볼 경우에는 같은 품사와 동일한 의미관계의 조건이기 때문에 결과적으로 높은 상관관계를 나타낼 수밖에 없다. 그러나 이러한 상관관계의 보고(報告)는 유의미한 해석으로 연결되는데 한계가 있기 때문에 모두 제외시켰음을 밝힌다.

〈표 8〉 의미관계 간의 상관관계 분석결과[22]

의미관계	魚 종류관계	決定 유추관계	停 유추관계	年輕 연상관계
亮 유추관계	0.543** (0.000)	0.599** (0.000)	0.747** (0.000)	0.679** (0.000)

위의 〈표 8〉을 통해 알 수 있듯이 형용사 '亮'의 유추관계는 단음절 동사 '停'의 유추관계와 쌍음절 동사 '決定'의 유추관계 모두와 비교적 높은 상관관계를 보이는 것으로 나타났다. 즉 술어형태 단어의 유추관계에 의한 의미망 연결방식 개념이 정립되어 있는 경우에는 단음절 형태이든지 쌍음절 형태이든지 형태소(語素) 개념으로 어휘를 인식하고 이에 대한 의미 확장을 진행할 수 있게 된다는 것이다. 뿐만 아니라 '亮'의 유추관계는 '年輕'의 '연상관계'나 '魚'의 '종류관계'와도 높은 상관관계를 보였는데 이는 형태소교수법을 통한 어휘 의미망 전략은 다른 의미관계에도 촉진 작용을 일으킬 수 있음을 제시하는 의미 있는 결과라 할 수 있겠다.

② 중국어 수준과 의미 관계 간 심층 분석

이제는 조사대상자의 개인적 요인 즉 중국어 수준과 의미 관계 간에 어떠한 차이를 보이는가를 규명해 보고자 분산분석을 실시해 보았다. 본고에서 특히 조사대상자들의 개인적 요인 가운데 중국어 수준

22) 본 상관관계 분석은 양측 검정(Two-tailed) 수준을 채택하였다. 〈표 8〉의 숫자는 상관계수를 의미하며 본 결과는 문항들간의 상관계수가 0.5 이상의 항목만 선정하여 보고한 것이다. 괄호안의 숫자는 p값을 의미한다. p값은 0에 가까울수록 '상관이 없다'는 영가설을 기각하는 가능성이 커짐을 의미한다. **표시는 p값의 유의 수준으로 p 〈 0.01을 말한다.

에 주목한 이유는 중국어 수준이 높을수록 보다 정교화된 어휘 의미망 연결 방식을 지니고 있을 것이라는 전제 하에 이러한 전제 조건이 통계적으로 유의미한 수치를 보인다면 이는 곧 의미망 전략을 사용한 중국어 어휘 학습의 효과성을 입증하는 중요한 결과가 되기 때문이다. 이를 위해 SPSS 18.0의 독립 표본 T-검정(Independent-Samples T-test)을 실시하였는데, 중국어 수준 HSK 4급을 기점으로 중국어 수준 초 중급에 속하는 HSK 4급 이하의 학생 27명과 HSK 5~6급 소지자인 11명의 고급 중국어 수준집단으로 양분하여 집단 간 차이를 분석해 보았다.[23] 이에 대해 두 집단 간 통계적 유의미한 차이를 보이는 의미관계 결과는 아래 〈표 9〉와 같다.

〈표 9〉 중국어 수준에 따른 두 집단 간 기재 단어 총수에 대한 분산분석 결과[24]

집단	인원(명)	기재 단어 총수 평균(개)	표준편차	T값	P값
HSK 4급 이하	27	35.36	19.10	3.108	.004*
HSK 5, 6급	11	70.48	35.23		

위의 〈표 9〉의 결과에서 살펴볼 수 있듯이 중국어 수준이 고급으로 올라갈수록 학생들의 중국어 의미 확장 능력 및 속도는 향상되는 것

23) 본 조사의 총 설문 참여 인원은 40명이었으나 2명의 답안은 유효한 답안으로 처리되지 못해 38명의 설문 답안을 가지고 분산분석을 실시했음을 밝힌다.

24) 두 집단의 중국어 수준에 따른 분포의 동질성을 파악하기 위한 Levene 검증 결과(F=5.842, p=0.021)로 두 집단의 분산이 동질적인 것으로 나타났다. 그러므로 두 집단의 분산이 동질적일 때의 결과를 살펴보았을 때 p값이 0.004로 통상적인 양측검정 유의수준 .05 보다 작은 값을 나타내어 두 집단의 기재 단어 총수에 차이가 없다는 영가설을 기각하여 두 집단의 총 기재 단어 총수의 평균은 통계적으로 유의미한 차이가 있는 것으로 나타났다.

으로 나타났다. 그렇다면 효과적인 중국어 어휘 학습을 위해 어떠한 의미관계에 주력하여 어휘 학습을 실시하는 것이 바람직한가를 규명해 보기 위해 의미관계별로 두 집단 간 유의미한 차이를 보이는 결과를 수집하였고 이는 아래의 〈표 10〉과 같다.

〈표 10〉 중국어 수준에 따른 두 집단 간 의미관계별 분산분석 결과

집단	인원(명)	명사형 단어의 연상관계 기재 단어 평균(개)	표준편차	T값	P값
HSK 4급 이하	27	15.72	8.47	2.778[2]	.011*
HSK 5, 6급	11	24.55	9.82		
집단	인원(명)	동사형 단어의 연상관계 기재 단어 평균(개)	표준편차	T값	P값
HSK 4급 이하	27	9.00	7.04	2.466[3]	.019*
HSK 5, 6급	11	16.70	11.90		
집단	인원(명)	형용사형 단어의 연상관계 기재 단어 평균(개)	표준편차	T값	P값
HSK 4급 이하	27	5.81	4.60	2.176[4]	.036*
HSK 5, 6급	11	13.55	11.34		
집단	인원(명)	형용사형 단어의 유추관계 기재 단어 평균(개)	표준편차	T값	P값
HSK 4급 이하	27	0.81	1.83	1.995[5]	.047*
HSK 5, 6급	11	4.29	5.62		

위의 〈표 10〉의 결과를 살펴보면 먼저 HSK 4급 이하의 초 중급 수준의 학생과 HSK 5~6급의 고급 수준학생 간에는 전체 12개 제시단어(명사형 동사형 형용사형)의 연상관계에 의한 의미 확장 능력에 있어 모두 유의미한 차이를 보이는 것으로 나타났다. 이는 위의 [그림 1]에서 [그림 3]까지 살펴보았던 연상관계에 의한 의미 항목 도식 측면에서 분석해 보면 학생들은 중국어 수준이 올라갈수록 연상관계에 의

해 확대되는 의미 항목이 보다 더 세분화되고 구체화된다는 것을 유추해 볼 수 있다. 즉 의미 확장에 사용되는 의미 항목을 세분화하고 구체화하는 방향의 어휘 학습은 학생들의 중국어 수준 향상을 도모할 수 있을 뿐만 아니라 효과적인 중국어 어휘 학습 방법의 하나로 고려해 볼 수 있는 중요한 증거가 될 수 있을 것이다. 다음으로 형용사형 단어의 유추관계에 의한 의미 확장 능력에 있어 두 집단 간에 유의미한 차이를 보였는데 이는 어휘 학습 시 형태소 교수법을 초 중급 단계에서부터 실시하여 한자의 의미 파생 기제에 대한 인식을 확립하도록 유도하는 것이 매우 효과적임을 유추해 볼 수 있는 의미 있는 결과라 하겠다.

3. 소결

이제는 위의 조사 결과에 대해 본고가 설정하였던 연구 문제 위주로 결과를 요약해 보고자 한다.

1. 한국 학생의 심성어휘집을 구성하는 어휘로서 명사형을 선호하는가? 동사형을 선호하는가?

- 조사 결과, 한국 학생들은 동사형 단어보다는 명사형 단어를 선호하는 경향을 나타냈으며 이는 동사형 어휘의 확장 능력이 취약하다는 기존의 연구와 부합되는 결과라 하겠다. 그렇기 때문에 향후 한국 학생들의 어휘 교육 및 학습에 있어 동사형 어휘 확장 측면을 강조해야 함을 살펴볼 수 있었다.

2. 한국 학생의 어휘 의미망 연결 방식 양상은 어떻게 나타나는가?

- 한국 학생들은 연상관계, 유추관계, 동의관계, 반의관계, 종류관계의 5가지 어휘 의미망 연결 방식 가운데 연상관계에 의거한 의미 확장을 가장 활발히 사용하는 것으로 나타났다.

특히 연상관계에 의한 의미 확장 시 학생들은 대부분 명사형 단어들에 대해 보다 더 활발하게 의미 확장을 실시한 것으로 나타났는데 이에 대해 의미 확장에서 사용된 의미 항목 측면에서 살펴본 결과 명사형 단어들의 경우 그 의미 항목의 하위 범주가 동사나 형용사 단어들에 비해 세분화되어 있음을 알 수 있었다. 그렇기 때문에 동사나 형용사 단어들의 연상관계에 의한 의미 확장을 활성화하기 위해서는 의미 항목의 하위 범주를 더욱 세분화하도록 어휘 학습을 유도하는 것이 필요함을 엿볼 수 있었다.

다음으로는 한자의 특성인 형태소(語素)별로 단어를 유추하여 의미 관계를 형성하는 유추관계에 의거한 의미 확장도 연결 방식 중 하나로 사용함을 알 수 있었다. 그러나 단어 간의 논리적 구조를 형성해 줄 수 있는 동의관계, 반의관계 그리고 종류관계는 사용에 있어 매우 미미한 결과를 보여 향후 어휘 교육 및 학습에 있어 5가지 의미관계를 골고루 사용하여 의미 확장을 실시하도록 유도해야 함을 살펴볼 수 있었다.

3. 각 의미망 연결 방식 간에 상관관계가 존재하는가? 존재한다면 상관관계는 어떠한 의미를 지니는가?

- 조사 결과 형용사 '亮'의 유추관계 사용은 동사형 단어의 유추관계뿐만 아니라 형용사 '年輕'의 연상관계와 명사 '魚'의 종류관계와도 높은 상관관계를 보이는 것으로 나타났다. 이를 통해 동사형 단어나

형용사형 단어와 같은 술어형태 단어의 형태소교수법을 통한 어휘 의미망 전략은 다른 의미관계에도 촉진 작용을 일으킬 수 있음을 알 수 있었다.

4. 중국어 수준 별로 의미망 연결 방식에 차이를 보이는가?

- 조사 결과 초 중급 수준의 학생과 고급 수준학생 간에는 연상관계에 의한 의미 확장 능력에 있어 유의미한 차이를 보이는 것으로 나타났다. 또한 형용사형 단어의 유추관계에 의한 의미 확장 능력에 있어서도 두 집단 간에 유의미한 차이를 보였다. 이러한 결과는 향후 한국학생을 위한 중국어 어휘 교육의 방향을 잡는데 중요한 실증적 자료로 사용될 수 있을 것이다.

마지막으로 '5. 위의 분석 결과를 토대로 한국 학생의 효과적인 의미망 전략 학습 수립을 위해 어떠한 교육적 방안을 제시할 수 있는가?'의 연구 문제에 대한 해결 방안은 아래 4장에서 보다 구체적으로 논의해 보도록 하겠다.

Ⅳ. 효과적인 중국어 어휘 지도를 위한 교육적 제안

본고는 어휘 지도 및 학습에 있어서 어휘 확장에 도움이 될 뿐 아니라 학습자들의 적극적인 참여와 흥미를 유도할 수 있는 '의미망(semantic mapping)' 학습 전략을 중국어 어휘 교육에 적용하기 위해 설문조사를 설계하였고 이에 대한 실증적 분석을 통해 유의미한 결과들을 도출해 보았다. 이제는 이러한 조사 결과에 기반 하여 효과적인 중국어 어휘 교육을 위한 '의미망(semantic mapping)' 전략 지도 방안에 대해 논의해 보도록 하겠다.

첫째, 동사형 어휘 확장을 보다 더 활성화하기 위한 의미망 전략 수립을 계획하는 것이 필요하다. 이는 동사는 한 문장 내에서 형식적 측면과 의미적 측면 모두에서 중심적인 역할을 담당하기 때문에[25] 동사형 어휘 확장을 위주로 한 의미망 전략 수립은 학생들의 중국어 수준 향상 및 의사소통 능력 증진에 매우 큰 도움이 될 것이라 판단된다. 이를 위해서 연상 관계를 이용한 의미 확장 시 동사형 어휘들의 의미 항목의 하위범주를 세분화하도록 유도하거나 연상관계 이외의 다른 의미 관계도 다양하게 사용하도록 지도하는 것이 필요하겠다.

둘째, 위의 조사 결과를 통해 알 수 있듯이 현재 한국 학생들의 중국어 어휘 의미 연결망 방식은 연상관계에 과중하게 치우친 경향을 보이고 있다. 물론 연상관계를 통한 어휘 확장은 학생들로 하여금 자유롭고 원활하게 어휘 확장을 하도록 하는 장점을 지니고 있으나 한자의 고유 특성을 살려 어휘를 확장시켜 나가는 유추관계나 의미 간의 논리적 구조를 정립하도록 도와주는 동의관계, 반의관계, 종류관계의 기타 의미관계로 사용하도록 유도한다면 한국 학생들의 심성어휘집 속 어휘 간의 관계는 보다 더 유기적이고 긴밀해 질 것이라고 본다. 이러한 점에 의거하여 의미망 전략을 수행해 나갈 때 연상관계 이외의 다른 의미관계의 개념을 설정하도록 유도하는 것이 매우 필요하다고 본다.

---

25) 이는 王葆华(2003)의 문장에서도 기술되어 있는 '동사중심관(动词中心观)'에 기인하는 것으로 원문 내용은 아래와 같다.: "动词为一个句子提供了复杂的句法和语义信息, 它决定了一个句子可能的句法结构或句法框架, 也决定了那些与之共现的名词性成分的语义选择限制".

셋째, 유추관계의 사용은 중국어 초 · 중급 학생과 고급 학생 간 유의미한 차이를 보이는 의미관계로 나타났다. 그렇기 때문에 학생들이 중국어 초 · 중급에서 고급으로 넘어가는 단계에서 어휘 교육을 실시할 때 유추관계 특히 형용사 단어의 유추관계를 통한 의미 확장에 보다 더 주력하는 의미망 전략 수립이 필요하다고 본다. 특히 유추관계의 사용은 다른 의미관계의 사용에도 긍정적인 영향을 미친다는 연구결과에 기인하여 학생들에게 유추관계를 통한 의미망 전략에 익숙해지고 이를 보다 더 적극적으로 활용하도록 지도하는 것이 필요하겠다.

마지막으로 위의 교육적 제안 내용의 구체적 실행을 위해 형용사 亮을 예로 들어 의미망을 도식화해 보았고 그 결과는 아래 [그림 4]와 같다.

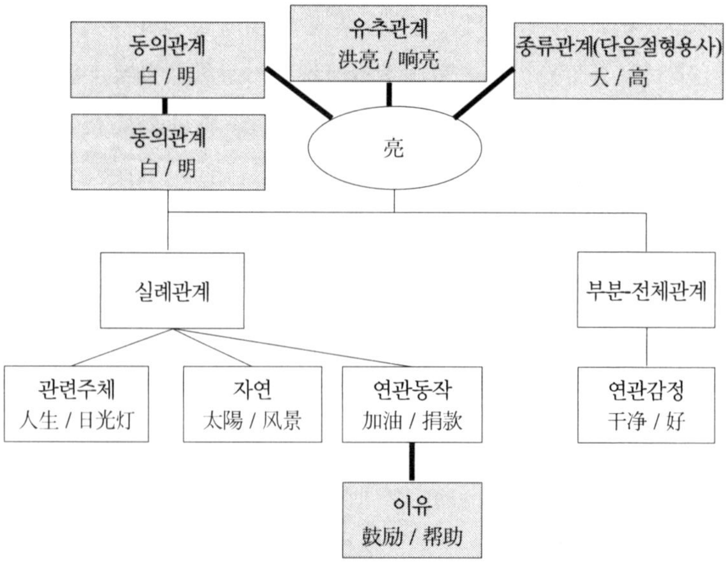

[그림 4] 형용사 亮의 의미망 도식

위의 의미망 도식은 연상관계에 의한 亮의 의미 확장 구조 도식을 기초로 삼고 교육적 제안 내용을 첨가하여 최종적으로 완성한 의미망 도식이다.[26] 즉 연상관계의 하위범주를 세분화하기 위해 '연관 동작'의 하위범주로 이러한 '연관 동작'을 연상한 '이유(理由)'를 하위범주로 첨가하였다. 또한 유추관계와 동의관계 그리고 반의관계의 의미 항목을 추가하여 전체 의미망 도식이 유기적이고 논리적인 구조를 갖도록 설정해 보았다. 마지막으로 종류관계에 있어서는 亮와 같은 긍정적 의미의 단음절 형용사를 기준으로 설정하여 의미 확장을 진행하는 방법을 제시해 보았다.

V. 마치며

본 연구자는 학생들과 담화 중 중국어를 공부할 때 발음, 문법, 단어 가운데 무엇이 가장 공부하기 힘든지를 물어본 적이 있다. 그 때 대부분의 학생들은 한자가 너무 어렵고 외워도 잘 잊어버리는 것이 가장 큰 고민이라고 대답했었다. 본 연구자 또한 중국어를 공부할 때 외웠던 단어를 금새 잊어버려 다시 몇 번을 반복해서 봐야 잊어버리지 않았던 기억이 있다.

그렇기 때문에 학생들의 개인적 경험과 인지 능력에 의거하여 의미망을 만들며 어휘를 늘려 나가는 것 학습 방법은 단순 암기 방법보다는 학생들의 흥미와 참여를 끌어낼 수 있다는 점에서도 고려해 봤을

26) 굵은 선과 진한 바탕으로 표시된 항목이 바로 기존의 연상관계 의미 도식 이외의 기타 의미관계에 의해 첨가된 의미 항목들이다.

때 더욱더 효과적인 어휘 학습 방법일 것이다. 본 연구는 이러한 의미망 전략을 학생들에게 지도하기에 앞서 한국 학생들의 의미망 연결 방식을 실증적으로 탐색하고 그 결과를 바탕으로 의미망 전략을 수립하는 것이 보다 더 과학적이고 효율적일 것이라는 판단 하에 본 연구를 계획해 보았다. 물론 조사 참여자의 수가 충분치 않아 그 결과를 일반화하는데 무리가 있을 수는 있겠으나 이러한 한계를 최대한 극복해 보고자 통계 프로그램을 활용해 보았고 향후 후속연구에서는 이러한 의미망 전략을 실제 수업 시간에 진행해 보고 그 효과성을 검증해 보는 연구를 시도해 보고자 한다. 본 연구 결과가 학생들에게는 중국어 어휘 공부의 어려움을 극복하고 교수자들에게는 어휘 지도에 도움이 되는 결과가 되길 기대한다. 마지막으로 본 연구의 알찬 결과를 위해 긴 시간 동안 머리를 싸매고 자신들이 알고 있는 단어를 열심히 기재해 준 학생들에게 감사함을 표하며 이 글을 마친다.

【參考文獻】

戴維民(2008),『語義网信息組織技術与方法』, 學林出版社.

李　開(2002), 對外漢語教學中的詞匯教學与設計, 語言教學与研究 第2期.

李如龍 楊吉春(2004), 對外漢語教學應以詞匯教學爲中心, 暨南大學華文學院學報 第4期.

姜　歐(2008), 對外漢語詞匯教學研究述評, 哈爾濱學院學報 第5期.

陸華, 李業才(2007), 對外漢語詞匯教學的瓶頸与突破, 當代教育論壇 第9期.

王知津, 鄭悅萍(2013), 信息組織中的語義關系概念及類型, 圖書館工作与研究. 第11期.

沈吉穎(2015), 探究大學生英語詞匯記憶策略 — 認知心理學角度, 才智, 第24期.

王葆華(2003), 動詞的語義及論元配置研究-句法語義接口研究, 复旦大學博士學位論文.

趙毅(2011), 「漢語作爲二語的心理詞匯教學研究及教學建議」, 上海外國語大學 碩士學位論文.

김희숙(2005), 「마인드맵을 활용한 한어 어휘 학습 지도방안: 외래어 학습을 중심으로」, 상명대 교육대학원 석사학위논문.

양지연(2007), 「의미망을 활용한 어휘지도의 효과성-고등학교 학생을 중심으로」, 고려대학교 영어교육대학원 석사학위논문.

조희진(2009), 「형태소와 의미망을 활용한 중국어 어휘 지도 방안」, 이화여자대학교 석사학위논문.

차성만(2012), 한국에서의 중국 언어 문화 교육의 현황, 한중인문학연구 제35집.

최재선(2012), 「중국어 어휘 지도방안 연구 : 마인드맵 모형설계를 중심으로」, 경희대학교 석사학위논문.

Herrmann, D. J. (1979). The validity of memory questionnaires as related to a theory of memory introspection. Bulletin of the British Psychological Society, 33, 26.

최은재

북경어언대학교 응용언어학과 박사 졸업
북경어언대학교 중국어교육과 석사 졸업
이화여자대학교 신문방송학과 졸업
한국산업인력공단 청년취업아카데미
국제의료코디네이터 양성과정 책임교수
한국중국언어학회 언어학학교 임원
화성시 공무국외출장 심사위원
한국장애인단체총연맹 국제교류위원
現) 장안대학교 디지털비즈니스중국어과 조교수

저서
『실용의료중국어회화 첫걸음』(2013년 파고다북스)
『맛있는 판매중국어』(2017년 jrc북스)

중국어 교육연구의 실제와 응용

1판 1쇄 발행 _ 2022년 12월 30일

저 자 • 최 은 재
발행인 • 정 현 걸
발 행 • 신 아 사
인 쇄 • 대명프린팅
주 소 • 서울특별시 은평구 통일로59길4 (2층)
전 화 • 02) 382-6411 • 팩스 02) 382-6401
홈페이지 • www.shinasa.co.kr
E-mail • shinasa@daum.net
출판등록 • 1956년 1월 5일(제9-52호)

ISBN : 979-11-92428-39-0 (93720)
정가 15,000원